못난 인생, 못난 교회
행신교회 이야기

세움북스는 기독교 가치관으로 교회와 성도를 건강하게 세우는 바른 책을 만들어 갑니다.

동네 교회 이야기 시리즈 2

못난 인생, 못난 교회

행신교회 이야기

초판 1쇄 인쇄 2020년 11월 5일
초판 1쇄 발행 2020년 11월 10일

지은이 | 우성균
펴낸이 | 강인구

펴낸곳 | 세움북스
등 록 | 제2014-000144호
주 소 | 서울시 종로구 삼일대로 428(낙원동) 낙원상가 5층 500-8호
전 화 | 02-3144-3500
팩 스 | 02-6008-5712
이메일 | cdgn@daum.net

교 정 | 오현정
디자인 | 참디자인

ISBN 979-11-87025-77-1 (03230)

동네 교회 이야기 시리즈 2

못난 인생, 못난 교회 ♥

행신교회 이야기

우성균 지음

세움북스

추천사

이 책을 읽는 내내 우성균 목사님 삶의 여정이 김관성 담임 목사님과 행신교회로 이어지는 섬세한 플롯의 드라마를 보는 듯 했습니다. 하나님께서 친히 쓰신 극본 속에서 두 주인공은, 오랜 시간 각자의 인생에서 굴곡을 겪고 신산을 맛본 후 행신교회라는 장소를 배경으로 조우하게 됩니다. 두 주인공이 만났으니 화려한 캐스팅과 액션을 자랑하는 블록버스터 드라마가 펼쳐질 법도 하건만 이들이 만들어내는 이야기는 못난 인생들의 눈물 나는 실패담뿐입니다.

좋은 드라마가 삶과 인생에 대해 손쉬운 정답 대신 오랜 시간 남겨질 질문을 던지듯, 과연 하나님의 뜻은 무엇일까? 교회의 바른 모습은 어떤 걸까? 믿음의 진정한 의미는 무엇일까? 신자의 옳은 태도는 어떤 걸까? 등등…. 우 목사님도 쉽지 않은 질문들을 독자에게 던집니다.

가난한 교회, 스스로 모자람을 드러내는 교회, 성도들 위에 군림하지 않는 친구 같은 교회, 길지 않은 시간 동안 제가 경험한 행신교회는 그런 곳입니다. 행신교회 안에서 우 목사님이 들려주는 이야기들 속에 언뜻 하나님의 모습이 드러나고 얼핏 복음의 목소리가 들리지 않았나 싶습니다. 그 모습을 뵙고 싶어서, 그 목소리를 듣고 싶어서, 저는 오랫동안 이 책을 곁에 두고 펼쳐볼 생각입니다.

구현숙 _ 드라마 「월계수 양복점 신사들」, 「전설의 마녀」 등의 작가, 행신교회 성도

♥ ♥ ♥

우성균 목사님의 글을 읽다보면 '못난 놈들은 서로 얼굴만 봐도 흥겹다'는 한 시인의 수필 제목이 떠오릅니다. 이생에서 한번은 좀 잘나가도 보고 싶다는, 아마 영영 이뤄질 가능성이 희박한 꿈을 꾸는 못난 독자에게, 그래요 좋아요 꿈은 꿈이고, 그나저나 이 대열에 합류하지 않겠습니까하는 쉽게 떨치기 힘든 권유요, 초대처럼도 읽힙니다.

그러나 그렇게 초대되어 간 글 속에는 실은 뭐가 있기보다는 번번이 없습니다. 비전도 없고, 체계도 없고, 사람도 고만고만하고, 결정적으로 돈이 없습니다. 어찌 된 게 매번 돈을 흘려보내는 이야기만 나옵니다. 마치 어릴 때 명절날 TV에서 보여준 영화 「취권」만 같습니다. 고수(高手)라는데 취해 있습니다. 상대의 주먹과 발길질이 위협을 가하는데, 흘려보냅니다. 요행히 승기를 잡아 회심의 일격만 남았는데, 나자빠져선 곯아떨어집니다. 그러니 책을 다 덮을 즈음에야 어렴풋이 알게 될 수밖에요. 아, 예수에 취한 사람의 이야기구나. 세상 안에서 세상의 가치를 비껴가자는구나. 우리가 알고 배운 사랑의 내공은 우리의 공격성이 아니라 세상이 주지 못할 우리의 평안으로 드러나는 거구나.

다만 이런 무림비서는 한번 쓰고 나면, 더는 못난 사람으로 남기가 힘듭니다. 스스로 못나다고 내세워도 다른 이들이 '객관적으로' 수용하질 못합니다. 마찬가지로 이런 책은 한번 읽고 나도, 웬만해서는 더는 못난 사람으로 남기가 힘듭니다. 사실 못난 사람의 시야와 삶의 반경에서 이런 책이 눈에 들어올 일이 애초에 얼마나 있겠습니까. 그러니 저자며 저희 부부를 포함해 행신교회는 이제 큰일 났습니다. 계속 '못난 자들의 교회'를 자처하고자 한다면 이제껏 세상에 존재한 적 없는 과연 못남, 실로 못남, 어쩌도 못남의 진풍경을 향해 누구도 어느 교회도 간 적 없는 걸음을 내디뎌봐야 할 판입니다. 이 걸음이 갈지자여도 우리 모두는, 그 헛짚고 비틀대는 걸음이 오히려 '복음 앞에 온전히 선' 결과라는 취권의 역설을 함께 배우고 서로에게 들려주며 걸어갈 수밖에 없을 듯합니다.

김규호 · 정상미 부부 _ 국회입법조사관 · 희곡작가, 행신교회 성도

♥ ♥ ♥

글에는 글쓴이가 담겨있습니다. 글을 읽다보면 글쓴이가 어떤 사람인지 알 수 있는데, 이 책의 글쓴이는 꽤 괜찮은 사람 같습니다. 글을 읽다보면 따뜻함이 느껴집니다. 따뜻한 한 편의 이야기를 바로 옆에서 듣는 듯합니다. 글을 읽다보면 지성이 느껴집니다. 따뜻하지만 부드럽지만은 않은 한 지성과 이야기를 나누는 듯합니다. 무엇보다 사람냄새가 나서 좋습니다. '거룩'으로 포장되어 있지 않지만 그 어떤 책보다 '거룩'을 담고 있는 책이 아닐까 싶습니다. 그래서 읽다보면 푹 빠지고, 그러다 '거룩'에 한걸음 다가간 듯이 읽기를 마칠 수 있습니다.

이 책에는 사람내가 나는 교회가 소개되어 있습니다. 사람내 나는 교회를 찾고 있다면 이 책에서 발견할 수 있습니다. 사람내 나는 목사도 이곳에 있습니다. 모름지기 사람내가 나야 교회인데 그런 교회가 많이 없습니다. 그래서 우리는 교회에 가서 애써 사람내를 숨겨왔습니다. 그런데, 이 교회는 사람내를 풍겨도 됩니다. 아무도 뭐라 하는 이 없이 괜찮다고 받아줍니다. 실패담을 나눠도 되고 아픈 속내를 나눠도 됩니다. 하나님을 원망해도, 교회를 비난해도, 목사님을 험담해도 될 것 같은 교회입니다.

교회문제가 없어지려면 교회가 사라지면 됩니다. 그러나 교회를 사랑하는 이들이 있기에 그것은 불가능하지 않을까 싶습니다. 이 책에는 이런 이(들)의 마음이 담겨 있습니다. 이 책을 읽는 내내 교회에 대한 '나'의 사랑을 발견할 수 있고, 조금은 다를 수 있지만 '나'와 같은 고민을 하는 이를 만날 수 있고, 그와 대화하며 조금은 달라져가는 '나'를 인식할 수 있습니다. 물론 그와 대화하며 조금은 불편할 수도, 조금은 아플 수도 있지만, 보다 안정된 평안한 자리에 있지 않을까 싶습니다.

김용민 _ MCI연구소 대표, 침례신학대학교 겸임교수

저자인 우성균 목사님을 처음 만난 날을 생생히 기억합니다. 그 날은 지금의 아내와 첫 데이트가 있는 날이었는데, 시간 가는 줄 모르고 대화를 하다 두 시간 늦었고, 자칫하면 인생이 망할 뻔 한 기억이 있기 때문입니다. 우 목사님과의 진지하고 따뜻했던 대화는 사역과 여러 가지 일에 지쳤던 저에게, 한 겨울 꽁꽁 언 땅을 파낸 끝에 찾은 칡뿌리와 같았습니다. 그 날 저에게는 한 가지 소망이 생겼습니다. 시골교회 어려운 사역에서 실패하면 행신교회 담임이신 김관성 목사님은 외면해도 이 분은 외면하지 않을 것이라는 기대감이지요. 책 팔기를 포기하셨는지 저에게 추천사를 요청하셨기에 재미있고 따뜻했던 추억을 한 자락 소개했습니다.

저는 이 책의 초판을 신혼여행 중에 받아 끝까지 손을 놓지 못하고 읽었습니다. 그 동안 듣고 보았던 행신교회와 우 목사님이 책 안에 그대로 들어 있었습니다. 이 책은 좌충우돌 어설프기 짝이 없는 괴짜 교회 이야기 같아 보이지만, 그 이면에는 예수님이 교회의 주인 되게 하는 가장 중요한 가치를 담고 있습니다. 여러분이 이 책을 손에 쥐는 순간, 교회를 통해 구현되는 하나님의 나라가 무엇인지 똑똑히 볼 수 있을 것입니다. 무엇보다 이 책은 교회됨에 대한 회의와 실망이 가득한 이때에 교회가 존재하는 진짜 목적과 본질을 고민하게 만드는 새로운 힘이 있습니다. 부디 김관성 목사님의 저서 『본질이 이긴다』를 훌쩍 넘어서는 귀한 책이 되기를 바라며, 기쁜 마음으로 이 책을 추천합니다.

김준영 _ 더함교회 담임목사

전 세계를 사랑한다고 소리치는 것은 너무 쉬운 일입니다. 그러나 내 옆에 가난하고 아파하는 지체를 소중히 여기고 끝까지 사랑하는 것은 어려운 일입니다. 목사는 자신의 존재를 증명하기 위해 부름받은 것도 아니도 교회는 세상을 이끌어가라고 세워진 것도 아닙니다. 저자의 글을 읽으면 코끝이 찡한 감동을 느끼고 망치로 머리를 맞은 듯 쿵한 진동도 느낍니다. 병들고 아픈 교회가 많은 이 시대에 목사로 부름받고 보냄받은 이유가 무엇인지 새롭게 보게 됩니다. 교회가 이땅에 존재하는 이유가 무엇인지 깨닫게 됩니다. 감동과 진동을 전달하는 이 책을 기쁨과 감사로 추천하고 싶습니다.

방영민 _ 서현교회 부목사

　행신교회가 처음 시작하던 그 때부터 봐 왔습니다. 사실 그동안 달라진 것은 아무것도 없습니다. 규모가 늘지 않았냐고 반문하겠지만, 그저 사람들의 이야기가 늘어난 것 뿐 여전히 그대로입니다. 그런 교회 그런 목회의 자리. 거기에 추가된 우성균이라는 사람의 이야기와 그의 시선을 그린 이 책은 너무도 감동적입니다. 현시대의 교회에 대한 개혁적 메시지가 정리되어있는 부분도 있지만, 결국 못나기만 했던 한 사람이자 사역자가 어떻게 회복되었는지를 그리는 듯합니다. 그의 시선을 통해 정리된 행신교회가 마냥 새롭지는 않지만 그렇다고 진부하지도 않습니다. 물론 전혀 못나지 않았는데, 계속 못났다고 하는게 가끔 재수없어보일 때가 있지만 그게 행신교회 사역의 정체성인 것 같습니다. 그 못남에 대한 강조가 더 본질에 대한 추구를 찾게 만드는 것 같네요. 모든 교회의 상황과 사역자들의 캐릭터가 다르기에, 기록된 내용들의 각론을 따라갈 수는 없지만, 교회가 소망이 없어보이는 이 시대 그래도 이렇게 마음 따뜻하게 해주는 이런 교회이야기 하나 정도는 있어야 하지 않나 싶습니다.

손성찬 _ 이음숲교회 담임목사, 『묻다 믿다 하다』, 『일상의 유혹』의 저자

　비교적 일찍이 교회를 경험하고 주님을 만난 후로 줄곧 내 마음에 새겨진 갈망이 있다면 성경에 내게 보여주고 가르쳐준 '찐'교회를 향한 목마름이었습니다. 나의 목회 여정을 돌아보면서, 늘 한 가지 아쉬움이 그 꿈을 향한 도전

과 개척을 이루지 못한 미련이었습니다. 이제 목회의 아름다운 마무리를 생각하는 세월에 접어들어, 주님은 내게 특별한 방법으로 그 꿈을 이루게 해 주셨는데, 바로 그런 친구들을 만나게 해 주신 일입니다. 김관성 목사님을 만나게 해 주신 것은 늘 목마름을 가진 제게 주님이 허락해주신 특별한 선물이었습니다. 하나님께서 그를 통해 세워가시는 행신교회 이야기는 늘 제가 젊어서부터 목마르게 꿈꾸어왔던 그 교회를 향한 해갈이었고 대리만족이었습니다. 행신교회 이야기에서 빼놓을 수 없는 사람이 또 한 사람 있는데, 그가 바로 이 책의 저자인 우성균 목사님입니다. 같은 목마름을 가진 사람, 같은 꿈과 환상을 가진 사람으로 그들은 환상의 콤비입니다. 우성균 목사님이 이번에 내놓은 이 『행신교회 이야기』는 제게 필립 얀시의 책, 『교회, 나의 고민 나의 사랑』을 떠오르게 해줍니다. 우성균 목사님은 그의 책 서문에서 이렇게 그 심경을 밝힙니다.

"교회를 생각하면 낙담과 욕이 나오다가도, 어느새 애증으로 주체할 수 없는 눈물이 흐릅니다. 잊어버리려 해도 잊을 수 없고 지우려 해도 지울 수 없는 이름, 교회! 아직 교회를 사랑하시나요? 당신에게 행신교회 이야기를 들려드리고 싶습니다."이것이 곧 그대로 저의 추천사이기도 합니다.

안경환 _ 성약교회 담임목사

이미 존재하는 그렇고 그런 수많은 교회 가운데 또 하나의 교회가 되지 않기 위해 이러저러한 교회가 되겠다는 남다른 비전과 비장한 각오를 말하기보다는 우리 교회 또한 별반 다른 교회가 아니며 수많은 교회 중 또 하나의 그저 그런 교회이기에 그리스도만이 우리의 유일한 소망이요 영원한 대안이라고 겸허하게 고백하는 이들이 많아졌으면 좋겠다. 시대적 변화에 따른 교회의 새로운 패러다임을 찾지 못한 것이 문제가 아니라 다른 것들은 찾으면서 그리스도는 찾지 않는 것이 문제이기 때문이다. 이것은 방법의 문제이기 전에 본질의 문제다. 여기 자신의 약함을 자랑하고 그리스도만을 붙드는 한 인생과 한 교회의 이야기가 담겨져 있다. 이 이야기는 나와 당신의 체험이기도

하며 평범한 우리 교회들의 자화상이기도 하다. 구띠에레즈의 제안처럼 우리의 우물에서 생수를 마셔보지 않겠는가.

이동준 _ 푸른나무교회 담임목사

 습관적으로 교회 문턱을 넘나들던 시절이 있었습니다. 헌금하지 않으면 축복을 받지 못할 것 같았고, 봉사하지 않으면 불순종하는 것 같고, 거룩하게 보여야 할 것 같은 압박에 힘들었던 어느 날, 우연히 행신교회에 방문하게 되었습니다. 못난 자들의 교회, 경쟁 없는 교회, 재산증식 안 하는 교회를 표어로 세운 이곳은 정말로 못난 자들의 교회이자 거룩한 흉내를 내지 않아도 되는 곳이었습니다. 봉사나 헌금 강요도 없고, 각종 행사도 없는 교회라서 다니기 편하다고 생각했지만, 그동안 잘못 알았던 하나님에 대해 다시 알아가기 시작하면서 복을 받기 위해 교회에 다니는 것이 아니라는 것을 깨달았습니다. 나의 주머니를 털어 형제를 돕고, 성질대로 화를 내고 싶어도 조금 더 참고, 힘든 인생길이라 해도 주님 손을 붙잡고 걸어가는 것. 내가 잘되고 편하게 살기 위해 예수 믿는 것이 아니라는 것을 이제야 알게 됐습니다. 행신교회에서의 신앙생활이 더 어려운 이유입니다.

 막막하고 답답한 마음에 차라리 주님이 빨리 오셨으면 좋겠다고 생각하던 어느 날, 우목사님께서 집으로 저희 부부를 초대하여 맛있는 식사를 차려주셨습니다. 따뜻한 국물과 정성 어린 반찬, 사려 깊은 대화 덕분에 밥을 두 공기나 싹싹 긁어먹었습니다. "언제든 밥 먹고 싶으면 또 와. 매일 와도 돼." 옆집에 살았으면 염치 불고하고 매일 찾아가고 싶은 심정이었습니다. 밥 한 끼의 힘이 크다는 것을 새삼 느꼈습니다. 하나님 앞에서 치열하게 잘 살아가기를 사모하는 목사님이 계셔서 참 다행입니다. 삶의 고단함과 고민을 나누며 용기를 주는 목회자가 곁에 있다는 것은 굉장한 축복인 것 같습니다. 초라하고 못난 인생이지만 괜찮다고 말씀해주시는 목사님이 계셔서, 주어진 오늘 하루도 힘껏 못난 자로 살아가고 싶습니다.

안수완 _ 드라마 「군주」, 「낭만닥터 김사부」 등의 작곡가, 「작곡가입니다만」의 저자, 행신교회 성도

♥ ♥ ♥

문 닫을 짓만 골라하는 교회가 있습니다. 부교역자들을 방임하고, 곤란한 부탁을 거절할 줄 모르고, 절기 헌금도 걷지 않으며, 봉사를 나갈 땐 교회 이름을 철저히 숨깁니다. 그런데 이런 교회에 사람들이 모여들고 있습니다. 드높은 비전을 내세우고 성과를 내세우는 교회들 속에서 어쩌면 우리는 이러한 '실패하는 교회'에 목말랐나 봅니다. 이 교회 안을 조금 더 깊게 살펴보면 사실은 굉장히 깊은 신학적 고민과 성찰이 있습니다. 결국 이들의 '문 닫을 짓'은 소탈함을 위한 쇼도, 무능력에 대한 포장도 아닌 '올바른 교회를 향한 철저한 고뇌'의 결과인 것입니다. 이 책을 읽는 순간, 독자들도 이들의 실패에 동참하시게 될 것입니다. 여전히 내려놓지 못한 번영과 성공을 향한 미련 대신, 실패하는 나를 보고 빙긋 웃으시며 '으이구 이놈아' 하시는 하나님을 만나시길 바랍니다.

차성진 _ 엠마오연구소 대표 목사, 『똥 싸면서 읽는 기독교 이야기』,
『똥 싸면서 읽는 예수님 이야기』의 저자

아직 교회를 사랑하는 당신에게

"한국교회는 사춘기다."

존경하는 박영선 목사님께서 일전에 한국교회를 두고 이런 표현을 쓰시곤 했습니다. 처음엔 무슨 말씀인지 몰랐는데 이내 고개를 끄덕입니다. 짧은 시간 동안 큰 부흥과 성장을 이루어 내기도 했지만 지금은 그 어느 때보다 많은 질타와 비난을 받고 있는 한국교회. 그야말로 질풍노도, 사춘기입니다.

우선은 비판받아 마땅한 것들이 많습니다. 기복적이고 개인화된 신앙, 교권과 맘몬에 장악된 교회, 타락한 성윤리, 집단 이기주의적 성향, 이념과 결합한 파시즘적 근본주의, 율법적인 종교 행위들, 유교적 기독교 등 이루 말할 수 없는 교회의 방황을 보며 우리는 많은 실망을 했습니다. 그럼에도 한편으로는 몸이 부서져라 교회를 일군 열심과 헌신의 선배들이 있었기에 우리가 오늘 여기 있다는 것 또한 부인을 못하겠습니다. 저마다 바른길, 바른 방향을 모색해 보려고 한껏 목소리를 높였으니까요.

저의 이야기는 거대 담론이 아닙니다. 고작 40년을 살아온 인생과 신앙을 가지고 한국교회를 분석하고 비판할 생각은 없습니다. 대안 제시도 주제넘은 짓입니다. 그저 제가 통과해 온 신앙과 교회 이야기를 들려드리고 싶었습니다. 참된 교회를 찾고 참된 신앙을 가지고 싶었던 한 젊은이의 방황기입니다. 그런 분투의 시간이 저를 제법 다양하고 결이 다른 교회와 신앙으로 인도했습니다. 답을 알고 싶어 마음과 정성을 다해 그 길을 걸었습니다. 답을 찾은 것 같았다가도 답에 갇히지 않으시는 하나님의 광대하심 앞에 여러 번 깨졌습니다. 부서지고 또 부서지는 이야기, 답이라고 할 수 없지만 생각해 봄직한 담론들이 하나둘 신앙 여정에 쌓여 갔습니다.

이러한 교회와 신앙에 대한 담론들을 SNS에 올리기 시작하자 예상치 못한 일이 벌어졌습니다. '좋아요'나 '댓글'이 몇 개 달리지 않는 제 글을 읽으시고 메시지를 보내주시는 분들이 생겼습니다. 알고 보니 차마 댓글을 달 수 없어 숨죽여 보낸 메시지들입니다. 하나같이 눈물이 배어 있지요. 익명으로 하나 소개합니다.

전도사님께서 올려 주시는 글을 보고 펑펑 울었습니다. 저와 비슷한 길을 걷고 계시네요. 교회로 인하여 모든 것이 무너지고 너무 아픈데도 교회를 사랑하고 포기할 수 없어 더욱 고통스러웠어요. 이런 글을 써 주셔서 정말 감사합니다. 저는 여전히 교회를 사랑합니다. 다시 힘을 내려고 합니다. 계속해서 글을 올려 주세요. 응원합니다.

소름이 돋았습니다. 핸드폰을 손에 든 채, 저도 울고 말았습니다. 교회 때문에 아프고 절망하면서도 여전히 교회를 사랑하는 분들이 정말 많다는 사실, 이 땅 어딘가에서 혼자 신음하고 머리를 쥐어뜯는 한 성도가 나 말고도 또 있다는 그 사실이 가슴을 사정없이 때렸습니다. 새벽이 맞도록 잠을 이루지 못했습니다. 그리고 결심했습니다. 이런 분들을 위해 이를 악물고 목회하리라. 그 마음을 받아 더 용기를 내어 글을 쓸 수 있었고, 결국 저같이 부족한 사람이 책을 집필하기까지 이르렀습니다.

책 제목이 『행신교회 이야기』인 이유도 여기에 있습니다. 우리 교회에는 유난히 교회에 대한 상처와 아픔을 이끌고 모여든 분들이 많거든요. 그래서일까요, 실패와 못남으로 가득합니다. 목회자부터 성도 한 사람에 이르기까지 모두 부족한 사람들입니다. 그러니 이 책은 한국교회의 대안 모델을 제시하거나 교회 성장론을 소개하는 내용이 결코 아닙니다. '이 교회는 다릅니다'라는 구호가 아니라, '여기 당신과 비슷한 사람, 비슷한 생각을 가진 사람들이 있습니다'라고 말하고 싶었습니다. 상처받고 정처 없이 떠도는 성도들에게 주님께서 작은 위로와 새 힘을 주시기를 바랐습니다. 간절히 기도합니다. 부디 이 못나고 별 볼일 없는 이야기 안에서도 약동하는 복음의 능력과 은혜, 그리고 우리 구주 예수님의 사랑을 재발견하시기를!

가장 먼저, 글을 쓴다는 생각조차 하지 못했을 때 용기를 주시고 격려해 주신 담임목사님께 감사드립니다. 글을 하루에 하나씩 쓰지 않으면 가만두지 않겠다고 협박해 주셔서 책이 완성되었습니다. 또한 책이 나오도록 먼저 권면해 주시고 응원해 주신 세움북스 강인구 대표님께도 감사드립니다. 옆에서 지켜보고 여러모로 도움을 주신 행신교회 가족들과 목회부에도 감사합니다. 무엇보다, 첫째를 낳았을 때 글쓰기를 시작하여, 둘째를 낳았을 때 탈고하는 원수 같은 남편을 참고 기다려 준 아내에게 감사합니다. 그리고 평화야, 슬기야! 태어났는데 아빠가 목사여서 미안하다!

교회를 생각하면 낙담과 욕이 나오다가도, 어느새 애증으로 주체할 수 없는 눈물이 흐릅니다. 잊어버리려 해도 잊을 수 없고 지우려 해도 지울 수 없는 이름, 교회! 아직 교회를 사랑하시나요? 당신에게 행신교회 이야기를 들려드리고 싶습니다.

Contents

목차

Part 04 못난 신앙

Part 01

못난 교회

Story 01

괜찮다는 말 한 마디

　교회라는 이름에 대한 소망의 불씨가 완전히 꺼질 때 즈음, 행신교회를 만났습니다. 인생에도, 사역에도 실패의 쓴맛을 경험하고 있었습니다. 작은 소망이라도 가지고 싶었지만 잘 일어나지 않았습니다. 한바탕 힘을 다 쏟아부었다가 이제 완전히 녹 다운이 되어버린 느낌이랄까요. 솔직히 말해 하나님의 은혜나 사랑도 잘 감각되지 않던 시절입니다.

　담임목사님의 책과 설교 영상을 먼저 접했습니다. 책을 통해 힘과 위로를 얻었던 터, 이 교회가 꽤 크고 영향력 있는 교회일 것이라 여겼지요. 그런데 막상 들어가 보니 30명 남짓의 개척교회(2015년 11월 1일에 개척, 현재 5년차), 그것도 아직 태어난 지 몇 달 안 되는 신생아입니다. 요즘은 개척교회도 인테리어를 꽤 신경 써서 아담하고 예쁜 맛이 있는데, 이 교회는 마치 일부러 손을 안 댄 것처럼 촌스럽습니다. 교회 건물도 그렇지만 무엇보다 목사님이 촌스럽습니다. 헤어스타일, 안경, 옷차림새 어느 것 하나 세련된 구석이 없었습니다.

　그런데 이상한 일이지요. 이 교회가 마음에 들어오기 시작했습니다. 촌스럽지만 따뜻한 온기가 느껴졌습니다. 찬양이나 예배 순서, 목사님의 광고 멘트 등, 교회 전체가 뿜어내는 분위기는 굉장히 어설픈

데, 묘하게 그 사이사이에 좀처럼 볼 수 없는 여유와 넉넉함이 공존하고 있었습니다. 유진 피터슨 목사님께서 '교회에는 신비로움과 어수선함이 대등하게 공존한다'라고 말한 대목이 떠올랐습니다. 이 교회가 딱 그런 느낌입니다. 금세 이 교회가 좋아졌습니다. 저의 심령 안에 묘한 평안과 기쁨이 찾아옵니다. '나처럼 실패하고 별 볼일 없는 인생도 잠시 머무를 수 있겠다.'

"형제님, 식사하고 가요!" 목사님께서 손목을 붙잡습니다. SNS와 책에서만 만났던 스타 목사님이 먼저 손을 내밀고 밥을 먹자고 하는 게 영 어색합니다. 밥을 먹고 조용히 사라지려 했는데 큰일입니다. 방문기록카드에는 '청년'이라고 적었지만 역시나 촉이 좋으신 목사님께선 제가 전도사라는 것을 아시더군요. 돌아가는 저를 한 번 더 붙드십니다. "전도사님, 혹시 내일 시간 되면 밥 한 끼 하시지요." 그때부터인가요. 일주일에 세 번씩 밥을 먹었습니다. 나중에 듣고 보니 그때 저를 불러내지 않으면 한강이라도 갈 것 같은 얼굴이었다고 하십니다. 지금도 그 시간을 생각하면 행복한 미소가 지어집니다. 거짓말 안 보태고 태어나서 그렇게 많이 웃은 날들이 없었습니다. 목사님은 매번 밥을 사십니다. 꾸역꾸역 얻어먹었지요. 많이 먹고 많이 웃으니 몸과 마음이 건강해지고 제 영혼에도 따뜻한 온기가 돌기 시작했습니다. 목사님과 5년여 세월을 보냈지만 저는 처음 만난 날 건네셨던 한마디를 지금도 잊지 못합니다.

"괜찮습니다. 전도사님. 잘 살아오셨어요.
저 같이 못난 목사도 있는데 저보다 훨씬 나아요."

괜찮다는 말 한마디. 이 말 한마디가 제 가슴을 헤집습니다. 그리고 그동안 살아왔던 세월을 여과 없이 토해내게 만듭니다. 한참을 울었습니다. 딱딱하게 굳어져서 감각이 사라져 버린 것 같은 마음이 목사님의 괜찮다는 말 한마디에 주체할 수 없을 만큼 녹아내립니다. 참 오랜만에 가슴을 열어 본 것 같습니다. 저의 신학적 방황들, 교회의 영광과 현실 교회의 부조리 사이에서 느끼는 애증, 그리고 저의 고질적인 죄들과 자기 한계 가운데 느끼는 절망감 등을 마구 토해내었습니다. 언젠가 그런 말씀을 하십니다.

"그때 너를 보니까 어떤 고민과 아픔으로 지냈는지가 총천연색 칼라 텔레비전처럼 가슴에 와 박혔어."

실패한 사람은 실패한 사람을, 배고픈 사람은 배고픈 사람을 한눈에 알아차립니다. 서로가 진실하다면 많은 말을 하지 않아도 그 사람의 인생이 훤히 보이기 마련입니다. 처음 마주 앉은 자리에서 우리는 서로가 지긋지긋한 실패와 교회를 향한 애증으로 뒤범벅된 인생이란 걸 대번에 알아차렸습니다. 그래서 괜찮다는 말 한마디가 제 모든 인생을 다 꿰뚫고 들어오는 주님의 위로의 손길이 되었던 것 같아요. 고마웠습니다. 해도 해도 안 되는 인생과 목회를 부여잡고 쌍욕을 할지언정, 여전히 그 자리에 서 계셔서 고마웠습니다. 촌스럽고 못나서 절망스러워도 구원을 노래하는 그 자리에 서 계셔서 정말로 고마웠습니다. 지금도 말하고 싶습니다.

"고맙습니다. 목사님. 사랑합니다."

못난 자들의 교회

우리 교회는 참 신기하게도 개척 이후 지금까지 매주 새 가족이 오십니다. 가장 놀라는 분은 담임목사님이십니다. '뭘 해도 안 되는 인생', '절대비관정신'과 같은 지론을 가지고 계신 분에게 사람들이 계속 찾아오는 기현상이 쉽사리 받아들여질리 없습니다. 우리 교회는 최신 트렌드를 따르는 목회철학도 효율적인 행정력이나 사람을 관리하는 조직력도 없습니다. 아무것도 갖추지 못한 교회입니다. 그러니 하나님의 일하심이라고밖에는 달리 표현할 길이 없습니다.

얼마 전 CBS에서 인기리에 방영하는 프로그램 《새롭게 하소서》를 패러디한 《행신 새롭게 하소서》를 기획한 일이 있습니다. 코로나 19 사태로 서로 만날 수 없게 된 성도들이 유튜브에 나와 간증도 하고 소식을 전하는 내용이었습니다. 반응이 좋았습니다. 평소에는 나누기 힘든 깊은 이야기를 들을 수 있어서 훈훈하고 재미있다는 피드백이 많았습니다. 성도님들 한 분 한 분 처음 찾아오셨을 때부터 지금까지 함께 지낸 시간이 떠올라 눈물이 납니다. 방송은 대개 가족 단위로 나와 찍었는데, 부부가 어떻게 만났는지에서부터 자녀들이 보는 부모님의 장단점이라든지, 예수님을 만난 이야기부터 그동안의 신앙 여정을 듣는 시간을 가졌습니다. 마지막 순서에는 우리 교회에 대한 자랑을 부탁

드렸지요. 그때 가장 많이 하시던 말씀이 있습니다. 우리 교회가 '못난 자들의 교회여서 좋다'는 말씀입니다.

"못난 자로 남아 평생 예수 그리스도만 의지하게 하소서."

이 문구는 우리 교회 '공동체의 기도' 맨 앞에 자리하는 내용입니다. 행신교회를 한마디로 설명해야 한다면 이 문구가 제격일 것입니다. 말 그대로 못난 자라는 자기 인식 가운데 평생 예수님만 의지하여 살겠다는 고백입니다. 공동체의 정체성 안에 '못나도 괜찮다'라는 인식이 자리를 잡으면 교회가 조금 편해집니다. 잘난 척을 하거나, 가식적으로 사람을 대하거나 거룩한 척을 할 필요가 없습니다. 못나고 불편한 모습을 조금은 더 자연스럽게 보여줄 수 있습니다. 있는 그대로 받아들이는 넉넉함도 배우게 됩니다. 우리 모두는 결국 예수 그리스도만을 붙들어야 하는 존재임을 서로의 모습을 통해 확인하는 것이지요.

세상의 성공 방정식은 잘난 사람과 못난 사람을 구분합니다. 그 기준에는 엄격한 잣대가 있습니다. 저마다야 다르겠지만 잘난 사람은 대개 공부를 잘하거나, 돈을 잘 벌거나, 자기 분야에 혁혁한 성과를 내었거나, 유명해졌거나 하는 사람들입니다. 이러한 현상은 냉정해 보이지만 오히려 평안을 줍니다. 정확한 현실 인식으로 내가 무엇을 가질 수 있는지, 포기해야 하는지를 보여주니까요. 문제는 교회입니다. 이 성공 방정식을 그대로 가져오면 안 될 것 같고, 그렇다고 완전히 무시할 수도 없을 것 같거든요. 못난 자의 교회를 이해하려면 이 부분이 참 중요합니다.

교회는 잘난 사람을 어떻게 바라보아야 할까요. 자주 실수하는 대목은 잘난 사람을 경계하고 비아냥대는 태도를 교회의 세속화를 막는 경계심으로 합리화하는 것입니다. 내면의 시기심을 정당화하는 수단이지요. 하나님께서 허락하신 한 인생이 성실하게 땀 흘리고 정직하게 노력하거나 하나님이 주신 재능을 잘 사용하여 합당한 열매를 거두는 것, 굉장히 복된 일입니다. '심는 대로 거두는 법칙'이지요. 물론 기울어진 운동장이나 금수저 논란이 있지만 대개 이 일반은총은 신자나 비신자 모두에게 적용됩니다. 건강한 공동체는 잘난 사람을 마음껏 축복해 주고 그들의 성취에 진심 어린 박수를 보낼 수 있어야 합니다. 그것이 바로 교회가 세상의 성공 방식에 지배당하지 않는다는 증거입니다. 오히려 그들의 근면성실함, 목표의식, 탁월함 등을 배우고 귀한 재능이 교회를 섬기는 귀한 수단이 될 수 있도록 기회를 열어야 하겠지요. 그러나 안타깝게도 교회가 '심는 대로 거두는 법칙'을 가장 많이 무시합니다. 믿음을 동원하여 '성공 열매'를 한 방에 따 먹으려고 하거든요. 믿음으로 열매를 사려는 행위가 하나님의 방식처럼 보이십니까. 그렇지 않습니다. 오히려 세상 사람들이 노력과 재능으로 성취하는 것을 땀 흘리지 않고 얻으려는 못된 심보일 뿐입니다.

그렇다면 '못난 자'는 어떤 사람일까요. 성공 방정식에서 도태된 사람인가요? 무능력하고 성취가 없는 인생인가요? 아니면, 불공평한 세상을 역전할 수 없는 억울한 사람들인가요? 일면 맞는 얘기 같지만 못난 자의 교회가 되자는 구호는 자칫 세상에서 잘난 사람들, 많이 가진 사람을 성토하고 우리끼리 잘 살아보자는 외침으로 치부되어서는 안 됩니다. 가난과 실패와 무능력이 우리를 하나님을 붙드는 자리로 인도할 때도 있지만 정반대로 신앙을 버리는 자리로 인도하기도 합니다. 잘남과 부요함도 마찬가지입니다. 우리가 예수를 더 잘 믿거나 못 믿을 환경 따위는 없습니다. 적어도 외부적인 잘남과 못남은 그 근거가 될 수 없습니다.

그렇다면 못난 자는 누구입니까? 세상의 방정식에 따른 잘남과 못남과는 상관이 없습니다. 못난 자는 일종의 자기 인식입니다. 복음 앞에 온전히 서 있는 사람을 말합니다. 성공 가도를 달리고 있든, 실패하여 주저앉아 있는 순간이든 예수 그리스도가 절실하게 필요한 사람이 못난 자입니다. 자신의 못남과 실패를 인정하고 받아들일 수 있으면서도 그 이유 때문에 예수님을 붙잡는 용기를 지닌 자, 아무리 큰 성공도 결코 하나님의 은혜와 사랑을 받아 낼 충분조건이 될 수 없음을 알고, 아무리 큰 실패도 하나님의 은혜와 사랑을 받기에 부족함이 없음을 아는 자입니다. 그래서 예수님은 '가난한 자에게 복이 있다'고 말씀하셨습니다. 물질적인 파산이든, 심령의 가난함이든 자기 존재의 가련함과 비참함을 깨닫는 자가 복이 있습니다. 저명한 신학자 D.A 카슨(Donald Arthur Carson)은 이렇게 말합니다.

> 가난함은 우리의 심령이 파탄의 지경에 와 있다는 것을 시인하는 것이며 하나님 앞에 서는 인간이 자기의 무가치함을 깨닫고 전적으로 주님을 의지할 수밖에 없음을 고백하는 것이다.

여기서 가난함을 못난 자로 바꾸면 제법 말이 됩니다. 못난 자는 우리 심령이 파탄의 지경에 이르렀음과 하나님 앞에서 자기 존재의 무가치함을 깨닫는 자입니다. 그 결과 전적으로 하나님만 의지할 수밖에 없음을 고백하는 자이지요. 신자는 복음 앞에 온전히 서 있을 때에 비로소 잘난 사람을 향해 진심 어린 축복과 박수를 보낼 수 있습니다. 또한 실패한 사람에게 진심 어린 위로를 보낼 수 있습니다. 우리 교회가 못난 자들의 교회가 되기를 다시 한 번 소망해 봅니다.

실패를 위한 실패

　한번은 청년들과 수련회를 다녀왔습니다. 1박 2일의 짧은 여정이었기 때문에 시간을 알차게 보내려고 고민하다 '서로의 인생을 조금 더 알아보는 시간을 갖자'는 의견이 나왔습니다. 여기에 조금 더 보태기 하는 제안을 했습니다. 이름하여 '나의 실패담'입니다. 청년들에게도 연애 실패, 사업 실패, 공부 실패, 결혼 실패, 직장 실패 등등 너무나 많은 실패들이 있으니까요. 우리는 분명 한 명당 십분가량을 할애하기로 했지만 나눔이 끝나고 나니 새벽 5시 반이 넘었습니다. 젊은 청년들에게 이렇게 많은 실패담이 있을 줄은 몰랐습니다. 그야말로 실패 투성이 인생들입니다. 인생이 실수와 실패를 경험하기 위한 것이 아닌가 할 정도네요. 이야기를 다 듣고 자리에 누우니, 청년들의 해맑은 얼굴이 하나씩 떠오르며 묘한 애틋함이 생깁니다. 담임목사님께서 근거 없는 자신감으로 자주하시는 말씀이 있어 저도 따라 읊조려 봅니다.

　"괜찮아, 실패해도 돼. 목사님이 뒤에 있어!"

　많은 분들이 실패를 '더 좋은 것'을 예비하시는 하나님의 은혜로 해석하곤 합니다. '고난은 가장된 축복이다.' 이런 이야기지요. 이 말은 반쪽만 맞습니다. 실패에서 시작하여 실패로 끝나는 인생도 있다는 것을 교회는 언제부터인가 외면했거든요. 심하게는 그런 생을 "믿음이 없다'라고 치부하기도 합니다. 결국 교회는 실패를 극복하기 위해 믿음을 북돋거나, 실패한 자들이 아예 발을 들이기 힘든 곳이 되어 버렸습니다. 앞의 글에서 말씀드린 것처럼 세상의 성공 방정식으로 실패와 성공을 인식하는 한, 신자는 항상 열등감과 우월감 사이를 오갈 수밖에 없습니다. 문제는, 성공 방정식으로 신앙을 풀어내기 시작하면서부터 하나님의 궁극적인 약속에서는 점점 멀어진다는 것이지요. 오늘날 교회는 정작 하나님이 약속하지도 않은 축복을 구하고 받으며 실패자들을 교회 밖으로 내몰고 있는 게 아닐까요.

하지만 안심하십시오. 위로가 되는 사실이 있습니다. 하나님께서는 실패를 통해 일하십니다. 오직 실패하고 파산한 심령이 하나님을 갈망할 수 있습니다. 하나님은 결코 실패하지 않으시며 당신의 영광을 빼앗기지 않으십니다. 그러니 나의 실패는 하나님의 영광을 가리지 않습니다. 우리가 이 사실을 확인할 때 다시 일어설 힘을 얻게 됩니다. 이 신비한 은혜를 아는 자는 절대 내 인생은 나름 성공한 인생이라고 자부하거나 나는 완전히 주저앉아 실패한 인생이라고 좌절할 수 없습니다. 물론 이 과정은 지난한 시간을 요합니다. 또한 실패는 아픕니다. 그래서 실패의 순간에는 결코 하나님이 보이지 않지요. 하지만 기억하셔야 합니다. 실패의 순간에도 하나님은 우리의 손을 놓지 않고 계십니다.

구약의 선지자 예레미야를 한 번 보십시오. 성경에서 가장 화려하게 부름받은 인물 중에 하나지만, 그가 하는 사역은 실패로 끝나도록 예정되어 있습니다. 예레미야의 사역은 아무런 열매가 없습니다. 하나님이 전하라고 하신 말씀을 선포해도 아무도 듣지 않고 아무도 회개하지 않습니다. 그가 먹고 마시는 단골 메뉴는 조롱과 비난입니다. 이 치욕스러운 사역 때문에 예레미야는 만성 우울증에 시달린 사람입니다. 우리는 내심 기대합니다. 예레미야가 '그럼에도 불구하고' 엄청나게 쓰임받기를요. 그래서 하나님의 영광이 드러나고 예레미야의 모든 억울한 시간이 보상받기를요. 그러나 반전은 없습니다. 예레미야의 인생은 그저 그런 모양으로 끝납니다. 마치 우리들의 막막하고 비루한 인생과 비슷하지요. 그러나 놀라지 마십시오. 예레미야 개인의 인생은 실패했지만, 예레미야의 실패는 하나님의 말씀을 듣고도 돌이키지 않는 이스라엘의 완악함을 심판하는 강력한 도구가 됩니다. 크고 넓게 보면 이스라엘을 징계하여 다시 주님의 품으로 돌아오게 하는 밑거름이 되는 것이지요.

우리의 인생, 신앙과 사역도 마찬가지입니다. 잘해 보려고 마음먹지만 공부, 직장, 가정, 건강, 신앙 어느 것 하나 내 맘 같지가 않습니다. 실패하려고 존재하는 것처럼 말이지요. 교회는 어떨까요. 교회 또한 실패합니다. 사람이 안 모여서 실패, 사람이 모이고 성장해서 실패합니다. 교회사를 보더라도 수많은 교회가 흥망성쇠를 거듭하지 않습니까. 실패의 연속입니다. 그러나 놀랍게도 쓰레기통 같은 인간 역사 안에서도 하나님은 우리를 보석으로 빚어내십니다. 그 일을 하시려고 오늘도 주님은 못나고 실패하고 답답하고 비뚤어진 교회 가운데 찾아오시어 우리들 틈에 비집고 앉으시는 것이지요. 실패해도 하나님을 포기하지 마십시오. 그것이 우리가 걸어갈 유일한 길이며, 영광입니다.

사역보다 사람

어느 날 목사님께 여쭈었습니다.

"목사님, 행신교회는 목회철학이나 비전이 뭐예요?"

"난 그런 거 없어."

"아 진짜, 솔직히요! 그런 거 없는 개척교회 목사가 어디에 있습니까!"

"아냐, 정말로 없어. 그런 거 없는 게 내 목회철학이야. 그래야 하나님 께서 방향을 틀어도 고집을 안 부리지."

골이 띵했습니다. 솔직히 귀찮아서 목회 철학을 설정하지 않으셨 다고 생각했는데, 깊이 생각해 보니 진리의 말씀입니다. 저희는 개척 이후 2년여가 되는 동안 사역자들이 모여 제대로 회의를 해 본 적이 없습니다. 그저 그때그때 필요한 이야기를 주고받기는 했지만요. 사역 원칙이나 정해진 방법론도 없습니다. 저희가 만나는 성도님들, 그리고 주어지는 사건들이 각양각색이기 때문입니다.

'사역보다 사람.'

군이 표현하자면 이 정도가 저희들의 원칙이 되겠습니다. 한 사람 안에 깃든 수많은 사연, 아픔, 살아온 인생의 자취가 모두 다릅니다. 한 사람에 따라 사역의 방법도 바뀌는 것이 당연합니다. 무엇보다 교회와 한 성도를 이끌어 가는 분은 하나님이시며 그에 따른 반응은 성도들의 몫이니까요. 그래서 목회자는 잘 들어야 합니다. 하나님의 말씀과 성도들의 목소리 사이에 잘 서 있어야 합니다. 하지만 의외로 목사님들이 경청에 취약한 것 같습니다. 제가 지금껏 만났던 모든 사람들의 직군을 모두 한 번 떠올려 보았습니다. 맞습니다. 안타깝게도 목사님들 중에서는 이 고귀한 경청의 은사를 가진 분이 잘 떠오르지 않습니다. 저 또한 그렇고요. 물론 목사에게 말을 하는 사역은 그 무엇보다 중요합니다. 설교나 가르침 등이 그러하지요. 그러나 목사에게 또 하나 정말 중요한 사역이 바로 듣는 일입니다. 우리가 어떤 사역을 하려는지, 우리 교회가 어떤 비전과 분명한 명분을 가지고 있는지 성경과 신학을 잘 풀어 설파하는 일도 중요합니다. 하지만 입이 움찔거릴 때마다 허벅지를 꼬집으며 앞에 앉아 있는 사람의 이야기를 듣는 것이 더 중요합니다. 그래야 합니다.

서글픈 현실이지만 답을 말해 주고 싶어 안달난 사람들이 모인 곳이 교회입니다. 듣고 공감해 주는 은사보다 이래라저래라 훈수 두는 은사가 왜 그리도 많은지 모르겠습니다. 유독 한국교회는 기도해 준다, 예언해 준다는 식의 은사자들이 많습니다. 하나님께 직통 계시를 받고, 한 사람의 인생과 그 사정들을 다 아는 듯 휘젓습니다. 딱딱 답을 제시해 줍니다. 목사님들도 마찬가지예요. 잘 알지 못하는 분야까지도 다 아는 척을 해야 직성이 풀립니다. 자녀들의 결혼 문제, 직장 문제, 재정 관리, 심지어 집을 어디로 이사해야 하는지도 목사가 왈가

왈부해서 되겠습니까. 이런 현상을 볼 때, 목사님들께서 믿음이 없으면서도 믿음이 과하십니다. 내가 제시하는 답이 현답이라는 믿음은 너무 강한데, 신자의 삶을 지도하고 이끄시는 분이 하나님이심임을 정작 못 믿습니다.

신자의 삶은 자기 자신도, 그리고 목회자도 전혀 알 수 없는 방향으로 흘러갑니다. 때로는 고난과 슬픔으로 아파하고, 때로는 원인을 알 수 없는 은혜로 감사합니다. 하나님의 신비가 가득 들어 있습니다. 그 누구도 한 신자의 인생이나 그 가슴속에 들은 것을 함부로 판단하거나 재단할 수 없습니다. 목회자일지라도 말이지요. 그저 도울 뿐입니다. 최선을 다해 살아가도록, 해도 해도 안 되는 순간에 넘어지지 않도록 손을 붙잡아 주고 버팀목이 되어주는 것이지요. 그래서 듣는 목회는 쉽지 않습니다. 기다리고 인내하며 목구멍까지 차오르는 말을 다시 끌어내립니다. '저렇게 가면 안 되는데.' 하는 나름의 통찰이 왜 없겠습니까.

이렇게 말하고 보니 목회자가 할 수 있는 일이 너무 축소되는 것 같지만 반대입니다. 범위가 무한대로 커집니다. 강단에서 바르게 하나님의 말씀을 선포하는 일과 한 성도를 있는 모습 그대로 품는 일 사이에는 무한대의 간극이 있습니다. 하나님 편에 서는 일과 사람 편에 서는 일, 그리고 그 사이를 오고 가는 일. 말로 할 수 없을 만큼 고된 일입니다. 외롭고 서럽습니다. 삶의 질서나 정서가 마구 헝클어집니다. 아침에 장례식에서 울다가 점심에는 결혼식에 가서 웃어야 합니다. 오늘은 사업에 성공한 분을 붙잡고 축복기도를 하고, 내일은 인생이 완전히 주저앉은 사람들과 함께 울어 주어야 하는 것이 목사지요. 웃다가도 울고, 답답하다가도 문자 하나에 기쁨과 감사로 가슴이 뻐근해지는 갈대 같은 존재가 목사입니다.

우리 교회와 목회자들에게 주어진 소명이 무얼까요. 지치고 실패하고 더 이상의 소망이 없는 신자들을 다시 품어 안는 것. 그리고 저들의 가슴에 거의 다 꺼져 버린 하나님 말씀의 불씨를 다시 불러일으켜 내는 것. 그 생명의 숨을 또다시 불어넣는 것. 그게 전부 아닐까요. 그러기 위해 사람에게 휘둘리고 끌려다니는 것이 목사의 영광스런 직분이 아닐까 생각해 봅니다.

한번은 한 성도님께서 손에 무얼 쥐고 제게 내미십니다. 내려다보니 하얀 봉투를 손에 구겨 쥐고 계십니다. 이 성도님은 형편이 녹록치 않은 분이신데 더 어려운 누군가를 돕겠다고 하시는 것입니다. 순간 눈물이 솟구치는 걸 겨우 참았습니다. 마음이 저려 한사코 거절하였지만 주머니에 찔러 넣고 도망가십니다. 이름 적힌 봉투를 헌금함에 집어넣고 집에 돌아오는 길, 참았던 눈물이 터집니다. 하필 라디오에서 드라마 《나의 아저씨》의 OST, 손디아의 '어른'이 흘러나오네요.

고단한 하루 끝에 떨구는 눈물. 난 어디를 향해 가는 걸까. 아플 만큼 아팠다 생각했는데. 아직도 한참 남은 건가 봐…. 언젠가 한 번쯤 따스한 햇살이 내릴까.

펑펑 울다가 손을 모아 기도합니다.

"주님 언제까지 가야 하는 겁니까. 이 아프고 힘든 인생길, 언제까지 아프기만 해야 하는 거죠. 아프고 힘든 사람들이 왜 이렇게 많습니까. 도대체 언제 따스한 햇살이 내리는 겁니까!'

야속한 주님은 결국 저의 결심을 받아내십니다.

'네 주님, 제가 해야죠. 제가 하겠습니다. 햇살까지는 아니지만 작은 촛불이 되는 자리에 서겠습니다.'

Story 05

나의 얼굴

초등학교 미술 시간이었습니다. 선생님께서 나의 얼굴이라는 주제로 찰흙 모형을 만들라고 하십니다. 평소 미술을 좋아하고 손재주가 있던 터라, 어디선가 보았던 석고상을 떠올리며 멋지게 윤곽을 잡아 완성하였습니다. 당시에는 미술 과제에도 점수를 매기던 시절이라 내심 10점 만점을 기대하며 기세등등하게 손을 놀렸습니다. 다음 날, 저는 우쭐한 마음으로 교실 뒤에 전시되어 있는 저의 '아름다운' 조각상을 찾아 점수를 확인합니다.

'5점.' 5점? 아니 5점? 등줄기가 싸늘해집니다. 제 점수가 5점이었습니다. 제가 못난이 같다고 놀리던 짝꿍의 작품도 8점, 주변의 친구들도 대체로 7점에서 10점인데 5점이라니, 무언가 잘못되었다고 생각했습니다. 망연자실한 저는 그날 내내 풀이 죽어있었습니다. 입을 삐죽 내밀고 말입니다. 그런 저의 마음을 아셨는지 담임선생님께서 작품을 들고 오라고 부르십니다. 선생님이 야속한 저는 땅만 쳐다보고 있었습니다. 선생님은 그런 저의 손을 살며시 가져다 잡으시고는 이렇게 말씀하십니다.

"성균이가 만든 얼굴은 석고상처럼 멋지네! 정말 잘 만들었단다. 그런데 이 석고상이 성균이의 얼굴 같아 보이지는 않아서 선생님은 많이 아쉬워. 성균이의 반짝이는 눈도, 약간 아래로 쳐진 풍성한 눈썹도, 두툼한 아랫입술도 없단 말이지. 다음에는 성균이의 얼굴을 만들어 보자."

선생님은 따뜻한 말씀과 함께 저를 품에 깊이 안아주셨습니다. 그때에서야 떠올랐습니다. 주제가 나의 얼굴이구나!

인생을 살며 이런 실수를 참 많이 반복했습니다. 누군가의 기대와 사회적 요구, 특별히 신앙적 모범이라는 석고상대로 빚어지려고 무던히도 애를 썼습니다. 그런데 주님은 자꾸 방향을 바꾸십니다. 제가 본 그 모양이 아니라 생각지도 못한 방식으로, 뜻밖의 여정으로 이끄십니다. 그 시간이 참 힘들었습니다. 왜 내가 생각하는 모범대로, 내가 계획하고 예측하는 대로 끌고 가시는 법이 없을까 하고 원망도 많이 했지요.

그러나 하나님께서 신자의 인생을 이끌어 가시는 방식은 너무나도 독특합니다. 얼굴이 모두 다른 것처럼 그들의 영혼도 모두 각자의 개성을 가지고 있습니다. 무엇보다 한 사람이 살아오는 삶의 서사 안에 담기는 하나님의 은혜는 말로 형용할 수 없는 예술입니다. 그래서 그리스도를 믿고 새사람이 되는 것은 종교적 형태의 획일적인 사람들로 빚어진다는 의미가 결코 아닙니다. 오히려 새사람이 된다는 것은 우리가 규정짓고 있던 석고상을 깨는 것입니다. 자기 안팎에 있는 율법이나 기준에서 벗어나 그리스도 안으로 들어가는 것입니다. 그리스도의 뜻과 생각이 우리의 마음 안에 스며들고 그리스도의 마음을 품는 것이지요.

우리의 착각은 한 분이신 그리스도께서 우리 안에 내주하시면 모두가 판박이처럼 되어야 한다는 오해입니다. 그러므로 교회는 'sameness'를 추구하는 공동체가 아니라 'oneness'를 추구하는 공동체입니다. 획일화되고 비슷한 형태의 삶과 신앙을 요구받는 것이 아니라 모든 것이 다른 사람들이 모여 하나 됨을 이루는 것입니다. C.S 루이스(Clive Staples Lewis)는 『순전한 기독교』에서 이렇게 기술합니다.

우리가 자기 자신이라고 부르는 것에서 벗어나면 벗어날수록, 그분께 자신을 드리면 드릴수록, 그만큼 더 우리는 진정으로 자기다워집니다.

하나 더 소개합니다. 미국을 움직이는 작은 교회 이야기인 『세상을 위한, 세이비어 이야기』를 쓴 엘리자베스 오코너(Elizabeth O'Connor)가 이렇게 말합니다.

창조적인 작품은 언제나 고유의 생명력을 가진다. 화가가 자기 생명을 담아 낸 그림은 복제가 불가능하다. 사람들이 그의 그림에 영향을 받을 수는 있으나 그 그림의 본질을 복제하지는 못한다. 창작자의 각인은 주제나 기교에 찍히는 게 아니다. 이런 까닭에, 진정한 예술가는 자신이 아는 전부를 다른 예술가에게 거리낌 없이 줄 수 있다. 진정한 예술가는 자기 삶의 중심에 근접해 산다.

맞습니다. 우리의 신앙이 깊어진다는 의미는, 더욱 자기다워지는 것입니다. 껍데기의 복제를 추구하던 옛 자아가 죽고 하나님께서 고유하게 빚으신 형상으로 가까이 다가가는 것이지요. 교회도 마찬가지입니다. 교회의 본질은 복제할 수 없습니다. 훌륭한 세미나, 학문적 연구, 그대로 가져다 본뜨고 싶을 만큼 탁월한 교회도 자기다운 교회를 이길 수는 없습니다. 교회는 독특하고 고귀한 생명들이 모여 한 몸을 빚어내는 진정한 예술이니까요. 그분께 우리 자신을 드려야 합니다. 우리 교회 또한 드려야 합니다. 아직 완성되지 않은 우리의 인생과 교회를 빚어 가시는 주체가 주님이시기 때문이지요.

거지 셋의 우정

저와 비슷한 시기에 교회에 온 청년이 한 명 있습니다. 예배를 마치곤 정류장에서 집에 가는 버스 몇 대를 그냥 보내고 이야기를 나누었습니다. 서로 살아온 시간을 솔직하게 나누다 보니 금방 친해졌습니다. 집에 돌아오니 문자가 하나 와있습니다.

'형, 함께 걸을 수 있는 사람이 있어서 너무 감사하네요.'

이 녀석의 이야기를 들어 보니 참 고단한 인생을 살아왔습니다. 어려운 가정 형편에서 나름대로 열심히 살아 보려고 애를 썼습니다. 일찌감치 직장생활을 시작하고 얼마 뒤에는 시험을 쳐서 해군장교가 되어 대위까지 진급을 했습니다. 인생의 탄탄대로를 걸으면 될 것 같은 이 친구에게는 늘 발목을 붙잡는 큰 고민이 하나 있었습니다. '목사가 되어야 한다'는 강박입니다. 결국 주변의 권유와 자기 자신의 강박으로 인해 이 녀석, 목사가 되기로 마음을 먹습니다. 군 전역 후 어려운 살림에 돈을 벌어야 학교를 갈 수 있겠다 싶어, 전공을 살려 스타트업을 시작했습니다. 이런저런 지원금도 받고 빚을 내었습니다. 야심차게 꿈도 꾸고 공부도 하고 여러 사람들을 만나며 사업을 키워 보려 했습니다. 하지만 주님도 야속하시지, 하루아침에 망하고 빚더미에 앉고 말았습니다. 생활비는 물론이거니와 학비도 없는데다가 빚까지 얹어진 사면초가입니다. 그러나 마냥 죽으라는 법은 없나 봅니다. 이 친구의 어려운 소식을 듣고 가까운 성도 한 분이 학비를 내주시기로 했다는 겁니다. 다시 힘을 얻고 작은 소망을 가졌습니다. 기도도 열심히 하고, 학교 갈 준비도 하며 책도 여러 권 구입했습니다. 설레는 마음으로 학교 오리엔테이션에도 다녀왔습니다. 그런데 그만 또 일이 터져 버렸습니다. 그 성도님께서 학비 지원이 불가능할 것 같다는 비보를 전해 온 것입니다. 아, 정말 안 되는 놈은 계속 안 됩니다.

청천벽력 같은 소식과 함께 이 녀석은 헤어 나올 수 없는 절망에 빠져 버렸습니다. '하나님은 나에게 왜 이러실까. 사는 날 동안 왜 한 번도 제대로 도와주시지를 않는 걸까. 결국 나는 안 되는 인생이구나' 하는 생각에 밤잠을 이룰 수 없었습니다. 이루 말할 수 없는 속상함, 원망, 낙담의 심정을 안고 여러 날을 보냈습니다. 찾아오는 빚쟁이들을 피해 숨느라 인기척을 내지 않고 집에 틀어박혀 숱한 날을 보냅니다. 왜 신학을 시작하지 않느냐고 물어오는 친구들과 선후배들에게서도 숨어 버렸습니다.

녀석은 결국 이런저런 고민 끝에 무작정 행신교회를 찾아왔습니다. 처음 만난 날이 눈에 선합니다. 도무지 노력해도 안 되는 인생에 대한 자괴감, 신학 공부를 미루다가 인생이 꼬인 건 아닌가 하는 자책감, 지극히 어려운 집안 형편, 등록금을 벌겠다고 아버지를 따라 노가다 판에 나가는 이 녀석을 보고 있자니 할 말을 잃습니다. 눈물이 주르륵 흐르더군요. 옆에서 눈물을 훔치던 목사님께서 이 녀석을 가만히 안아주십니다.

"신학, 그거 안 해도 된다. 하나님, 그런 걸로 벌주는 분 아니야. 나랑 우전도사도 다 셀프 소명받고 이 생고생한다 아이가. 하나님은 우리를 잘 안도와주시니 우리끼리 서로 의지해 보자."

결국 셋이 붙들고 엉엉 울었습니다.

거지 셋, 우리는 금방 친구가 되었습니다. 가진 것 없고, 내세울 것 없는 목사, 더 대책 없는 전도사, 전도사 될 뻔한 새끼. 우리 셋 다 정말 대책 없는 인생들 같아서, 서로 거울을 보는 것 같아서 아팠습니다. 진지하게 눈을 들여다보면 왈칵 또 눈물이 쏟아질 것 같아 만나면 먹고 떠들고, 농담하고, 신변잡기만 늘어놓았습니다. 헤어지면 보고 싶고, 하루 종일 단체 채팅방에서 떠들었습니다. 나중에 아내가 그런 말을 합니다. 셋이 연애하는 것 같다고. 맞습니다. 찐한 연애죠. 집에 불러 밥 해 먹이고, 같이 드라마 보고, 숱한 밤을 같이 보냈으니까요.

그러던 어느 날, 통화를 하는데 유독 이 녀석 목소리가 어둡습니다. 새로운 직장을 들어가려고 교육을 받는 중이라 힘들어 그런가 싶었습니다. 알고 보니 이 녀석, 돈이 없어서 밥도 거르고, 차를 못 타고 걸어 다니고 있는 겁니다. 그것도 말 안 하려고 애를 쓰는 걸, 제가 캐내려고 작정을 하니 실토를 합니다.

"형, 나 쫌 힘드네. 아씨."
"야 이 새끼야. 돈이 없으면 말을 해야지, 걸어 다니냐!"

눈물이 왈칵 쏟아지려고 하는 걸 꾹 참고 버럭 소리를 질렀습니다. 그랬더니 하는 말이, 자기는 지금까지 아무리 어렵고 힘이 들어도 누구한테 돈 빌려 달라는 소리, 도와 달라는 소리를 한 번도 못해 봤다는 것입니다. 더 마음이 아팠습니다. 지금껏 도대체 어떻게 살아온 거냐, 이 녀석아.

"잔말 말고 계좌 불러."
"아 형, 진짜 괜찮아. 어떻게든 해 볼게."
"야 이 새끼야. 시끄러. 누가 도와준다면 잘 받는 것도 인격이야!"
"알겠어. 그럼. 형 진짜 도와줘서 고마워. 형도 돈 없는데… 진짜….."
"야, 아무 걱정하지 마. 끊어."

떨리는 전화 목소리를 더는 못 듣겠어서 얼른 끊었습니다. 우격다짐으로 있는 돈 없는 돈을 끌어모아 보냈습니다. 하지만 저도 개털 인생, 돈이 뭐 얼마나 있습니까. 개털도 모으면 따뜻하다고 담임목사님한테 전화를 했습니다. 담임목사님은 제 이야기를 듣고 또 우십니다. 쌍욕을 하시면서요. 울먹이며 말씀하십니다.

"계좌번호 찍어라. 마 그냥 우리 같이 죽자."

고마웠습니다. 살면서 누군가에게 한 번도, 누군가에게 도움 달라는 소리도 못하는 녀석이 "도와 달라"고 말해 줘서요. 그리고 있는 돈, 없는 돈 탈탈 털어도 아깝지 않은 존재라서 고마웠습니다. 저도 담임목사님께 배운 대로 녀석을 도와줄 수 있어서 고마웠습니다. 늘 입버릇처럼 말씀하시거든요. '누군가를 돕기 위해 자기의 삶이 휘청거리지 않으면 그건 진정으로 돕는 게 아니다.'

그날로부터 2년이라는 시간이 흘렀습니다. 이 녀석도 그때 시작했던 일에 완전히 정착이 되어서 요즘 아주 잘나갑니다. 한 번도 시도해 보지 못했던 종류의 일을 아주 잘 해내고 있습니다. 그러던 중 저는 대학원 학비를 내느라 이번에도 '영혼까지 끌어모아' 돈을 마련했습니다. 그러고 나니 저는 또 개털 인생입니다. 뭐 늘 그랬지요. 이제 조금 있으면 아이가 태어나는데 걱정이 이만저만이 아닙니다. 그러는 와중에 톡이 하나 들어왔습니다.

'형, 지난번 계좌로 돈 좀 입금했어.'

놀라서 전화를 했습니다. 이거 뭐냐고 따지니 학비 내고 책 사고, 태어나는 아기 기저귀 값에 보태 쓰라는 겁니다. 그래도 자존심상 세 번은 고사를 해야 하는데 그냥 고맙다고 했습니다. 너스레를 떨다 전화를 끊고 나니, 괜스레 눈물이 흐릅니다. '고맙다 이 새끼야.' 조금 있다가 톡이 하나 더 옵니다.

'형, 나는 사실 형이 있어서 신학 안 해도 되겠다고 결심했어. 정말 좋은 목사님이 되어주라. 내가 고마워.'

교회 일 좀 그만 시킵시다!

"청년부 전도사로 섬겨 주면 좋겠는데…."

교회에 온 지 얼마 되지 않아, 담임목사님께서 조심스레 말씀을 꺼내십니다. 청년부 전도사가 필요하기도 했지만, 저를 가만히 두면 도리어 안 되겠다 싶으셨던 것 같습니다. 깊은 배려 가운데 20대 초중반의 4~5명 남짓 되는 청년부 아이들을 데리고 행신교회 첫 사역이 시작되었습니다.

사역을 시작할 때 목사님의 당부가 딱 하나 있으셨습니다. 청년들을 데리고 가급적 밖으로 나가라는 것이었습니다. 예배, 성경공부, 기도회, 교회 일은 가급적 하지 말고 주일 오전 예배가 끝나면 데리고 나가 놀라는 것입니다. 처음엔 어리둥절했습니다. 이런 사역도 있구나 하고요. 그때부터 주일이 되면 청년들을 데리고 신나게 놀았습니다. 저랑 10살도 넘게 차이 나는 아이들이니 무슨 눈높이를 맞출 수 있겠습니까. 깊은 교감은 일찌감치 포기하고 그저 밥 먹고 차 마시고 수다 떠는 것이 전부였습니다. 이 아이들을 존재로서 받아들였고 어떤 훈시나 말씀의 권면도 하지 않았습니다. 당연히 어떤 체계도 없고 조직도 없으며 무엇을 해야 한다는 강박도 전혀 없었습니다. 내심 염려도 있었지요. 정말 이렇게 하는 것이 사역이 맞나, 혹 내가 이 아이들을 방치하는 것은 아닌가, 신앙적 권면도 좀 하고 잔소리도 해야 하는 것 아닌가 하고 말입니다. 지금까지 해 왔던 사역과는 너무나 달라서 불안하기도 했습니다. 하지만 제 입에서 행여 그런 목소리가 튀어나오려고 할 때마다 꾹꾹 눌렀습니다. 청년들을 존중하고 싶었습니다. 저의 잔소리가 저들의 신앙생활을 잠시 좋아 보이게는 할 수 있어도, 저들에게 믿음을 심거나 신앙을 고양시키지 못한다는 사실 또한 기억했습니다. 저는 점차 청년들을 더 이상 사역 대상으로 바라보지 않게 되었지요.

청년들에게 봉사를 시키면 믿음이 좋아진다고들 하십니다. 저는 이것에 회의적입니다. 교회 봉사는 대부분 조직을 유지하고 관리하기 위한 것들이니까요. 저는 이런 식의 봉사가 신앙을 단단하게 만들기보다는 회의감에 빠지게 하는 것을 더 많이 보았습니다. 믿음은 하나님의 말씀을 듣고 중생하고 회심하는 가운데 주어집니다. 하나님의 사역입니다. 청년들에게 믿음이 없는 것을 받아들일 수 있어야 합니다. 봉사하며 신앙 있는 척하기보다 끊임없이 회의하고 의심하며 자기 자신 안에 있는 불신을 들여다볼 수 있도록 해 줘야 합니다. 그 치열한 갈등 가운데 참된 믿음이 잉태됩니다.

저의 유일한 사역은 청년들이 교회에 와서 여기저기 불려 다니며 머슴 노릇하지 않도록, 자유롭게 교회에서 지낼 수 있는 방패막이 되어주는 것이었습니다. 교회가 너희를 정말 소중히 생각한다고, 너희를 정말 아끼고 사랑한다고 피부로 느낄 수 있게 해 주어야 했습니다. 이 자유로움과 사랑 가운데 복음을 듣고 믿음이 심겨져서 하나님의 사람들로 자라나기를 기다리는 것이 제 역할이라고 여겼습니다.

직장생활을 오랫동안 하다 보니, 영업조직이나 판매조직이 교회와 비슷하다는 생각을 많이 가졌습니다. 조직 관리를 잘하고 성과를 잘 내는 관리자가 승승장구합니다. 모두 그 중심이 비뚤어졌다고만 볼 수 없겠지만 목회자들이 자기 야망을 이룰 수단으로 청년들을 동원하여 과도한 시간과 물질을 헌신하게 하는 것을 많이 보았습니다. 저 또한 비슷한 과정을 겪었기 때문에 배운 것이 아무것도 없고 하나님의 섭리하심이 전혀 없다고는 말할 수 없습니다. 안타까운 것은 신앙의 중심이 아직 제대로 영글지 않은 수많은 청년들이 한때 교회와 목회자를 바라보고 자기 인생을 걸었다가 부지기수로 번아웃되어 교회를 떠난다는 사실입니다. 그 가운데 참된 회심을 경험하고 믿음이 있는 이들은 언젠가 주님의 품으로 돌아오지만 그렇지 않은 청년들도 굉장히 많습니다. 그것을 누가 책임져야 할까요.

교회는 청년들을 일꾼이나 수단으로 보는 시선을 거두어야 합니다. 청년들은 지칠 대로 지쳐있습니다. 아니, 요즘 20대 청년들은 아예 교회에 오지 않습니다. 다른 건 몰라도 이들에게 먼저 쉼이 필요하다는 정도는 압니다. 이것은 방종이 아닙니다. 아무 강요 없이도 교회에 나와 웃고 떠들 수 있는 쉼입니다. 얼굴과 얼굴을 맞대고 표정을 읽어내는 쉼, 존재와 존재로 진실할 수 있는 쉼입니다. 진실한 관계의 그릇이 생성되고 교회 가운데 따뜻함 쉼을 얻으며 험난하고 외로운 세상을 살아갈 힘을 얻을 때, 그 안에 진중한 복음이 담기우리라고 저는 믿습니다.

결론은 이겁니다. 일 좀 그만 시킵시다. 솔직히 교회 일이 뭐 그리 할 것이 많습니까. 대체 무슨 일을 그리도 계속 만들어 냅니까. 왜 자꾸 교회로 불러냅니까. 교회 일은 사역자가 하면 됩니다. 교회는 청년들에게 일을 시키는 게 아니라, 가장 중요한 일을 해야 합니다. 이들이 예수님 잘 믿게 하는 것 말입니다. 우리 청년들 중 한 명이라도 교회에서 소외되거나 일하다가 지치지 않기를 바랍니다. 신앙이 없어도 교회에 나와 웃고 떠들며 보살핌을 받을 수 있기를 바랍니다. 이들이 예수 잘 믿는 한 사람이 되기까지 교회가 품고 사랑하고 아껴주면 좋겠습니다. 세상에서 가장 소중한 사람처럼 말이지요.

'예수께서 대답하여 이르시되 하나님께서 보내신 이를 믿는 것이 하나님의 일이니라 하시니' (요 6:29).

Story 08

속상한 부흥

교회를 개척한 지 5년 차가 되었습니다. 개척 이후로 비교적 짧은 기간에 많은 분들이 찾아오셨습니다. 목사님을 비롯한 사역자들이 입버릇처럼 하는 얘기는 사실 우리의 자질과 노력에 비해 너무 과한 성장을 해 온 것이 분명하다는 것입니다. 이것을 하나님께서 주신 부흥으로 보아야 할지에 대해서 저는 조금 회의적입니다. 단순히 성도 수 증가를 부흥이라고 부를 수는 없으니까요.

5년여 동안 성도님들의 면면을 살펴보았습니다. 심각한 현상이 하나 있는데, 그동안 회심한 신자가 하나도 없다는 것입니다. 교회를 옮긴 '기존 신자'들이 100%입니다. 물론, 교회에 다닌다고 모두가 참신자는 아니지만 그것은 논외로 하고 정말 심각한 현상입니다. 저희 교회를 찾아오시는 분들의 이야기를 들어 보면, 지금 한국교회가 말로 할 수 없는 쇠퇴의 길을 걷고 있는 것이 분명합니다.

그래서일까요. 저는 행신교회에 일어나는 기이한 부흥 현상이 역설적으로는 한국교회 쇠퇴의 '바로미터'처럼 느껴집니다. 성도 수가 늘어나지만 묘한 쓰라림과 아픔이 공존하는 것입니다. 배부른 소리라고 욕하지 마십시오. 진심입니다. 이분들을 붙들어 세우고 그 상처를 싸매는 것이 참 많이 아프고 고통스럽습니다.

우리 교회가 다른 건 모두 어설프지만 꼭 지키려고 하는 것이 있습니다. 새로 방문하시는 분들을 가급적 그 주에 심방하려고 합니다. 어쩌다가 우리 교회로 오시게 되었는지, 어떤 사연이 있는지 꼭 들어 봐야지요. 성도님들을 만나서 이야기를 나누어 보면, 백이면 백, 교회에서 큰 상처를 받고 목회자에게 실망하고 참다 참다 도저히 못 참아서 온 분들이거나, 여기저기 많은 곳을 떠돌다가 오신 분들입니다.

기가 막힌 사연들이 많습니다. 평생 한 교회만 섬기던 성도님들이 그 교회를 떠나온 심적 고통을 헤아리기란 쉽지 않습니다. 가슴 깊은 곳에서 분노와 슬픔이 차오릅니다. 40년 동안 한 교회만 섬기셨던 권사님의 목소리를 들어 보십시오.

"마지막 예배를 드리는데, 성도들의 얼굴을 하나하나 확인해 보니 모르는 사람이 없는 거예요. 정말, 이렇게 모두 알고 평생을 함께 해 왔는데 왜 내가 교회를 떠나야 하는 것인가. 왜 내가 사랑하는 이 교회, 평생을 함께해온 이 사랑하는 사람들을 떠나야 하는 것인가 하는 회한이 몰려와 펑펑 울었어요. 그럼에도 불구하고 떠나야만 했습니다. 목회자가, 그리고 당회가 너무 잘못하고 있어요. 이건 정말 아니지요. 이건 정말 아닙니다."

태어나서 50년이 넘도록 한 교회에서 자라고 섬기셨던 집사님 부부도 계십니다. 주일성수하지 않으면 저주받는다고 말하는 교회, 주보에 가정별로 십일조 액수를 적어 경쟁을 시키는 교회였다고 합니다. 그래도 고통스럽게 버티다가 결국 나오시며 온갖 누명과 오해를 다 뒤집어쓰셨답니다. 지금껏 버틴 것도 신기한데 이 누명과 오해를 벗기는 커녕 조용히 덮고 넘기기로 하셨다고. 그런데도 가족들을 향해 날아오는 공격과 비방, 심지어는 고소하겠다는 협박까지 들었다고 하시네요. 억울함과 분노로 교회라는 곳에 다시는 가고 싶지 않아 2년간 방황했다고 하십니다. 정말 견디기 힘드셨을 것 같습니다. 그분들께 교회는 오직 그 교회 하나뿐이었으니까요.

안타깝지만 이런 과정 가운데 아주 교회를 떠나 버린 경우도 굉장히 많습니다. 예수는 믿지만 교회는 안 나가는 가나안 성도가 그들입니다. 한두 가지 사연이 아니라, 성도님들의 대부분이 아픔과 회한, 쓰라리고 고통스러운 사연들을 가지고 계십니다. 물론 저는 모든 것을 목회자와 교회의 문제로만 보지 않습니다. 이미 회생 불능의 상황까지 오는 데에는 우리 모두의 방관이 큰 몫을 했잖습니까.

고민이 됩니다. 이렇게 가슴 아프고 속상한 사연들이 켜켜이 쌓여가는 마당에 성도 수가 늘어난다고 기뻐해야 할까요. 과연 이런 것이 하나님이 주시는 부흥인지요. 씁쓸합니다. 심방을 마치고 돌아올 때면 발이 천근만근입니다. 애통한 눈물을 흘릴 뿐입니다. 이 정도면 도대체 교회가 뭐고 목회가 무엇인지 모르겠습니다. 그저 이 아픔의 시기를 견디고 버틸 뿐입니다. 한국교회가 이러한 심각한 진통 가운데 있는데 어떻게 목회해야 하는 것일까요.

어쩌면 우리는 모든 것을 다시 재고하고 점검해야 합니다. 부흥이 부흥이 아니고 하나님의 엄중한 경고일 수 있기 때문입니다. 한국교회가 수적 부흥을 경험한 것은 엄연한 사실이지만, 과연 우리에게 복이 되었는지를 묻고 싶습니다.

수적 부흥이 복음 때문입니까. 예수 믿는 참된 신자가 늘어난 것입니까. 아니면 다른 요소들 때문입니까. 과연 한국교회가 지닌 것은 빛과 어둠을 갈라내는 복음입니까, 사람들의 입맛을 맞추는 종교 서비스입니까. 이미 맘몬에게 장악된 교회는 우리의 생각보다 훨씬 더 망가져 있습니다. 권세와 돈 앞에서는 하수인 노릇을 하지만 아픈 사람과 소외된 이웃이 어떠한 고통을 당하는지는 관심이 없습니다. 툭하면 말도 안 되는 정치적 색깔론이 교회 권사님들의 카카오톡(이하, 카톡) 방을 뒤덮습니다. 아무런 생각 없는 반지성적 맹신을 믿음이라 칭하는 통에 늘 진실은 가려져 있고, 이것을 이용하는 종교 사기꾼들은 또 자기 주머니를 채우지요. 게다가 내 교회인데 무슨 상관이냐며 불법 세습과 대형 건축물, 재정 횡령 등을 일삼습니다. 대형 교회 인맥을 동원하면 사업 리베이트를 수억 단위로 챙기는 것도 어렵지 않습니다. 두 주인을 섬기지 말라던 우리 주님의 명백한 경고 앞에서, 복을 돈으로 부어 주시는 하나님을 만들어 내었습니다. 복음주의가 아니라 맘몬주의에 장악된 한국교회입니다. 종교개혁 시대의 가톨릭교회가 큰형님으로 모실 정도지요.

기억해야 합니다. 하나님은 숫자로 채우셨던 교회를 언제든 비우실 수 있는 분이십니다. 우리 교회도 마찬가지입니다. 별 볼일 없는 교회이고 어설픈 교회입니다. 내세울 것도 없고 못난 사람들이 모이고 있습니다. 바르게 해 보겠다는 구호를 내거는 것도 조심스럽습니다. 우리 교회는 다르다는 말밖에 더 됩니까. 하지만 두렵습니다. 다르긴 뭐가 다를까요. 똑같지요. 똑똑한 분들이 개혁을 외친다지만 저는 잘 모르겠습니다. 그저 이 서늘한 주님의 경고 앞에 애통한 마음으로 자비를 구할 뿐입니다. 진실하게 말씀을 전하고, 복음의 야성을 잃지 않으려고 발버둥 칠 뿐입니다. 맘몬 앞에 장사 없으니 마음으로 결단만 하는 게 아니라, 늘 돈에 허덕이는 교회가 되도록 주머니를 털고 또 털어낼 뿐입니다. 사람이 모이고 돈이 모이면 타락합니다. 그러니 사람이든 돈이든 한쪽 다리를 잘라내야 합니다. 이 일을 제대로 해내지 못한다면 우리 교회도 답이 없습니다. 오늘도 그저 기도할 뿐입니다.

"주여, 우리를 구하소서!"

Story 09

행신 축구, 다 덤벼

"내일 점심에는 철수 집사님, 오후에는 영희 청년, 저녁에는 윌슨 집사
님댁 심방입니다."

목사님께 카톡을 하나 넣었습니다. 그랬더니,

"와나, 야 우리 목회 그만하자. 느무 힘든 거 아이가."

특유의 엄살 한 방 놓으십니다.

"목사님, 그리고 그다음 날 스케쥴은."
"마, 대따~! 톡하지 마라, 다 치아쀼라."

이래 놓고 항상 심방 다녀오고 나면 다음날 새벽같이 연락이 옵니
다.

"성균아, 그 어제 만난 금마 안 있나… 아 W@#$% 눈물 나 미치겠네.
우째야 쓰것노. 잠 한숨 못 잤다. 우리 함 빨리 또 만나러 가자."

이러시는 거죠. 뭐 이런 패턴으로 심방을 다니다 보면 일주일이 금세 지나갑니다. 일 안 하는 교회라고 큰소리쳤는데 엄청 빡세게 돌아가고 있습니다. 하지만 기쁜 마음으로 하고 있습니다. 교회 모임, 프로그램, 회의 같은 건 전혀 없어도 '사람' 만나는 것은 열 일 제쳐 놓고 가야지요.

심방을 많이 다니다 보면 어느 순간 부쩍 늘어나는 것이 있습니다. 뱃살입니다. 결혼 이후 거의 10kg가 늘었습니다. 어느 날, 임신 중인 아내와 비슷한 수준으로 배가 나오고 있다는 것을 확인했을 때 저는 경악했습니다. 도저히 안 되겠다 싶었지요. 자전거를 타야 하나, 뛰어야 하나, 내심 운동을 해야겠다고 생각하고 있던 차, 청년 하나가 축구 모임을 해 보고 싶다고 합니다. 오케이! 축구를 하자! 교회에 광고를 하고 토요일 오전에 모여 볼을 차는 거야!

그렇게 해서 저희 행신교회는 토요일 오전마다 축구(풋살)를 했습니다. 하지만 역시 못난 자들의 교회입니다. 광고할 때는 적어도 10명은 넘지 않겠나 싶었는데 막상 모여 보니 목사님, 나, 청년 세 명, 그리고 목사님 아들 지호입니다. 풋살 3대 3은 꽤 힘이 듭니다. 자신감 충만으로 경기장에 들어섰는데, 대략 5분 정도 지나니, 먼저 목사님이 바닥에 눕습니다. 그리고 20분쯤 지났나요. 그 위에 제가 눕습니다. 그날은 그러다가 끝났습니다. 그 뒤로 이를 악물고 꾸준히 찼습니다. 바닥난 체력을 끌어올리느라 정말 힘들었습니다. 한 달이 지나고 두 달쯤 되어 조금 공을 찰 만해지자, 담임목사님이 말씀하십니다.

"야, 이제 우리도 다른 교회랑 한 판 붙어 볼까? 도장 깨기 한 번 할까?"

의기양양하십니다. 5분 있다 드러누우신 분이 이러한 자신감이 어디서 나오시는지. 결국 도장 깨기라는 무모한 이야기를 듣고 어느 날 젊은 집사님께서 4명의 친구들을 데리고 등장하셨습니다. 약간 어리숙해 보이지만 뭔가 스멀스멀 등 뒤에서 덕후 기운이 올라오는 게 보입니다. 그래도 뭐, 얼마나 차이가 나겠나 싶었는데, 완전히 깨지고 말았습니다. 점수를 셀 수 없었습니다. 이 청년들, 거의 '축구 마니아'더군요. 수원에서부터 고양시까지 올라왔을 때 알아봤어야 하는 거였는데 말입니다. 그날 저희는 공과 사람을 쫓아다니다가 영혼이 탈탈 털렸습니다. 저는 결국 발바닥을 다치고 말았고요.

이모저모로 못나다 못해, 축구도 지지리 못하는 저희 교회입니다. 본래 교회마다 축구 자~알 차시는 집사님이나 청년들이 하나둘 있을 법한데, 저희는 진짜 다들 못합니다. 어설프기 짝이 없습니다. 그날 게임을 마치고 밥을 먹는데, 모두가 깔깔거리며 웃습니다. 대판 깨진 건 아랑곳하지 않고 어찌 저리 해맑을까 싶습니다. 그 모습이 그렇게 좋을 수가 없습니다. 쩔뚝거리며 돌아서는 순간, 눈물이 핑 돕니다.

교회에서 가장 중요한 게 뭘까요. 할 수 있는 대로 모든 이들과 화평한 것이 아닐까요? 그러기에는 교회가 조금 어설픈 것이 제격이라는 생각이 듭니다. 축구를 못하는 것을 가지고 참 합리화도 잘하지요. 하지만 무엇이든 탁월하게 잘 해내고 목표를 달성하는 것보다 훨씬 중요한 가치가 교회에는 분명히 있습니다. 하향평준화된 축구도 얼마든지 즐거울 수 있습니다. 교회가 늘 이런 모습이기를 소망해 봅니다.

잘하고, 탁월하고, 남부럽지 않은 실력은 필요 없습니다. 어설퍼도 괜찮습니다. 잘 못해도 됩니다. 주보에 오타가 들어가도, 성가대가 매번 음 이탈이 나도, 대표기도 잘 못해도 진실한 마음이면 통합니다.

무엇 하나 하더라도 비교당하고 경쟁하고, 무언가를 성취하고 만들어 내야만 의미 있는 이 사회에서 잠시라도 숨 쉴 수 있는 곳이 교회가 되었으면 좋겠습니다. 그 여유와 넉넉함 사이에 주님의 미소가 깃들면 그때야말로 우리의 못남이 그리스도의 탁월을 비추어 내고, 우리의 형편없음이 그리스도 안에서 연합을 일구어 낼 테니까요.

가톨릭 신학자 로핑크(Gerhard Lohfink)가 표현한 대로 교회는 '대조사회'입니다. 세상의 방식과 전혀 다른 차원으로 돌아갈 때 가장 건강한 공동체가 되는 것입니다. 자, 저희 교회랑 축구 한판 붙으러 오시겠습니까? 모든 실력을 총동원하여 멋지게! 져드리겠습니다.

예배당 이사

플라스틱 의자를 통로에 더 비치하고 예배드린 지 몇 주가 지났습니다. 예배 후에 다 같이 일어나면 통로로 지나갈 수도 없는 수준이라, 점심 식사도 포기했습니다. 도저히 안 되겠다 싶어 주변의 공공기관과 학교를 찾아가 보았지만 공간을 내어줄 수 있는 곳이 전혀 없더군요. 가장 큰 문제는 주일학교 아이들의 예배 공간이 없다는 것입니다. 매주 교회 옆에 있는 키즈 카페를 빌려 예배를 드리다가 비용이 만만치 않아 주변 태권도장을 섭외했습니다. 그런데 큰일입니다. 그달 말로 태권도장이 문을 닫는다고 하네요.

공간이 없으면 없는 대로, 불편하면 불편한 대로 그냥 감당키로 했습니다. 다른 방법이 없었기 때문입니다. 성도님들께 절대로 부담을 드리고 싶지 않았습니다. 그저 기도만 부탁드렸지요.

그러던 어느 날 집사님 한 분께서 찾아오셨습니다. 수요 예배 때였습니다.

"행신교회가 들어오기 전에 우리 교회가 이 자리에 있었어요. 행신교회
   에 인수인계를 하고 저희는 여기서 5분 거리 되는 곳에 교회를 확장해
   서 나갔습니다. 그런데 지금 교회가 사정이 생겨 건물을 내놓았습니다.

우연히 옛날 생각이 나서 여기 찾아와 봤는데 주보에 교회 이전을 위해 기도해 달라는 문구를 보고 신기했습니다."

전혀 예상하거나 생각 못한 전개였지만 저희는 운영위원회와 사무처리회를 거쳐 그 예배당으로 이사를 결정했습니다. 건물을 매입할 돈은 당연히 없었고, 은행 대출도 될 리가 없었지요. 다행히 그 교회 측에서 굉장히 저렴한 금액의 보증금과 월세를 제시해 주셔서 가능했습니다. 교회 이사 전과 후의 지출금액 차이가 크지 않기에 이전을 결정할 수 있었습니다. 예배당을 이전할 때 필요했던 추가적인 보증금은 목사님께서 마련하셨습니다. 목사님이 돈이 어디 있겠습니까. 살던 집을 빼서 더 작은 집으로 이사를 하셨지요. 아무 도움이 될 수 없어, 심지어 은행에서 대출도 안 나오는 존재라 죄송하고 민망했습니다.

교회 건축이나 헌금에 대한 이슈는 현대 교인들에게 참으로 예민한 문제입니다. 그래서 개척 때부터 나름대로 세운 기준이 있습니다.

1. 절기, 행사, 건축, 심방 등의 명목으로 헌금하지 않는다.
2. 보유한 재정에 맞춰 교회를 운영한다.
3. 재정 운영에 관해 목회자가 관여하지 않는다.

어떤 분들은 이렇게 말씀하십니다. 교회는 성도들의 헌신과 정성으로 세워져야 하고, 필요한 헌금은 하도록 교육해야 한다는 말씀입니다. 잘 압니다. 하지만 한국교회가 이제 와서 헌금의 정당성을 말하기엔 지금까지 잘못한 일이 너무 많다고 여기기에 저 원칙을 반드시 지키려고 합니다.

어느 기독교 매체에 보니, 헌금봉투의 종류 85가지를 나열해 놓았습니다. 주정헌금, 십일조, 감사헌금, 선교헌금, 건축헌금, 심방헌금, 일천번제, 맥추절, 부활절, 성탄절, 송구영신 등의 절기헌금 등. 익히 들어 아는 종류입니다. 처음 들어 보는 명목들도 있습니다. 취업, 이사, 개업보호, 출장 중 보호 등. 각종 용도에 따른 헌금봉투가 있더군요. 대번에 부적 같다는 생각이 듭니다. 헌금 냈으니 무사 평탄을 기원한다는 뭐 그런 겁니까. 돈을 내었으니 용도와 명목에 맞게 역사하십시오, 이런 건가요. 이게 도대체 뭐하는 짓인가 싶습니다.

우리 교회가 절기를 지키지 않는 이유는 날과 달과 절기를 지키는 것이 이미 신약교회에서 폐지되었기 때문입니다. 십일조도 마찬가지입니다. 십일조는 신앙의 표현은 될 수 있어도 교회가 제정하는 의무 규정이 될 수는 없습니다. 신학적 입장들도 분명히 있지만 사실 성도들의 헌금 부담을 줄이려는 의도가 더 큽니다. 교회가 절기를 왜 지킬까요. 재정을 보충하려는 의도가 가장 크지 않습니까? 그런 의도를 애초에 차단하는 것이 중요합니다. 또한 가정이나 사업장을 심방할 때 절대로 헌금하지 못하도록 합니다. 매주, 그리고 매월 정기적으로 하시는 헌금을 기본으로 교회를 운영하는 것. 그것이 원칙입니다.

헌금을 드리는 행위는 하나님과 신자 사이의 고유한 영역입니다. 그것은 목사나 교회가 강제하거나 종용할 수 있는 문제가 아닙니다. 헌금을 많이 하면 큰소리칠 수 있는 교회, 못하면 고개를 못 들고 조용히 구석에 있어야 하는 교회는 이미 맘몬에 장악된 교회라고 단언합니다. 헌금하는 것도 가르쳐야 한다고 하시는 분들, 대체 뭘 가르친다는 것인지 모르겠습니다. 주님의 몸 된 교회를 사랑하는 성도라면, 그리고 상식적인 공동체의식을 가진 성도라면 마음을 다하고 정성을 다해 헌금한다고 저는 믿습니다. 교회 운영에 돈이 필요하고 선교나 구제를 위해 돈이 필요하다는 거, 목회자들도 생계를 유지하려면 돈이 있어야 한다는 사실을 성도들도 잘 알지요. 문제는 재정의 투명성입니다. 투명하고 상식적이며 정직한 재정 운영을 어떤 사람이 지적하겠습니까. 한 사람이나 특정 집단, 목회자에게 과도한 권한이 부여되어서는 정직성이 유지되기 어렵습니다. 어떻게 해야 할까요. 어느 집단에서나 리더십은 인사권과 재정권에서 발생합니다. 그래서 우리 교회는 목회자들이 이 두 항목에 관여하지 않기로 했습니다. 어떤 권한도 없습니다. 목회자의 리더십은 권한을 가진 자리가 아니라 권한을 포기하는 자리에서 발생합니다. 누가 헌금을 얼마나 하는지 아는 것보다 어려움을 겪는 성도가 누구인지, 어떤 사람을 도와야하는지 알아야합니다. 죽어라 노력해도 안 되는 시점에 봉착한 분들이 다시 일어설 수 있도록, 손을 내밀고 든든한 버팀목이 되어주어야 합니다. 그래야 가족 아닙니까. 이것이 신약교회와 성경이 지향하는 연보(헌금)의 의미이며 가치라고 믿습니다.

새가족을 맞이하고 대화를 나눠보면 대부분 불편한 이슈는 교회의 돈 문제입니다. 은퇴 목사의 상상을 초월하는 전별금, 공금횡령, 십일조나 교회 비품 헌납 경쟁, 과도한 빚을 낸 건축, 헌금 요청으로 얼룩진 설교 등. 헌금과 신앙을 결부시켜 묘한 구속력을 가진 교회들이 허다합니다. 단언컨대, 참된 복음에 근거한 신앙이라고 볼 수 없습니다.

이런 설교, 많이 들어 보셨지요.

"하나님께서는 물질에 매이는 분이 아닙니다. 돈을 포기해야 합니다. 후히 주고 넘치게 주시는 주님 앞에 드리십시오."

누가 들어야 할 소리입니까. 과연 성도들이 들어야 하는 소리입니까. 저는 이 말을 도리어 그 설교를 하는 목사들과 맘몬 제국을 세우고 있는 교회 직분자들에게 되돌려 주고 싶습니다.

"당신들부터 돈을 포기하십시오."

'네 보물 있는 그 곳에는 네 마음도 있느니라'(마 6:21).

Story 11

'내 영혼이 따뜻했던 날들'

"전도사님, 제가 이렇게 푼수 떨어도 되는 걸까요?"

A자매가 묻습니다. 자기는 이 교회에 와서 목사님과 전도사님, 그리고 청년들을 만나서 정말 많이 밝아지고 웃게 되었는데, 그게 잘 주체가 안 된다는 겁니다. 감사한 일이지요. 이 자매는 이제 곧 결혼을 앞두고 있습니다.

A를 처음 보았을 때의 표정을 저는 하나도 빠짐없이 기억합니다. 마침 제가 인도하던 오후 성경공부에 처음 와서 예배당 오른쪽 중간쯤에 앉아 있었거든요. 어딘가 모르게 불안하고 두려움에 사로잡힌 얼굴이었습니다.

목사님과 함께 이 자매를 만났는데 역시나 아픈 시간들을 보냈더라고요. 지면에 다 소개할 수 없는 가정환경이 있었습니다. 꿋꿋이 살아내 보려고 발버둥 쳐 보았지만 쉽지 않았습니다. 착한 천성으로 잘 살아 보려 해도 현실은 매몰차더군요. 급기야 심리 상담을 받기까지 했습니다.

A는 낯가림이 심해 사람들과 어울리고 공동체 생활을 하는 것이 항상 어려웠고 우리 교회에 적응하는 일 또한 쉽지 않았을 겁니다. 하

지만 조금 달라 보였습니다. 자기의 벽을 허물고 사람들 사이로 뛰어 들려고 애쓰는 모습을 보았고, 서툴지만 먼저 용기를 내는 모습이 귀 했습니다. 저희는 아낌없는 응원과 지지를 보내주었지요. 그러던 이 친구가 서서히 변하기 시작했습니다. 급기야 어느 날 보니 푼수데기가 되어 있더군요. 놀라웠습니다. 그래, 푼수 떨어도 괜찮아.

우리 교회는 성탄절에 성도님들의 사연을 받아 보이는 라디오를 진행합니다. 감사한 일, 서운할 일, 미담, 편지 등등 다양한 사연들을 나누다 보면 어느새 따뜻하고 훈훈해진답니다. 이 녀석이 보낸 사연을 한번 소개할까 합니다. 제가 읽다가 울컥했지 뭡니까.

똑똑똑! 떨리는 마음으로 조심스럽게 라디오의 문을 두드려 봅니다. 저 는 교회와 6km 남짓 떨어진 곳에 살고 있는 30대 여자 사람입니다. 저 에게는 고민이 있었습니다. 저는 내성적이고 낯을 많이 가립니다. 저의 공간과 영역을 누군가가 침범하는 것을 지극히 싫어하고요. 지금까지 그런 모습으로 살아왔기에 과연 내가 새로운 공동체에 적응을 할 수 있 을지에 대하여 많은 걱정과 염려를 했었습니다. 조용히 교회 마당만 밟 으며 있는 듯 없는 듯 지내는 교인이고 싶었습니다.

그런데 이 공동체의 힘은 대체 어디에서 나오는 건지, 내성적인 제가 활발한 모습으로, 나의 영역에 누군가 들어오는 것을 싫어하는 제가 저 희 집에 여러 사람들을 초대하는 것을 좋아하게 되었습니다. 도대체 이 곳에는 어떤 힘이 있길래 이런 것들이 가능하게 된 것일까요?

"내가 너의 아빠야"라고 매번 말씀하시는 목사님. 아빠라고 부르기에는 나이 차이가 얼마 나지 않기에 작은아빠 정도로 불러드릴게요. 말씀을 듣는 것보다 용두동 주꾸미를 먹는 것을 좋아하고, 주일 오후 예배 끝날 시간만 기다리며 청년들과 놀러 다니는 것을 좋아하는 저이지만, 항상 응원과 지지를 아낌없이 주시는 마음에 하루에도 여러 번 울컥하곤 합니다.

친동생보다 더 친동생 같고, 좋은 언니, 오빠가 되어주는 청년부 가족들. 이들에게는 내가 가진 작은 것이라도 더 나누고 싶고, 하나라도 더 맛있는 것을 먹여주고 싶습니다. 웃음도 눈물도 함께 나누며 아름답게 나이 들어가는 우리가 될 수 있으면 좋겠어요.

따뜻한 미소와 나눔의 모습으로 닫힌 마음을 열어주시는 모든 가족 분들, 한 치 앞날도 예상할 수 없는 인생이기에 앞으로의 저의 삶이 어떠한 곳으로 나아갈지 알 수 없지만, 사랑하는 가족 분들과 함께라면 알 수 없는 인생에서도 마음껏 울고 웃고 솔직하게 안에 있는 것들을 나누며 걸어갈 수 있을 것 같습니다.

감사드리고 감사드리며 사랑하고 사랑합니다.

이 녀석을 생각하면 『내 영혼이 따뜻했던 날들』이라는 책의 한 구절이 생각납니다.

월로 존, 조금만 더 함께 있어주지 않을래요? 그리 오래는 아니겠지요. 지상에서의 시간으로 쳐도 겨우 한순간 우린 한두 번 쳐다보는 걸로도 서로의 마음을 알고 느끼겠지요. 그래서 마침내 떠나갈 때가 와도 서로를 이해하는 우리는 편안한 마음으로 보낼 수 있겠지요.

월로 존, 잠시만 더 있어주지 않을래요? 이 나를 위해서, 헤어져야 할 우리 서로 다독거려 주고 위로해 줍시다. 그러면 먼 훗날 당신을 생각할 때마다 내 성급한 눈물은 위로받고 가슴에 새겨진 아픔도 조금은 풀리겠지요.

생의 시간은 생각보다 짧습니다. 우리는 마침내 떠나갈 것이고, 이 땅에서 우리가 사랑을 나눌 시간이 그리 많지 않지요. 하지만 존재만으로도 귀하고 감사한 사람들과 함께라면 살 만하지 않을까요. 교회는 그런 곳입니다. 모자라고 밉고 부족해도, 함께 생을 살아가고 있음을 뼛속까지 나누는 곳. 함께 비를 맞고 어떤 경우에도 우리 주님으로부터 떨어지지 않도록 서로를 소중히 꼭 붙잡아 주는 곳. 그곳이 교회입니다.

오랜 시간이 지난 후에 '내 영혼이 가장 따뜻했던 날들'이 언제일까 돌이켜 본다면 지금이라고 주저 없이 말하고 싶습니다. 우리 교회와 성도님들 때문입니다. 모조리 돈 안 되고 가엽고 눈물 가득한 인생이지만 그 사실이 그렇게 감사할 수 없습니다. 우리 인생에 하나님이 너무나 간절했는데, 어쩌면 죽는 날까지 고생만 시킬 수 있냐고 볼멘소리를 할 수도 있겠지요. 하지만 마침내 주님 품 안에 안기게 되리라는 그 사실 하나 소망하고 가는 이 시절이 그렇게 행복할 수가 없습니다.

아내의 등

이른 아침, 글을 몇 자 적고 있는데 밖에서 부스럭거리는 소리가 납니다. 주방을 보니 아내가 '혼밥'을 하네요. 제가 뒤에서 보는지 모르고 물끄러미 먼 산을 바라보며 밥을 꿀꺽 삼킵니다. 뒷모습을 보다가 가엽다는 생각이 들어 눈물이 핑 돕니다. 문득 어젯밤이 떠오릅니다.

"오빠 이리 좀 와 봐. 큰일 났어. 배꼽이 밖으로 튀어나오려고 해!"

막달이 되니 배꼽이 뒤집어지는 것입니다. 처음 맞이하는 광경이 신기하기도 하고, 우습기도 해서 배꼽(?)잡고 웃다가 잠에 들었습니다. 배가 나오니 화장실도 여러 번 다녀옵니다. 잠결에 아내를 붙들고 이야기합니다.

"출근, 이제 그만할래? 너무 힘들잖아."
"아니야, 오빠 나는 집에 있으면 좀이 쑤셔서 차라리 출근하는 게 더 나아."

출근하는 것을 좋아하는 사람이 어디 있겠습니까. 아이가 나오면 경제적으로 위축될 테니 어떻게든 버텨 보려고 하는 마음을 모를 리 없지요. "출근 그만하라"고 자신 있게 말하지 못하고 얼버무리는 제가 조금 못마땅합니다.

아내의 뒷모습을 보니 문득 겹치는 장면이 있습니다. 뒤로 돌아누워 주무시는 아버지를 보고 하염없이 울던 날입니다. 그 장면을 잊지 않으려고 '아버지의 뒷모습'을 그려 놓기도 했습니다. 이제 막 사춘기에 접어들어 마냥 천진하지도, 그렇다고 세상살이의 퍽퍽함과 고단함을 다 이해하지 못했던 시절입니다. 슈퍼맨과 같은 아버지를 꿈꾸던 환상과 고단하고 축 처져 있는 아버지의 뒷모습 사이에서 요동치던 감정이 아직도 생생합니다.

이 땅을 살아간다는 건, 참 고단한 일입니다. 새벽같이 일어나 가족을 위해 일터로 나가는 많은 부모들, 그리고 경쟁에서 지지 않기 위해 싫은 공부를 죽어라고 하는 아이들. 공부를 마치고도 취업이 되지 않아 낙오자와 같은 시간을 보내는 청년들. 생의 모진 시간을 다 견디고도 아직 끝나지 않고 더디 가는 시간을 탓하는 어르신들. 모두가 고단합니다. 어째서 이런 지리멸렬한 삶을 살아가야 하나. 하루를 살고, 또 하루를 버티는 이 삶이 언제 끝나는 것일까 하는 외마디 신음을 내뱉어 봅니다.

현실, 실재, 실존. 우리 눈앞에 펼쳐지는 너무나도 적나라한 삶의 자리에서 신앙은 어떤 의미가 있을까요? 과연 그것을 단순하게 설명하고 답을 줄 수 있는 문제로 치부할 수 있을까요? 해석이 되지 않는 난제들 앞에 입을 열기 참 어렵습니다. 안타깝게도 우리 신앙의 체계는 이 고단한 삶을 너무나 단순화시켜 버렸습니다. 어떤 이는 더 나은 삶을 위해 복과 은혜를 간구하는 도구로, 어떤 이에게는 현실의 삶이 싫어 도피하는 도구로. 그래서 많은 교회가 '신앙을 통해 당신의 삶을 나아지게 하십시오'라고 말하거나, '세속을 떠나 거룩해지십시오'라고 말합니다.

그러나 과연 그렇습니까. 신앙심이 더 좋아지면 우리 삶의 현실이 과연 '더' 좋아집니까. 세속을 떠나 거룩을 추구하고 세상 나라와 구분된 교회생활에만 전념하면 우리 현실의 문제는 하나님께서 알아서 해결해 주십니까. 그렇지 않습니다. 신앙은 행복을 담보하지 않고, 거룩은 현실을 무시하지 않습니다. 오히려 신앙은 행복이라는 개념을 초월하는 그 무엇이며, 거룩은 지리멸렬한 현실 안에서도 하나님을 붙드는 행위입니다. 비관적 삶의 자리를 도피하려고 하나님과 신앙을 동원한다면 순간적인 행복감에 젖어들 수는 있지만 시간이 지나면 결국 우리 영혼을 서서히 죽어가게 만든다는 것을 기억해야 합니다.

그렇다면, 교회에서 가장 시급한 일이 무엇일까요? 예배당 안과 밖을 유별나게 구별하지 않는 것입니다. 성과 속을 구분하지 않고, 실체를 가리는 가면을 벗는 것입니다. 앞모습보다는 뒷모습을 보이는 일입니다. 쓸데없는 자기 포장과 자기 의를 내려놓고 자기 실존을 고백할 수 있어야 합니다. 등을 보일 수 있는 관계가 되는 것이지요. 서로의 등을 보일 때 하나님의 은혜가 개입할 틈이 생깁니다. 우리가 할 수 있는 말은 사실 별로 없습니다. 초라한 등을 보며 가만히 안아주는 일밖에는 별 다른 위로의 도구가 없지요. 그러나 이때 우리 영혼에 깊이 새겨지는 사실이 있습니다. 하나님께서 우리의 볼품없는 인생을 붙잡고 계시며 오늘도 동행하신다는 사실이 서로의 뒷모습에서 선명하게 드러나는 것입니다.

출애굽기 33장에 보면 모세가 하나님께 영광을 보여 달라고 요청하는 장면이 나옵니다. 주의 영광을 요청하는 것은 얼굴을 보여 달라는 이야기입니다. 이때 주님이 말씀하십니다.

'내 영광이 지나갈 때에 내가 너를 반석 틈에 두고 내가 지나도록 내 손으로 너를 덮었다가 손을 거두리니 네가 내 등을 볼 것이요 얼굴은 보지 못하리라'(출 33:22-23).

하나님은 모세를 반석 위에 세우시고 등을 보여주십니다. 하나님의 등, 하나님의 뒷모습입니다. 우리는 하나님의 얼굴을 보면 죽기 때문에 이렇게 선처하셨다고만 생각합니다. 하지만 여기에 또 하나의 의미가 있습니다. 등을 보게 하셨다는 것은 하나님께서 앞서 행하셨던 역사의 흔적들을 보이셨다는 뜻입니다. 애굽 땅 종 되었던 자리에서 건져낸 하나님을 바라보라는 것이지요. 내가 그 하나님이다. 내가 너를 건져내었다. 그러니 나를 믿으라. 모세가 하나님의 영광을 보는 지점, 그리고 확신과 용기를 얻는 지점이 바로 여기에 있습니다.

우리 서로가 등을 보이고, 뒷모습을 보인다는 것 또한 같은 의미입니다. 힘겹고 곤고하며 앞이 캄캄할 때, 하나님의 도우시는 손길이 전혀 느껴지지 않을 때, 우리가 마침내 돌아가야 할 자리는 나를 구원해 내신 자리입니다. 그리고 이후로도 지금까지 인도해 오신 자리입니다. 이유 여하를 막론하고 우리가 걸어온 인생길을 돌아보면 하나님의 은혜가 아닌 자리가 없지요. 그것이 신자의 영광입니다. 원망과 한탄의 울음을 쏟아내더라도 마침내는 이 고백을 토해내니까요.

아내의 등을 보고 있자니, 아내의 살아온 인생길과 아버지의 등과 우리 성도님들이 서로 보여주었던 쓸쓸한 뒷모습이 한꺼번에 떠오릅니다. 그리고 우리의 한없이 연약하고 외롭고 무능력한 삶에도 불구하고 예수를 구주와 주님으로 부르기에 조금도 부족함 없는 존재로 삼아주신, 영광의 하나님을 발견합니다. 우리, 서로의 뒷모습을 보면 좋겠습니다. 서로의 뒤안길을 돌아보았으면 좋겠습니다. 그리고 아주 작은 순간까지라도 은혜로 빼곡히 수놓고 계시는 주님의 등을 발견했으면 좋겠습니다.

Story 13

심방받는 전도사

사역자 분들 중에 성도님께 심방을 받아 본 경험이 있으십니까? 얼마 전 저는 정말 놀라운 경험을 했습니다. 한 집사님의 사랑이 뚝뚝 떨어지는 귀한 심방을 받았거든요. 다음 달이면 출산인 아내를 데리고 말입니다(2020년 현재, 첫째 평화가 3세, 둘째 슬기가 1세).

맛있는 밥과 차를 사 주시면서 이야기를 나누는 내내 참 귀한 고백을 들려주십니다. 오랫동안 자녀와 함께 외국생활을 하시며 겪었던 은혜의 고백입니다. 듣는 내내 가슴이 두근거립니다. 혈혈단신, 아무도 없는 곳에 어린 자식 하나 데리고 살아야 했습니다. 그 외로움 가운데 하나님이 찾아오셨습니다. 이내 외로움은 깊은 교제로 바뀌고 타지는 새로운 모험의 장이 되었습니다. 주님만 꼭 붙들고 살아오신 길이 인생에서 가장 행복한 시간이었다고 고백하십니다. 말씀도 얼마나 재미있게 하시는지, 생생하게 피부로 와닿았습니다. 가장 인상 깊은 내용은 사람을 대하는 태도의 변화입니다. 아이를 별로 좋아하지 않던 분이 이제는 아이만 보면 사랑스럽다 하십니다. 아직 뱃속에 있는 우리 아이까지 사랑스럽다고 하시니까요. 사람에 대해 늘 시니컬하던 분이 지금은 어찌 저렇게 아무런 거리낌이 없이 사람을 대하실까 싶을 정도로 관계의 폭이 넓어지셨습니다. 이 모든 것이 하나님을 '아버지'로 고백한 이후에 일어난 일이라고, 빈 항아리 같았던 자기 인생을 주님께서 포도주로 가득가득 채우셨다고 하시는데 가슴이 먹먹합니다.

돌아오는 길에 아내와 대화를 나눕니다.

"집사님의 고백이 참 귀한 것 같아. 마치 심방을 받으며 내 가슴에도 포도주가 가득 채워진 것 같아."

"오빠, 나 출산 앞두고 두렵기만 했는데 이제 조금 용기가 생겨."

그렇지요. 집사님의 삶과 그 깊숙한 곳까지 함께하시는 아버지의 사랑을 듣고 나니, 용기가 생기고 해볼 만한 것입니다. 인생의 길을 주님 손을 붙들고 걸어가 본 선배님들 앞에서는 전도사고 목사고 간에 머리를 숙여 배워야 할 내용이 정말 많습니다. 목사가 되어 심방을 다니고 상담을 하다 보면 연세가 지긋하신 분들도 계십니다. 이분들 앞에서 제가 떠드는 말들, 조언이 무슨 효력이 있을까요. 그럼에도 조용히 듣고 공감해 주시는 모습에서 역으로 은혜를 받습니다.

생각해 보면 저는 우리 교회에 와서 많은 역심방을 받았습니다. 목사님께서도 저를 부교역자나 사무적 관계가 아닌 한 인간으로 대해 주셨기에 그 앞에서 늘 조잘거렸습니다. 마음과 입 사이에서 웅얼거리는 말들, 시니컬한 불평, 아직 다 소화되지 않는 내용을 털어놓을 때 늘 듣고 공감해 주셨습니다. 다시 해볼 용기를 얻었고 힘을 얻었습니다. 성도님들께도 고맙습니다. 전도사로 목사로 존중해 주시니 이런저런 말들을 떠들지만 사실 반대로 그분들의 삶을 보며 많은 것을 배웁니다.

토마스 머튼은 "빗자루를 쓰는 모습을 보면 많은 말을 듣는 것보다 그 수도사에 대해 잘 알 수 있다"라고 말하곤 했습니다. 그 사람의 삶이 그 사람의 말보다 진실합니다. 누군가를 만나고 심방한다는 것은 그런 것입니다. 상대방의 말을 듣고자 함이 아니라, 또 사역자들이 많은 말을 늘어놓고자 함이 아니라 서로의 삶을 잠시 엿보는 기회를 얻는 것이지요. 그러므로 저는 목사로 살며 큰 복을 받은 사람입니다. 많은 성도들의 삶을 공감하고 나눌수록 많은 것을 배울 테니까요.

어느 날 교회의 모든 모임이 끝나고 청년회장과 청년들 몇몇이 남아 나눔과 기도를 하는 자리가 있었습니다. 저도 참석했습니다. 사역자가 아니라 한 일원으로 참여했습니다. 나눔을 하라고 해서 나누고, 기도하라고 해서 손을 모으고 기도했습니다. 어눌하고 말로 다 담지 못하는 삶이지만 표정과 눈빛과 손짓에서 모든 것이 느껴졌습니다. 그들의 삶이 담긴 어설프고 어리숙한 고백 안에서 진심이 느껴져서 고맙고, 숙연해지는 시간이었습니다.

전도사님도, 목사님도 심방이 필요합니다. 위로도 필요하고요. 다 알 수는 없어도 모든 것을 이해할 수 없어도 함께하는 시간이 필요합니다. 심방해 주세요. 이야기도 들어주시고 더 깊고 은혜되는 삶의 흔적들을 보여주세요. 큰 힘이 될 겁니다. 저는 집사님께 이렇게 말씀드리고 싶어요.

"집사님, 소고기 또 사 주세요."

Story 14
야속하신 하나님

"다른 건 모르겠는데, 그냥 제가 교회가 되고 싶어요."

에베소서 성경공부 도중 '나에게 교회란 무엇인가'라고 질문했더니 한 청년이 이렇게 대답합니다. 코끝이 시큰해집니다. 이 녀석의 삶을 알기 때문이지요. 태어나면서부터 말로 할 수 없는 어려움을 겪었습니다. 그런데도 살아오며 교회에서 받은 말씀, 사랑, 섬김이 많아 이제는 자기도 나누고 싶다고 합니다.

'받은 게 뭐 얼마나 있다고, 녀석.' 하나님 참 야속하십니다. 많은 것을 가졌고 풍족한 자의 마음은 강퍅하게 내버려 두시면서, 도리어 아무것도 가진 것 없어 처량한 자의 마음에 이런 은혜를 부으시다니요. 보통 가진 것과 넉넉한 마음은 비례하는 게 이치인데, 가끔 하나님의 야속한 역전을 보이십니다. 우리 교회에는 역전이 자주 일어납니다. 도움받아야 할 사람이 멀쩡한 사람을 염려하고 섬기는 일이 생깁니다. 도대체 누가 누굴 걱정하고 섬기는 것이지 모르겠습니다. 아무개에게 전달해 달라는 무명의 헌금, 아무도 모르게 조용히 반찬을 해 나르는 헌신들.

세상이 교회를 향해 내심 기대하는 것은 역전 현상입니다. 보고 싶은 겁니다. 믿음이 있는 신자들, 예수를 사랑하는 자들, 부활을 믿고 이 땅보다 하나님께 소망을 둔 자들이 살아가는 삶의 실체가 이 세상과는 다르다는 것을 보고 싶어 합니다.

'하나님께서 세상의 천한 것들과 멸시받는 것들과 없는 것들을 택하사 있는 것들을 폐하려 하시나니'(고전 1:28).

하지만 역전 현상이라는 게 그렇게 아름답지만은 않습니다. 이 역전을 만들어 내는 주인공들이 모두 천사 같고 예수님 동생 같으면 좋으련만 그렇지 않다는 것이지요. 그래서 사춘기를 지나고 머리가 굵어질 때, 교회를 바라보는 시선이 곱지만은 않았습니다. 하나님 야속하시네, 불공평하시네, 매일 헌신하고 져주고 손해 보고 속아주는 사람들이라면 마음속에 평강이 넘치고 기쁨이 터져 나와야 하는 것 아닐까. 주의 은혜라면, 그리고 사랑이라면 모든 것을 초월할만한 능력이 나타나야 할 텐데 왜 이렇게 우리들의 모습은 온전치 않을까 하고 말입니다. 마더 테레사와 같은 분들도 심지어 '영혼의 밤'을 경험하잖아요. 그렇습니다. 가끔 역전 현상이 나타나 조금 우쭐해 지다가도 여전히 가난하고 아프며 지혜도 없고 서로의 상처를 들쑤시고 지지고 볶는 모습에 실망합니다. 교회의 민낯입니다.

무엇보다 야속하신 하나님은 착한 사람과 못된 사람의 경계를 무너뜨리십니다. 착해 보이고 친절한 성도님인데 그 안에 표독스러운 마음을 보게 됩니다. 반대로 예민하고 자기밖에 모르는 성도님인 줄만 알았는데 알 수 없는 섬김과 사랑의 손길을 경험할 때가 있어요. 이럴 때 저는 어떻게 해야 할지 모르겠더군요. 사람을 바라보는 인식의 틀이 와장창 깨어지고 맙니다. 한 사람 안에 있는 존귀함과 악함을 동시에 들여다보고 그것을 있는 그대로 인정하는 일이 쉽지 않았습니다.

제가 담임목사님을 성자의 반열에 올려놓고 싶은 성품 몇 가지가 있습니다. 많지는 않고 딱 몇 가지가 있는데, 그중 최고가 있습니다. 뻔히 보이는 수작질을 보면서도 속아주는 바보 같은 성품입니다. 제가 너무 답답하여 한번은 이런 말씀을 드렸습니다.

"아니 목사님, 왜 속을 줄 알면서 그 길로 가십니까. 옆에서 보는 제가 너무 답답하고 속상해요. 그러지 좀 마세요!"

그랬더니 이렇게 대답하십니다.

"뒤통수 때려 맞아도 허허 웃으면서 그 길을 가는 게 목사다. 사람은 귀한 하나님의 형상이야. 어떤 사람이든 천하보다 귀한 영혼이라고 하시잖냐. 나까지 똑똑해 버리면 저 사람, 어디에 마음을 두겠노."

그날 밤, 많이 울었습니다. 부끄러웠습니다. 나름 똑똑하다고 자부하는 마음이 누군가를 밀어내고 경계하는 모습으로 나타났습니다. 아직 멀었지요. 가장 똑똑하신 하나님께서 가장 어리석은 방식으로 죽으신 십자가, 그 앞에 다시 나아갑니다. 아들을 죽여야만 했던 하나님의 살인적인 인내, 그리고 우리를 향한 지독한 사랑. 못난 놈들에게 또 속을 줄 알고도, 여전히 뒤통수 때릴 걸 알면서도 늘 그 길을 가시는 주님이 그 밤 제 가슴을 치십니다. 야속합니다. 어쩌라고 이러십니까.

교회를 이루는 일은 피상적인 고백이 아닙니다. 기분 좋고 가슴이

뜻한 일이 결코 아닙니다. 그러나 예수의 사랑을 진정으로 깨닫고 고백하며, 그 앞에 마음의 무릎을 꿇는 자에게는 '야속하신 하나님'을 만나는 존귀한 은혜가 주어집니다. 이 은혜가 있기를 바랍니다.

민주적 회중정체

"너거들 맡은 부서 담임목회한다 생각하고 열심히 사역해라. 내가 뭐라고 너거들 사역에 이래라저래라 하겠노? 목사면 다 같은 목사지 담임은 뭐고 부사역자는 뭐꼬?"

우리 큰 형님, 아니 담임목사님께서 자주 하시는 말씀입니다. 목사님은 한 번도 저를 담임목회를 돕기 위해 고용된 직원으로 대한 적이 없으십니다. 내 밑에서 배우라든지, 내 목회철학을 위해 사견이나 신학적 입장은 잠시 내려놓으라고 하는 것이 통상 부교역자를 향한 요청 사항인데도, 그런 것을 혐오하십니다. 원칙은 간단합니다. '내가 하기 싫은 거 시키지 말고, 내가 꼴 보기 싫어했던 짓 절대로 하지 말자.'

젊은이들이 왜 교회를 떠날까요. 다양한 이유가 있지만 가장 결정적인 원인은 의사결정 구조의 문제라고 생각합니다. 한 형제와 자매이며, 한 가족이라고 부르는 교회 공동체가 의사결정에 있어서는 대부분 상당히 권위적이고 수직적인 형태를 취하고 있습니다. 담임목사나당회가 결정한 사항을 하나님의 뜻으로 교회에 통보하는 것이 일반적입니다. 이를 뒷받침하기 위해 하나님께서 담임목사에게 비전을 주셨다, 말씀을 주셨다 하는 방식의 근거 없고 미신적인 신학적 배경을 깔아 놓아야 하지요. 담임목사를 모세나 이사야쯤으로 바라보는 성도들의 시각도 한몫하고 말입니다.

한때 '교회는 신본주의다!'라는 말이 유행했습니다. 민주적인 의사결정은 인간들의 뜻을 관철시키기 위한 불경스런 방식이며, 거룩한 담임목사나 장로들을 통해 의사를 결정하는 것이 하나님 말씀을 지키는 신실한 방식이라고 여기는 것입니다. 우리 다 알지 않나요? 시간이 지나 보면 신본주의가 아니라 담본주의(담임목사 뜻이 하늘의 뜻) 아니면 장본주의(장로 입김 파워가 하늘의 뜻)가 됩니다. 저들이 하나님의 말씀을 지켜내기 위해 몸부림을 쳤는지, 자기 이권과 이익을 위한 아귀다툼에 더 앞장섰는지는 역사가 이미 숱하게 증거합니다.

이쯤 되면 교회에서 담임목사와 부목사, 부교역자들의 관계도 절대 수평적일 수 없습니다. 담임목사는 기름부음 받은 종이며, 하나님께서 그 교회의 양 떼를 맡기신 유일한 목자요, 교회 리더십의 최고 정점에 위치한 절대 권력자입니다. 기름을 반쯤 받다가 말았거나 불의 종은커녕 성냥불도 마음대로 켜지 못하는 부목사 따위는 모세 가방 들던 시절의 여호수아처럼 입 다물고 수종이나 들어야 하지요. 내 차례만 와 봐라 하고 이를 갈면서 말입니다. 묘한 것은 성도들도 비슷한 눈으로 본다는 것입니다. 담임목사는 대단하고 높은 권위로 인정하면서도 부사역자는 아직 한 참 멀었다는 식으로 내리깔아 보는 시선이 한국교회 안에는 팽배합니다.

비슷한 맥락에서 교회를 떠나는 많은 신자들의 안타까운 심정을 들어 봅니다. '상처받았다'는 말은 상대적입니다. 그래서 100% 수용할 수는 없습니다만, 대부분은 소통과 공감의 부재에서 문제가 발생하는 것을 봅니다. 정직하고 바른말, 상식적이고 성경적인 근거를 갖춘 의견도 묵살되어 버리는 교회 현장에서 성도들은 신음합니다. 성도들의 작은 소망은 다른 것이 아닙니다. 교회 안에 성경적이고 상식적인 의견을 개진했을 때 그것이 교회 공동체 안에 반영되는 경험, 내가 사랑하는 교회가 하나님 말씀 앞에 정직하고 도덕적이며 온전한 방향으로 운영되는 것 정도 아니겠습니까.

침례교회는 민주적 회중정체를 따르기에 모든 의사결정 구조의 최종 권위가 회중에게 있습니다. 정확히 말하면 18세 이상 침례받은 중생한 신자로 구성된 '사무처리회'가 교회의 모든 중대사를 결정합니다. 심지어 담임목사도 'one of them'일 뿐입니다. 우리 교회는 이런 정신을 따라 목회자들이 재정이나 인사, 행정에 있어 결정적 권한을 가질 수 없습니다. 권한을 내려놓고 힘이 빠지면 만만해지기 마련입니다. 목사가 만만해지면 성도들이 우습게 볼까요? 담임목사가 만만해지면 교역자들이 기어오를까요. 전혀 그렇지 않습니다. 무슨 말이든 할 수 있는 창의적이고 건강한 공동체가 됩니다. 당연히 혁신적이고 개혁적일 수밖에요. 교회는 불필요한 권위와 긴장감으로 스트레스를 받는 공간이 아니라, 상식이 통하고 서로를 배려하는 마음으로 가득 차서 진리가 주는 자유함이 풍성한 공동체가 됩니다.

이런 상식이 통하고 서로를 배려하는 마음들이 커지면 교회는 훈훈해집니다. 그리고 그런 마음이 교회 운영과 정책에도 반영되다 보면 교회 개혁이라는 거대 담론도 불가능한 것이 아닙니다. 갈등과 반목, 투쟁과 쟁취가 필요한 개혁의 현장도 물론 존재합니다만 결국 분열과 냉소만 남는 반쪽짜리가 될 가능성이 높습니다.

이런 측면에서 보면 저는 상식과 배려의 수훈자입니다. 2018년 행신교회 사무처리회에서 제 교회짬밥 30년 동안 한 번도 보지 못한 일이 벌어졌거든요. 자초지종은 이렇습니다. 이날 운영위원회는 2018년의 재정상황과 2019년의 재정예산을 예측하여 나름의 기획을 올렸습니다. 일반적으로 재정기획은 총회(사무처리회)에서 무탈하게 통과되는 것이 상례입니다. 그러나 당시 안건이 상당한 표결 차이로 부결되고 말았습니다. 브레이크가 걸린 것은 목회자 사례비 문제였습니다. 쉽게 말해 각각 목회자들의 사례비가 가족 숫자에 비해 너무 적다는 것이지요. 일단 다행이었습니다. 사례비가 많다는 지적이 아니라 적다는 지적이어서요. 숨을 죽이며 바라보던 저희 목회자들과 사모님, 저희 집사람은 잠시 자리를 비워 달라는 요청을 받았습니다. 사무실로 들어온 그 시점부터 저는 호흡곤란이 오더라고요. 처음 보는 광경이었으니까요.

목회자들이 사라진 사무처리회는 본격적으로 새로운 안건을 수렴하여 재정기획을 재수립하는 회의로 돌입합니다. 다시 구체적인 안을 잡아 다음 주에 또 모이자는 의견과 지금 이 자리에서 끝장을 보자는 의견이 나옵니다. 결국 끝장을 보기로 합니다. 하지만 전체 회중의 의견을 구체적으로 수렴할 수 없자, 사무처리회는 4개의 소위원회를 재구성하였습니다. 그리고 각 위원회는 나름의 사례비 책정 근거를 두고 새로운 재정기획안을 구상합니다. 어떤 위원회에서는 동결을, 어떤 위원회에서는 적절한 근거를 둔 인상안을 제안했습니다. 장장 4시간에 걸친 회의가 이어집니다. 갑론을박 끝에 적정한 목회자 사례비 인상안이 올라옵니다. 그리고 85% 표결 찬성으로 통과되기에 이릅니다.

참 놀라웠습니다. 제 눈앞에서 학교에서 배운 민주적 회중정체가 작동되는 눈부신 순간이었습니다. 무엇보다 저의 사례비가 눈이 부시도록 인상이 된 것이 정말 인상적이었습니다. 담임목사님은 별로 오르지 않았건만, 저는 많이 올랐거든요. 하하. 그야말로 제게는 하나님 나라가 임하는 경험이었습니다. 저는 그날 무엇보다, 상식이라는 기준과 성도들의 배려로 목회자의 사례비가 결정될 수 있다는 사실이 정말 감격스러웠습니다. 한편으로는 만약 터무니없이 많은 사례비가 책정되면 이 회중은 가차 없이 뒤집을 수 있겠구나 싶어 안심도 되었던 것 같습니다. 담임목사님은 이날 저에게 말씀하셨습니다. 내년에는 목회자 사례비의 상한선을 결정짓는 안을 올려야 한다고. 그래야 담임목사가 필요 이상으로 사례비를 받지 않는다고 말입니다. 참 멋지지요?

저는 이 땅의 교회가 하나님 나라를 가장 잘 드러내는 기관이라고 믿습니다. 담임목사와 부교역자들이 사장과 종업원이 아니라, 형제요 동역자가 되는 교회. 그래서 부라는 글씨가 사라지고 얼마든지 자신의 목회를 꿈꿀 수 있는 교회. 목회자와 성도가 서로 배려하고 사랑하며 얼마든지 소통하고 공감하는 교회. 어린아이일지라도 성경과 상식으로 말하면 모두가 귀 기울여 들을 수 있는 성숙한 신자들의 교회. 과연 그렇게 어려운 일일까요. 그런 꿈을 꾸는 것이 불가능한 일일까요. 그렇지 않습니다. 저는 이 땅의 교회가 하나님 나라를 가장 잘 드러내는 기관이라고 믿기 때문입니다.

Story 16

집과 같은 교회

홀로 있지 못하는 사람은 공동생활을 조심하라.

공동생활 속에 있지 않는 사람은 홀로 있기를 조심하라.

_ 디트리히 본 회퍼(Dietrich Bonhoeffer)

교회생활을 하다 보면 이 두 가지 난제에 빠질 때가 있습니다. 저는 주로 사역자다 보니 홀로 있는 시간이 많지 않습니다. 항상 공동생활에 노출되어 있지요. 사람들을 위한 '쇼윈도 신앙'일 때가 많은 것 같아요. 반대로 요즘 많은 분들이 공동생활을 힘들어 하는 것 같습니다. 교회에서 적당한 수준 이상으로 교제를 한다거나 삶을 나누는 것을 부담스러워 합니다. 예전처럼 교회에서 시간을 많이 보내고 깊은 교제를 갖지 않습니다. 보통은 주일의 한두 시간을 교회에서 보내고 집으로 돌아갑니다. 게다가 최근 코로나 사태가 불거지며 그마저도 어려운 시기입니다.

본 회퍼(Dietrich Bonhoeffer) 목사님의 말에 덧붙이고 싶은 말이 있습니다. 이른바 교회 버전입니다.

'홀로 있을 때와 공동생활 가운데 있을 때의 모습이 너무 다르지 않도록

조심하라.'

　좀 더 구체적으로 말하면 교회 안과 밖에서의 모습이 너무 다르지 않도록 조심하라는 이야기지요. 유독 교회를 다니는 분들이 이중인격, 다중인격이라는 지탄을 받습니다. '저 사람은 교회 안과 밖에서 정말 다르다. 어떻게 저렇게 연기할 수 있지?' 그래서 이런 불문율이 돌기도 합니다. 절대 직장 사람을 교회에 데리고 오지 말라. 큰일 납니다. 직장과 교회는 전혀 다른 세상이니까요. 어쩌면 이 전환을 잘 해내는 사람들이 교회생활을 잘하는 것이 아닐까 싶습니다.

　다른 이유가 많겠지만, 이 양극단이 벌어지는 가장 큰 원인은 우리의 신앙에 자리하는 율법적 자기 인식 때문입니다. 신앙의 본질보다 신앙의 결과물에 집착한다고 해야 할까요. 이 말은 우리의 겉모습과 종교적 행위가 거룩을 지향하고 있지만 속사람은 응당 나타나야 할 성숙에 전혀 못 미치고 있다는 얘기지요. 결국 우리가 요구받는 신앙은 거룩한 겉모양을 따라잡는 것이 되어 버립니다. 교회에서는 잘하는데 삶이 왜 그러냐는 지적이지요. 하지만 이것이 과연 맞는 인식일까요. 틀렸습니다. 삶이 받쳐 주지 못하는 게 아니라 교회에서의 모습이 가면을 쓴 것입니다.

　열심을 내어 조금만 신앙생활하면 변화될 것 같은 기대, 그것이 종교입니다. 교회에서 보여주는 모습대로 평소에도 살아갈 수 있을 것이라는 착각, 그것이 종교입니다. 신앙의 본질은 먼저 우리 스스로의 모습을 아는 것입니다. 거지 같은 우리의 실존을 감싸는 커다란 은혜에서 출발해야 합니다. 이 말은 거꾸로 우리의 삶과 실존은 우리의 어떤 노력으로도 하나님의 기준에 도달할 수 없다는 것을 의미합니다. 이것을 인정하고 아는 것이 중요합니다. 그렇지 않으면 절대로 우리는 예수 그리스도를 붙들지 않습니다. 처음에 영접할 때만 찾고, 그 뒤로는 별로 찾지 않아요. 예수님을 본받고 닮아야 할 대상으로만 생각할 정도로 교만합니다. 반면, 우리의 실존이 절망적이라는 것을 깊이 경험할수록 은혜가 깊어집니다.

사역자는 항상 모범적인 교회생활과 겸손한 모습으로 가장하고 있기에 이런 덫에 더욱 잘 걸려듭니다. 그러다 보니 자기를 보여주기도, 남을 받아들이기도 쉽지 않습니다. 그래서 오히려 사역자들이 성숙을 경험하기 어렵습니다. 이미 완성된 사람으로, '목사'라고 불러주니까요. 사역자는 그래서 더욱 자기 실존을 드러내야 합니다. 부족함과 못남을 인정하는 연습을 해야 합니다. 조금 아프더라도 그 과정이 훨씬 자기에게 좋습니다.

시간이 지나면 다 압니다. 착한 사람, 좋은 사람, 신앙인의 모양은 가졌지만 결국은 그 사람이 드러나기 마련입니다. 그러니 내가 아는 나와 내가 아는 너의 갭을 줄여 갈수록 우리는 성숙해집니다. 은혜의 하나님 앞에 거지 같은 실존으로 손을 맞잡고 서면 되는 것입니다. 교회생활에 그 이상 무엇이 필요합니까. 교회생활 가운데 이것을 인정하는 공감대가 형성되고, 그와 함께 복음이 주는 은혜의 강력이 공존해야 한다고 봅니다.

저희 청년부는 30대 중후반이 은근히 많습니다. "제가 나이가 좀 많아서 청년부 생활이 좀 무리가 될 것 같아요."라고 말했던 녀석들도 저희 교회에서는 막내 축에 낍니다. 그래서 엄청 좋아하지요. 이런 저희 청년들은 체력에 어울리지 않게 두 달에 한 번 정도 MT를 합니다. 교회에서 고기를 구워 먹고 밤새 논답니다. 동이 틀 때까지 마피아게임을 하는 이 청년들 중에는 40대 형님도 있습니다. 나이가 좀 많다 보니 좋은 점들이 있습니다. 산전수전 공중전을 겪어 본 이 청년들이 교회에서 안 해본 것이 없다는 것이죠. 그러다 보니 내공이 있습니다. 서로 함부로 훈수 두거나 판단하지 않습니다. 부족한 모습도 되도록 감싸려고 합니다. 교회에 와서 서로를 내어 보이기를 두려워하지 않습니다.

"좋은 사람으로 보여야 한다는 강박관념 같은 게 있었어요. 그래서 자꾸 연기를 하고 쿨한 척 했는데, 그게 참 힘들었습니다. 그런데 이제는 그러지 않아도 되니 정말 좋아요. 교회가 집처럼 편해요."

저희 청년들의 공통된 고백입니다. 그렇지요. 박영선 목사님의 말씀처럼 교회는 집과 같은 곳입니다. 못나면 못난 대로, 부족하면 부족한대로 그대로 받아주고 함께하는 공동체. 그러기에 오직 예수 그리스도만 소망이 되는 공동체가 되면 좋겠습니다.

사람이 교회다

행신교회의 중요한 가치 중에 이런 내용이 있습니다.

'교회에 아무런 도움이 안 되고, 교회에 어떠한 헌신도 할 수 없는 사람
을 귀한 성도로 대할 수 있는가.'

사람을 수단과 기능으로 볼 것이냐, 존재로 볼 것이냐의 문제입니
다. 쓸모 있는 사람이 되어야 한다는 세상적 가치관에 익숙한 우리에
게 이런 명제는 쉽지 않습니다. 그러나 조금만 관점을 달리해 볼까요.
과연 교회 안에서 쓸모와 가치는 어디에서 발생하는 것일까요?

예전에 알던 한 분을 오랜 시간이 지나 다시 만난 일이 있습니다.
교회를 함께 섬기고 여러 봉사를 같이했던 분입니다. 이야기를 나누다
가 깜짝 놀랐습니다. 기억 속의 그 사람이 전혀 아니었기 때문입니다.
물론 표정, 태도, 말투는 똑같습니다. 그러나 다른 사람입니다. 왜 그
럴까 고민하다가 이내 미안한 마음이 듭니다. 제 안에 편견의 색안경이
끼워져 있음을 발견했기 때문이지요. 눈과 귀를 틀어막고 내 맘대로 한
사람을 규정해 버렸던 지난 과거의 오만함에 정말 부끄러웠습니다.

교회 공동체에서 이런 일들이 종종 일어납니다. 한 사람을 바라보는 잣대에는 수많은 관점과 경험, 그리고 신학과 신앙체계가 포함됩니다. 사람마다 각기 다른 잣대를 가진 것을 나무랄 수는 없지만, 교회 공동체 안에 묘한 집단적 잣대가 존재하는 것을 봅니다. 공동체마다 요구하는 잣대가 모두 다르기 때문입니다. 교회는 진리와 가치, 신앙을 다루는 집단이기 때문에 이 문제는 더욱 심각해집니다. 교회 전체가 뿜어내고 있는 분위기, 시간이 지나며 자리 잡은 신학적 결, 사람들의 무의식 안에 자리 잡은 신앙적 도식 등이 한 사람을 평가하는 잣대로 모아지고 형성됩니다. 이런 잣대는 자칫하면 한 사람이나 소수를 향한 폭력적인 집단성으로 드러나곤 하지요.

이것이 복음이 지속적으로 선포되어야 하는 이유입니다. 복음보다 자기 의와 율법주의적 신앙체계가 앞서는 교회는 그런 잣대로 사람을 평가합니다. 또한 비전과 목표가 뚜렷하고 눈에 보이는 단기적 성취를 맛보도록 해 주는 공동체는 사람을 기능으로 평가하기 마련입니다.

공로와 도덕주의가 지배하는 공동체도 문제입니다. 헌신적이고 공을 쌓은 사람, 공동체가 중요하게 여기는 규범과 도덕 모델을 잘 따르는 사람이 좋은 그리스도인으로 평가됩니다. 가장 못된 형태는 목회자로 위시되는 리더가 자기의 욕망과 하나님의 뜻을 구분하지 못하는 경우입니다. 주로 순수하고 열정 있는 청년들을 대상으로 세상과 구별되어 보이는 삶의 체계나 사역의 틀을 제시해 놓지만, 신학적으로 건전하지 않거나 상식적이지 않은 요구 가운데 많은 시간과 물질을 낭비하게 만드는 케이스입니다. 탑다운 방식의 의사결정 구조 가운데 맨 꼭대기에 있는 리더가 곧 법이며, 하나님의 신탁을 맡은 자가 되므로 사람을 평가하는 기준 자체가 지극히 개인적이고 편협합니다. 이런 케이스는 많은 상처를 야기시키곤 합니다. 결국 이런 형태들은 사람 안에 있는 다양한 욕구와 욕망이 모여 조직화되어 나타나는 세상 집단의 전형적인 모습입니다. 이런 잣대가 복음보다 앞서는 경우 결국 교회 공동체는 세상과 다를 바가 없습니다.

성경은 교회 공동체의 비전이나 목표 같은 것을 잘 보여주지 않습니다. 서신서에 등장하는 교회를 잘 살펴보십시오. 어떻습니까? 사도들이 제시하는 교회에 명시적으로 뚜렷한 비전이나 단기 목표 같은 것들이 발견됩니까. 그렇지 않습니다. 도리어 성경은 교회 공동체와 인간들이 왜 실패하고 소망이 없는지를 말씀에 비추어 보여줍니다. 그리고 주님만이 소망이며, 복음이 우리의 유일한 출구임을 증거하는 것이지요. 그들은 똑같이 말합니다. 다시 복음으로, 다시 주님께로!

하나님께서는 우리를 수단으로 보지 않으십니다. 당신을 교회를 부흥시키기 위한 일꾼이나 부속품으로 여기지도 않으십니다. 우리 교회는 특별하다는 착각에서 빠져나와야 합니다. 우리 교회는 다르고 우리 목사님은 특별하다는 인식을 버리십시오. 우리의 수준은 바닥이면서 놀라운 비전을 품고 내달리면 뭔가 달라질 것 같은 착각에서도 벗어나야 합니다. 바닥의 수준을 가지고도 서로를 끌어안는 연습, 서로의 얼굴부터 제대로 보고 포용하며 그 사람의 진면목부터 받아들이는 연습. 이런 기본기가 없으면 말짱 꽝입니다. 그리고 그것이 전부입니다. 사람을 잃어버리면 교회는 모든 것을 잃어버립니다. 사람이 존재로서 인정되는 유일한 곳이 교회니까요.

주머니를 비우는 기쁨

재정 남기지 않기

"재정이 500만 원밖에 안 남았습니다. 돌아오는 주에는 여건이 되시는 대로 헌금 부탁드립니다."

아슬아슬한 줄타기를 하던 재정에 드디어 펑크가 났습니다. 행신교회는 재정을 쌓아 두고 아끼는 정책보다 필요한 곳에 재정을 모두 사용하자는 정책을 펼쳐 왔습니다. 교회 안팎에 어려움이 있는 분들을 선별하고 또 한 번 힘껏 돕고 나니 이런 참사가 일어났네요. 결국 광고를 했습니다. 이런저런 명목을 붙이기보다 솔직하게 말씀드리기로 결정했습니다. 많은 성도님들께서 헌금에 동참해 주셨고 잠시 잠깐 또 비를 피하게 되었지요.

개척 초부터 담임목사님께서는 늘 주머니를 털어 어려운 이웃과 성도들을 도왔습니다. 힘겨운 시간을 보내는 성도들을 교회 안팎으로 섬기는 모습을 보며 때로는 안타깝기까지 합니다. 도움 요청을 거절하지 못하며 쩔쩔 매시는 것이지요. 그러다 보니 저도 없는 살림에 이런저런 흉내를 내봅니다. 담임목사님이 앞장서 이렇게 살아가시니 감사하게도 교회 안에 이런 애틋한 문화가 정착되었습니다. 물질적인 도움의 손길을 내미는 것에 인색하지 않습니다. 물론 우리 교회가 선교나 구제에 많은 금액을 투여할 수 있을 만큼 재정의 수준이 좋은 것은 아닙니다. 그저 심각할 정도의 불균형을 만들지는 말자, 상식적인 수준을 지키며 평균케 하는 역사를 만들어 보자는 것이지요.

사례비와 재정 운영

교회에서 지출되는 재정의 많은 부분은 사실 목회자 사례비입니다. 그러므로 누군가를 돕는다는 것, 구제나 봉사 쪽으로 많은 관심을 가진다는 것은 그만큼 목회자의 헌신과 희생을 요합니다. 그리고 이런 목회자들의 피가 기초가 되어 교회가 세워진다고 저는 믿습니다. 또한 성도들이 이런 측면에서 목회자의 생활과 기본적인 요소들을 염려하는 목소리들을 내는 것이, 그러니까 서로 포기하고 서로 희생하며 염려하는 마음 자세를 가지는 것이 건강한 재정 운영의 원칙이 아닐까 합니다.

그런 면에서 목회자는 일반적으로 성도들의 평균적 삶보다 조금 못한 정도의 삶을 추구하는 것이 맞습니다. 사례비의 상한선이 없어 어디까지 치솟나 경쟁하듯 억 소리가 난다면 반드시 영혼의 부패가 일어나게 되어 있습니다. 목회활동비를 비롯하여 집, 고급 자동차, 자녀 교육비, 도서비, 각종 관리비, 품위 유지비 등등 무슨 항목이 그리 많은지요. 목사들의 삶의 수준이 이 땅의 많은 신자들이 부러워할 정도가 된다면 이미 타락한 것입니다. 은퇴하며 받아 가는 전별금의 수준이 수억, 수십억원에 이른다는 것은 그동안의 목회 여정의 수고와 열정, 그리고 영광에 먹칠을 하는 것입니다. 주를 위해 수고한 그 아름다운 시간을 나는 돈으로 보상받겠다는 것 아닙니까. 예, 맞습니다. 목사로서의 연수가 차고 나이가 먹어도 그런 전철은 밟지 않기 위해 글로 남깁니다. 글로 남기고도 지키지 못하는 경우도 많습니다만.

교회의 재정 운영도 볼까요. 수십, 수백억원이 되는 1년 예산 가운데 과연 몇 퍼센트가 지역사회와 이웃들, 아니 적어도 자기 교회의 어려운 성도들을 위해 사용되는지 살펴보면 참 암담합니다. 물론 복지와 봉사에 있어 한국교회가 감당하고 있는 역할이 크다는 것을 압니다. 그러나 한국교회가 이미 손에 쥐고 있는 것들에 비할 바가 아닙니다. 한국교회는 비워야 할 것들이 많습니다. 맘몬의 우상에서 허우적대는 교회를 구출해야 합니다. 더 낮은 자리, 더 비워내고 희생하는 자리로 내려오지 않는다면 하나님께서 어떤 강제집행을 하실지 두렵습니다. 주머니를 강제로 비우는 것보다 스스로 비우는 것이 훨씬 더 기쁘고 감사한 일입니다.

구제와 봉사의 열매

우리 교회는 개척하고 3년차가 되었을 때 지역 행정복지센터와 연계하여 독거노인 봉사를 시작했습니다. 손수 반찬을 만들고 밥을 지어 연계된 가정으로 방문합니다. 따끈한 음식을 전달하며 이런저런 이야기들을 나눕니다. 원칙은 우리 교회 이름을 홍보하지 않는 것이었습니다. 봉사를 봉사 자체로 의미 있게 하려고 그렇게 했습니다. 1년 정도 봉사를 하고 나니 한 할머님께서 교회를 물으십니다. 보통 교회 이름을 음식 박스에 스티커로 붙이거나 봉사자들이 띠를 두르거나 할 텐데 그런 것이 전혀 없어 신기하다는 것입니다. 할머님은 여든이 가까이 오는 나이에도 아직 아파트 청소를 하는 분이셨습니다. 생계를 위해서요. 홀로 지내시기에 외로움이 가장 큰 적입니다. 때로 죽음도 생각한 시간이 있다고 하실 정도로 말입니다. 교회를 다니시냐는 질문에 그렇다고 하십니다. 권사님이십니다. 예전에는 교회를 다녔지만 정을 못 붙여 쉬신 지 오래되셨다고 하십니다.

봉사부의 일꾼 백집사님과 김집사님 부부가 잘 섬기고 인도하여 권사님이 드디어 교회로 오셨습니다. 담임목사님은 그날부터 권사님을 엄마라고 부르십니다. 저와 아내는 손주와 손주 며느리처럼 권사님을 모셨습니다. 교회의 많은 지체들이 여러 손길로 권사님의 가족이 되어 드렸어요. 모임 때마다 우리 교회를 자랑하시고 눈물을 훔치십니다. 이제 가족이 생겼다고, 이런 행복한 교회를 만나 하나님께 감사하다고 그렇게 기뻐하십니다. 우리 권사님, 얼마나 꽃다우신지 날이 갈수록 고와지십니다. 처음엔 우리가 사랑을 드리는 것 같았습니다. 그런데 참 놀라운 일은 도리어 권사님으로 인해 온 교회가 사랑이 풍성해지며 따뜻해지는 열매를 맺었습니다. 권사님이 오셔서 우리가 더 큰 사랑을 받은 것이지요.

안타깝지만 우리 교회는 아직 우리 권사님을 전적으로 섬길 만큼 재정적 여유가 넉넉하지 않습니다. 죄송한 마음에 그저 아름아름 부족한 주머니를 털어 낼 뿐입니다. 하지만 그럴 때마다 큰 기쁨이 찾아옵니다. 아내와 함께 권사님 댁에 가는 날은 생일이나 명절처럼 기쁘고 행복한 날이지요.

사랑의 빚

바울은 로마서 13장 8절에서 "피차 사랑의 빚 외에는 아무에게든지 아무 빚도 지지 말라"고 말합니다. 사랑의 빚은 아무리 갚아도 다 갚을 수 없습니다. 주님께 받은 은혜와 사랑을 아는 자는 반드시 이웃을 사랑하는 자리에 서게 됩니다. 마치 다 갚지 못할 빚을 진 사람처럼 약자가 됩니다. 부모가 자식에게 한없는 약자가 되는 것처럼 말이지요. 신자는 하나님께 빚을 갚는 채무자가 아니라 갚을 수 없는 사랑을 받은 은혜와 기쁨으로 하나님의 영광을 보는 자들입니다. 십자가는 멸망할 자들에게는 가장 약하며 가장 비참하지만 구원받을 자들에게는 하나님의 능력이 됩니다. 그 기쁨과 영광의 감각을 아는 자들이 사랑의 빚을 지는 순종의 자리에 기꺼이 나아갑니다. 그러므로 신자는 하나님 사랑과 이웃 사랑에 중독되어 마치 다른 기쁨은 없는 것처럼, 다른 영광은 없는 것처럼 살아가는 자들입니다.

주머니를 비우는 기쁨이 우리 영혼을 가장 자유롭게 합니다. 신자로 살아가는 가장 큰 영광을 누리게 합니다. 재정이 안정되고 사례비가 조금 더 넉넉해지고 제법 자리를 잡은 교회가 되어 이 기쁨과 영광을 잃는 것보다 늘 아슬아슬한 줄타기를 하는 것이 낫습니다. 이 스릴을 맛보는 교회를 함께 만들어 가지 않으시겠습니까.

Part 02

못난 인생

기도하는 소년

초등학교 2학년 즈음, 할머니 손을 꼭 잡고 교회에 처음 발을 들였습니다. 교회라는 곳이 있는 줄도 몰랐던 저에게는 모든 것이 신기하고, 어느 것 하나 익숙하지 않았습니다. 설교, 교회 노래, 선생님, 친구들. 그 시절 가까이 살던 한 친구의 도움을 많이 받았지요. 친구 어머니가 주일 아침마다 계란 프라이와 우유 한 잔을 주셨습니다. 그걸 먹고 나면 교회를 빠질 수 없었던 것 같아요.

얼마 지나지 않아 교회에 좀 더 쉽게 적응할 기회가 왔습니다. 여러 교회가 연합으로 실시하는 사생대회에 나갔다가 대상을 수상한 것입니다. 상을 타자 저는 일약 스타가 되었습니다. 무명한 새 신자가 유명해졌습니다. 교회 이름을 드높였다고 여기저기에서 칭찬과 사랑을 받았지요. 서먹했던 친구들도 주변으로 몰려들었고, 그야말로 '아싸'에서 '인싸'가 되었습니다. 그때부터 교회가 즐거웠고, 계란 프라이를 먹지 않아도 교회를 빼먹지 않을 충분한 이유가 생겼습니다.

기억을 되살려 보면 사실 제가 그린 그림은 상을 받을 만큼 월등하지 않았습니다. 그런데도 어떻게 대상을 탔을까요. 아무리 추론해 보아도 이유는 딱 한 가지입니다. 다른 아이들이 멋지게 풍경화를 그릴 때 저는 서툰 인물화를 그렸다는 사실, 그것도 바위 위에 올라가 기도

하는 소년을 상상하여 일종의 종교화를 그려 내었다는 사실입니다. 각 교회의 담임목사님 또는 담당 사역자들이 심사 위원이었으니 호수 중앙에 있는 바위에 올라 무릎을 꿇고 기도하는 소년을 외면할 수는 없었던 것이지요.

이 이야기는 유쾌하고 즐거운 교회 적응기 같아 보이지만, 저는 이 기억이 별로 달갑지 않습니다. 신앙이 무엇이고, 기도가 무엇인지 전혀 알지 못하는 한 아이의 시선, 그리고 그 안에 담긴 인간의 종교심이 무엇을 지향하고 있는지를 보여주는 상징 같아서 말입니다. 복음과 신앙, 성경과 본질에 대해 전혀 몰라도 사람들의 인정과 칭찬을 받으며 교회생활을 할 수 있다는 사실이 씁쓸했습니다. 제 신앙의 궤적만 보더라도 그렇습니다. 사람들에게 칭찬받는 교회생활이었지만 알맹이가 빠져 버린 종교생활일 때가 훨씬 많았거든요. 그럴 때마다 기도하는 소년이 자꾸만 어른거립니다.

제 안에 혼재된 종교와 복음이 명확하게 분리되기까지는 오랜 세월이 걸렸습니다. 가파른 성장세와 부흥을 경험하던 한국교회는 수단과 방법을 문제 삼지 않았습니다. 교회의 원동력이 종교인지 복음인지에 관해서는 큰 관심이 없었습니다. 교인 수가 늘고 건물을 지어 올리면 하나님의 역사였고 부흥이었습니다. 종교심은 그런 면에서 큰 역할을 했습니다. 헌신, 물질, 기도를 하나님 앞에 드리면 복을 주시고 기도에 응답하신다는 기복적인 신앙이 교회 안에 자리를 잡았습니다. 또, 신비한 은사를 중심으로 카리스마적 목회를 구사하는 목사님들에게 구름 떼와 같은 사람들이 몰려들었습니다. 그러는 와중에 예수 복음은 그저 교회에 처음 들어가는 통과의례로만 치부되었던 것이지요. 종교개혁 이후 500년의 역사를 지탱해 온 칭의 교리가 무엇인지 전혀 모르는 교인들도 부지기수로 나타났습니다. 또 한편으론 기복주의를 타파하자고 교리교육과 제자훈련에 열을 내었는데, 이는 어느덧 사람을 품지 못하는 냉랭한 지식 종교를 양산해 내었습니다. 그것뿐입니까. 기도하자, 훈련하자, 말씀대로 살자는 구호가 또 하나의 율법이 되어 사람들을 옥죄는 도구가 되기도 했습니다.

무엇이 문제일까요. 기본적으로 인간 사고의 틀과 습성이 종교적이기 때문입니다. 교회는 가만히 있어도 종교적으로 흘러가기 마련입니다. 종교적인 욕구를 가지고 모인 사람들에게 종교적 열매를 맛보도록 서비스하는 것이 모든 종교의 시스템 아닙니까. 그래서 어떤 종교든 인과율에 매이는 것이지요. 원인이 있어야 결과가 있는 것과 같이 신앙과 헌신을 매개로 축복과 기도 응답을 받아 내는 것. 이것이 종교입니다. 문제는 예수를 믿지 않는 불신자들만 그런 것이 아니고, 예수를 믿는 신자 안에도 종교생활이 비일비재하게 나타난다는 것입니다. 예수님을 믿는 믿음을 소유하게 되는 것은 값없이 주어진 은혜이며, 신앙의 시작부터 끝까지 하나님의 용납과 사랑이 있어야 함을 머리로는 알아도 삶과 신앙의 형태가 종교적일 수 있습니다. 사도 바울에게 복음을 직접 전수받고도 금세 다른 복음으로 이탈하던 갈라디아 교인들을 보십시오. 이러한 현상에 대해 팀 켈러(Timothy J. Keller)가 지적합니다. '복음에서 종교로 옮겨 가는 것이 종교에서 복음으로 움직이는 것보다 훨씬 더 쉽다.' 즉, 종교생활을 하다가 복음을 깨닫는 일보다, 복음을 깨달은 사람이 다시 종교생활로 빠져들기 쉽다는 말입니다.

복음을 받은 우리가 또다시 종교로 빠져드는 한, 그리고 우리의 구원이나 복을 노력과 의지로 얻어 내려는 이 습성에서 벗어나지 않는 한 소망은 없습니다. 아니 복음의 무한한 소망이 우리에게 아무런 영향을 미치지 못합니다. 저는 우리 삶의 대부분의 문제가 복음을 바르게 깨닫고 복음의 능력 안에서 살지 않기 때문에 나타난다고 믿습니다. 복음은 기독교에 입문하기 위한 통과의례가 아니라, 신자의 전 생애에 영향을 미쳐야 합니다. 이 지점을 놓칠 때 교회와 신자는 온갖 병리적인 현상을 경험할 수밖에 없는 것이지요.

앞으로 2부에서 소개할 에피소드는 이런 현상들을 담고 있습니다. 복음이 아닌 것들이 우리의 신앙을 지배할 때 겪는 아픔과 상처들이지요. 저의 경험과 성찰에 공감하신다면 우리가 해야 할 일은 단 한 가지입니다. 다시 십자가로, 복음으로, 은혜로 돌아가는 것입니다.

Story 20
새끼 괴물

　어린 시절부터 충실히 교회의 모범생으로 자라 온 저는 '기도 대장'이라는 별명을 얻을 만큼 신실했습니다. 꽤 어린 나이에 영적 신비를 체험하고 다양한 은사가 나타나기도 했지요. 제 안에는 '이 판에서는 내가 제일이다'라는 식의 자만심과 자기 의가 충만했습니다. 저보다 어린 후배들은 물론이고 선배들이나 선생님, 전도사님과 어른들을 보면서도 영적 우월감을 느꼈습니다. 모두 한 수 아래 같은 느낌적인 느낌이 늘 저를 지배했던 것 같습니다. 새파랗게 젊은 놈이 신학교를 가기도 전에 이미 목사가 되어 있는 거지요. 그것도 아주 교만한.

　핑계 아닌 핑계를 대자면 저의 기고만장은 나름의 배경을 가지고 있습니다. 중고등학생 시절 저는 그 누구보다 열심히 신앙생활을 했습니다. 새벽에 교회 문을 제가 열 정도였거든요. 저를 비롯한 우리 동기들 모두 신앙이 좋았습니다. 아이들을 전도하고 설득하고 겁도 주고 상담도 했습니다. 그 결과, 상가 개척교회, 10명 남짓이던 중고등부가 대략 80명까지 늘어나는 놀라운 성장을 경험하였습니다. 이런 배경에서 담임목사님과 교인들의 사랑을 한 몸에 받게 된 것이지요. 급기야 장로님들의 전유물인 대표기도, 전도사님들이 하시던 대예배 찬양인도, 교사, 각종 성가대는 물론이거니와 아픈 성도 심방을 가서 손을 얹고 기도하는 과감한 행동도 감행했습니다. 그야말로 설교 빼고는 다 했지요. 말 그대로 끗빨 날렸습니다. 거기다가 담임목사님께서 힘을 실어주셨습니다. 설교 때마다 저를 지목하여 5대양 6대주를 누비는 부흥사가 될 것이라는 예언을 하시니 제 어깨에 뽕이 서너 개는 들어갔던 기억이 납니다. 저는 이미 목사, 부흥사, 세계 복음화를 이미 이룬 인물이 되어 있었습니다.

사람이 과도한 비난이나 손가락질을 받으면 그 내면이 망가집니다. 그런데 그보다 사람을 더 망가뜨리는 것이 과도한 칭찬입니다. 칭찬은 고래도 춤추게 한다고 하지만, 선을 넘으면 오히려 고래를 돌게 만듭니다. 과한 칭찬은 자기다움을 빼앗아 버립니다. 어린애는 어린애, 중학생은 중학생다워야 예쁩니다. 어딘가 수줍어 하면서도 '네 거친 생각과 불안한 눈빛'이 엿보이는, 아직 덜된 그 모습이 예쁜거지요. 그러나 저는 저다움도, 청소년다움도 잃어버렸습니다. 어느덧 칭찬과 인정에 중독이 되어 사람들 앞에서 쇼를 하고 있는 제 자신을 보았습니다. 제법 그럴싸하게 은혜를 끼칠 줄도 알고, 극적인 분위기도 연출하며 눈물도 흘릴 줄 알았지만 자신을 오랫동안 속이지는 못했습니다. 거울을 보니 새끼 괴물이 서 있었습니다.

이때 놀랍게도 제가 괴물임을 알려준 강력한 도구는 성경도 기도도 멘토의 조언도 아니었습니다. 바로 저의 욕망과 죄였어요. 제 안에 들끓으며 쉽게 사라지지 않는 욕망들은 신앙생활의 골칫거리처럼 보였지만, 그것은 저의 한계와 실체를 보여주는 거울이 되기도 했던 것입니다. 물론 욕망과 죄 자체가 선한 도구라는 말은 아니지요. 하나님 앞에 내가 어떤 존재인지 실제적으로 감각하는 것은 대부분 우리의 실수와 치명적인 죄를 통해서입니다. 우리가 잘 아는 시편 40편에서 다윗은 이렇게 고백합니다.

'수많은 재앙이 나를 둘러싸고 나의 죄악이 나를 덮치므로 우러러볼 수
도 없으며 죄가 나의 머리털보다 많으므로 내가 낙심하였음이이다'(시
40:12).

죄악이 자기를 덮쳐서 눈앞이 캄캄할 정도라는 고백입니다. 이런
자에게 남는 것은 낙심뿐입니다. 그러나 다윗은 여기에서 멈추지 않습
니다.

'여호와여 은총을 베푸사 나를 구원 하소서 여호와여 속히 나를 도우소
서'(시 40:13).

다윗은 한시도 기다릴 수 없다는 듯 다급한 목소리로 하나님을 찾
습니다. 이것이 우리 자신이 괴물임을 깨달을 때 나오는 진정한 반응
입니다. 내가 괴물로 드러난 그 자리가 바로 예수 그리스도의 복음을
가장 필요로 하는 자리입니다. 자기 실존이 괴물임을 깨닫는 것이 은
혜입니다. 자기 자신이 인정머리 없고 냉소적이며 욕심과 욕망에 가득
찬 존재임을 직면할 수 있는 것이 정말 귀한 은혜입니다. 오늘도 괴물
같은 저를 보며 그 안에 역사하시는 하나님을 바라봅니다. 하나님의
말씀과 은혜가 저와 여러분 안에 있는 괴물 같은 욕망을 남김없이 드
러내어, 또다시 하나님을 찾고 복음을 붙잡는 귀한 오늘이 되기를 바
랍니다.

영적 실세

지금도 쥐구멍에 들어가고 싶은 기억이 하나 있는데, 고등학교 3학년 때의 일입니다. 우리 교회에 부임하신 미남 꿀성대 전도사님이 계셨습니다. 성가대 지휘와 청년부를 맡으셨던 것으로 기억합니다. 지금은 뉴질랜드 '웰링턴 좋은 교회'를 시무하는 정우영 목사님이십니다. 저는 당시 고등학교 3학년생이었지만 신학교를 가기로 확정했기 때문에 중고등부 수련회의 교사로 섬겼습니다. 그리고 전도사님은 찬양인도를 맡으셨지요. 당시에는 수련회 마지막 날 밤, 다 같이 찬양하며 기도하는 시간이 있었습니다. 예수님을 만나고 회심하기를 촉구하는 우리 중고등부의 좋은 전통입니다. 중고등부의 영적 실세라고 자부했던 저는 돌아다니며 아이들 손을 잡고 등에 손을 얹고 기도하기 시작했습니다. 그것도 사실 지금 생각하면 민망합니다. 그런데 최악으로 기억되는 일은 조용히 무릎을 꿇고 강대상에서 기도하시는 전도사님을 '긍휼히 여기며' 손을 얹고 기도했던 장면입니다. 전도사님은 제가 손을 얹고 기도하는 그 모든 시간을 조용히 견뎌주셨습니다. 그 뒤로 이 일에 대해서 아무 말씀이 없으셨고 저를 평소와 똑같이 대해 주셨습니다. 하지만 지금 생각하면 죽을 만큼 죄송합니다. 정우영 목사님! 저의 교만이 하늘을 찔렀습니다. 지면을 빌어 사과드립니다.

한국교회 안에는 이런저런 은사가 있다고 주장하는 분들이 많습니다. 특별히 한국교회에서 병 고침과 예언, 방언이 있을 것인데 그중의 제일은 예언의 은사입니다. 병 고침은 결과가 나타나야 하고, 방언은 할 줄 아는 사람이 많아 희소성이 떨어집니다. 고로 예언이 갑입니다. 신약성경에서 말하는 예언이 미래를 점치는 은사가 아니라 하나님의 말씀을 밝히 보여주는 설교의 기능이라는 것을 아시지요? 그럼에도 교회 안에는 예언자 비슷한 분들이 많습니다. 어리숙해 보이는 신자에게 무례한 훈수를 두는 자, 사람의 마음을 꿰뚫어 보는 것처럼 말하는 자, 하나님의 음성을 빙자하여 한 사람의 삶에 개입하고 지시하며 호통치는 자들이 있습니다. 대부분의 논조는 기도가 부족하니 작정하고 기도하라, 감사헌금을 드려 보면 감사할 일이 생긴다, 교회에서 좀 더 헌신하고 봉사하면 기쁨이 생긴다, 내가 기도를 해 보니 이렇게 해라 또는 하지 말라는 내용입니다. 어떤 문제의 원인을 그 사람의 탓으로 돌려 죄책감을 불러일으킨 다음, 주도권을 쥐고 명령하여 교정하려는 악랄한 수법입니다. 분명 하나님을 자기 멋대로 동원하여 휘두르는 명백한 월권행위입니다.

하나님께서 교회의 덕을 세우고 사람을 섬기기 위해 은사를 주셨다면 교회 안에는 다양한 은사가 고루고루 드러나야 합니다. 그것이 이치에 맞습니다. 그렇다면 분명히 하나님께서는 한국교회 은사 분배에 실패하셨습니다. 하나같이 자기 증명과 자기가 높아지는 목적을 성취하는 은사들만 나타나고 있지, 더 낮고 안 보이는 곳에서 은밀히 섬기는 은사는 찾아보기 힘드니까요. 또한 은사가 자기 영광을 위한 셀프 은사인지, 남을 섬기기 위한 하나님의 선물인지 잘 구별해야 할 것입니다.

로마서 12장에서 사도가 은사에 대해 말할 때 먼저 언급하는 것이 있습니다.

'마땅히 생각할 그 이상의 생각을 품지 말고 오직 하나님께서 각 사람에게 나누어 주신 믿음의 분량대로 지혜롭게 생각하라'(3절)는 말씀입니다. 대개 이 말씀을 하나님의 생각과 신비의 영역까지 사람이 다 알려고 하지 말라는 뉘앙스로 해석합니다만, 이 본문은 그런 뜻이 아닙니다. 이 구절은 정확하게 '너 자신에 대해 마땅히 생각할 그 이상으로 높게 여기지 말라'는 말씀입니다. 자기 인식에 대해 말하는 것입니다. 은사가 주어진 목적이 자기를 높이거나 증명하는 용도가 아니라는 것을 애초에 못 박고 있지요. 바울은 이어서 은사와 형제 사랑에 대해 쓰고, 이어서 원수 사랑에 대해 기술하며 이런 인상적인 구절을 남깁니다.

'서로 마음을 같이하며 높은 데 마음을 두지 말고 도리어 낮은 데 처하며 스스로 지혜 있는 체 하지 말라'(롬 12:16).

'도리어 낮은 데 처하며'라는 표현을 보십시오. 원문으로 보니 '비천한 사람들에게 끌려다니며'라는 의미가 들어 있습니다. 사람들의 필요와 요구에 의해 끌려다니는 만만한 사람이 되라는 말이지요. 은사와 사랑의 수고에 대한 놀라운 적용입니다. 혹시 자기 자신이 교회의 영적 실세라고 생각하십니까. 내게 있는 은사로 누군가를 위해 기도해 주고, 예언해 주고, 병을 고쳐 주어야 한다는 강력한 감동에 사로잡히십니까. 그렇다면 더 낮은 자리에 내려가십시오. 사람 위에 군림하고 사람을 휘두르는 자리가 아니라 사람에게 끌려다니고 휘둘리는 자리로 내려가시기 바랍니다. 그것이 진정한 영적 실세의 자리입니다. 얼마 전 작고하신 영국의 신학자요 설교자, 저명한 저술가인 제임스 패커(James I. Packer)는 『거룩의 재발견』에서 이렇게 말합니다.

> 그러나 우리는 아래로 자람으로써 즉 비천하게 낮아짐으로써 예수님의 수준에 이르기까지 위로 성장한다는 진리를 깨달아야 한다. 그리스도인은 더 작아짐으로써 더 크게 성장한다.

우리 모두가 비천한 사람들에게 끌려다니며 그리스도의 장성한 분량까지 자라나기를, 그것도 '아래로' 자라가기를 두 손 모아 기도합니다.

자기기만적 신앙

아내도 아는 사실이니까 솔직하게 고백을 하면 저는 과거 있는 남자입니다. 뭐 심각한 과거는 아니고요, 몇 번의 연애를 거쳤다는 말입니다. 그중에는 굉장히 오랫동안 교제했던 친구도 있고 꽤 진지하고 깊은 감정을 가졌던 친구도 있습니다. 그만큼 아픔이 크기도 했지요. 모르긴 몰라도 저라는 사람이 진지한 관계로 들어가기에는 너무 부담스러운 존재였던 것 같습니다. 목사가 되려 했으니까요.

지금은 다 지나간 일이고 추억이지만 그 시절 유독 아팠습니다. 목사가 된다는 사실이 곧 내려놓고 포기하는 길임을 받아들이기 어려웠습니다. 그만큼 상실의 고통이 심했던 것 같아요. 무엇보다 자존심이 상했습니다. 오기가 생겼고요. 그래서 이런 생각이 들었습니다. '내가 세상에서 채울 수 없는 것들, 상실해야만 하는 것들은 과감히 버리고 영적인 영역에서 일인자가 되고 말겠어.' 그러자 동시에 이런 생각이 찾아왔습니다. '본때를 보여주겠다. 내가 멍청해서 신학교 간 줄 알지? 마음먹고 공부했으면 나도 얼마든지 성공할 수 있어. 그럼에도 영적인 삶을 선택한 내가 더 우월해!'

제 안에는 오랫동안 이런 생각의 파편이 깊숙이 자리했습니다. 그리고 저를 날카롭게 만들었습니다. 한번은 이런 일이 있었어요. 당시 저는 돈을 벌고 상식적인 삶을 유지하는 것을 하찮게 여기며, 거지같이 살더라도 주의 영광과 교회를 위해 온몸을 불사르겠다는 비장감에 사로잡혀 있었습니다. 거의 1년에 한 번, 잘 가지도 않던 부모님 댁에 갔을 때 어머니께서 제 해어진 구두를 보고 말씀하십니다.

"성균아. 구두가 그게 뭐니, 구두 좀 사 신어라."

아들을 사랑하고 아끼는 엄마의 마음이지요. 그런데 여기에 저는 표독스럽게 대답합니다.

"엄마, 엄마는 아직도 이런 세상 것들이 눈에 보이세요? 나는 이런 거 신경 안 써."

구두 하나 사 신을 돈이 없이 비장하게 살고 있는데 지금 무슨 소리를 하시느냐는 핀잔입니다. 정말 싸가지 밥 말아 먹고, 재수 오지게 없습니다. 영적 우월감과 쓸데없는 비장감에 사로잡혀 따뜻함이나 넉넉함을 다 잃어버린 모습이지요. 세상 사람들이 돈이나 성공으로 채우는 자리를 영적 욕망으로 채우는 자기기만의 죄입니다. 소위 신앙이 좋다는 신자들이 자주 넘어지는 지점입니다. 놀이터만 바뀌었을 뿐 추구하는 욕망은 같습니다. 자기 증명, 자기 의, 자기 성취와 같은 것들이지요. 그래서 쓸데없이 비장하고 심각해집니다. 적대감을 가져야 자기 존재가 유지됩니다. 그렇기 때문에 슬픔이나 고통을 느끼는 것도 경계하고 성급하게 신앙적 의미와 해석을 부여하는 것입니다. 무라카미 하루키(村上春樹)의 『상실의 시대』에 이런 구절이 있습니다.

우리는 그 슬픔을 마음껏 슬퍼한 끝에 거기서 무엇인가를 배우는 길밖에 없으며, 그리고 그 배운 무엇도 다음에 닥쳐오는 예기치 않은 슬픔에는 아무런 도움이 되지 못하는 것이다.

세상 사람들도 슬픔을 겪을 때마다 매번 아프지만 결국 무언가를 배우는 성숙으로 나아갑니다. 그 길밖에는 없으니까요. 그런데 도리어 우리 예수 믿는 신자들에게는 이런 성숙이 잘 경험되지 못하는 것 같습니다. 아픔이나 고통을 받아들이기보다는 신앙을 통해 그것을 삭제하려 들기 때문이지요. 슬픔이나 고통을 경험하는 까닭은 때로 이유를 알 수 없는 경우들도 많지만 자기에게 문제의 원인이 있는 경우들도 상당히 많습니다. 그런데도 성급합니다. 문제를 직시하거나 성찰하지 않습니다. '영적인' 포장지로 자기를 기만하며 세상 사람들과 동일한 것을 채웁니다. 세상에서 높아지지 못하고, 인정받지 못한 것을 교회에서 채우려고 합니다. 슬픔과 고통의 이유를 자꾸 해석하려 들고 답을 만들어 내어 설명하려고 하지요. 특히 신자의 고통을 하나님과의 관계 속에서 발생하는 저주나 심판으로 제시하는 것은 지독한 오류입니다.

자기를 기만하지 않기 위해서는 먼저 슬픔과 상실을 주님의 부재로 보는 관점에서 빠져나와야 합니다. 고통의 자리, 답을 모르고 해석이 안 되는 난제, 이유를 모르는 아픔 가운데서도 주님은 우리와 함께하십니다. 스스로를 기만하거나 신앙적 의미를 억지 생성하지 않더라도 괜찮습니다.

아이러니하게도 모든 것에서 실패했다고 생각한 어느 날, 알게 되었습니다. 그리고 인정했습니다. 인생이 끝없는 상실이고 슬픔이라는 진리, 그리고 메워지지 않은 그 자리를 채우실 분은 오직 주님뿐이라는 진리입니다.

주님께서 우리 신자들을 부르신 길은 비장함과 심각함을 뛰어넘는 기쁨의 길입니다. 무언가 엄청난 것을 포기하고 이 길을 나선 것처럼 코스프레할수록 병에 든 것입니다. 우월감이나 오기와 같은 것들로 아등바등 버티지 않아도 됩니다. 자기기만에서 벗어나 오직 예수 그리스도를 붙드는 것으로 충분한 신자들이 되기를 바랍니다.

명분과 열정의 폭력

"목사님, 상담을 조금 하고 싶어요."

가끔 알지 못하는 분들이 메시지를 보내십니다. 교회에서 겪는 말 못할 아픔, 목회자와의 관계 속에서 고통스러워하는 부분들을 이야기 하십니다. 제가 아예 모르는 사람이니 편하게 이야기하고 싶으신 겁니다. 참 마음이 아픕니다. 그런데 말씀을 듣다 보면 놀랍게도 신기한 현상을 발견하게 됩니다. 그것은 마치 어떤 질병처럼, 이와 비슷한 증상을 가진 교회들이 많다는 것입니다. 약간씩 양태는 다르지만, 놀랍게도 하시는 말씀들이 겹치거든요. 저는 그럴 때마다 상당히 충격을 받곤 합니다. 어쩌면 이것은 한국교회에 전형적으로 나타나는 하나의 병리적 현상이 아닐까 하는 생각까지 들기도 합니다.

저는 이런 현상을 총칭하여 이른바, '바른 교회 콤플렉스'라고 말하고 싶습니다. 조금 더 설명을 하자면, 성경이 지향하는 명분이나 교회론, 비전 같은 것을 구축하고 그것을 매우 열정적으로 이루어 내고자, 신자의 삶의 모델을 구체적으로 정형화하여 제시하고 옭아매는 교회를 말합니다. 너무 바르기 때문에 다른 교회는 상대도 안 됩니다. 특히 이런 교회들에 비해 우리 행신교회의 성도들은 전부 날라리입니다.

무엇이 문제냐고 갸우뚱하실 수 있겠습니다. 성경적 교회를 지향하고 바르게 해보겠다는 열심을 가지고 있는 것이 대체 뭐가 문제일까요. 그런데 그런 굉장한 명분을 가진 교회들 중에서 하나같이 드러나는 특징이 있습니다. 정리를 해 보면 이렇습니다.

1. 명분을 외치는 목사가 우상이다. 절대적인 영향력을 미친다.
2. 성경보다 목회자의 말이 훨씬 중요하고 강력한 영향력을 가진다.
3. 자기 교회나 명분에 대한 우월성이 굉장히 높다.
4. 그런 교회와 명분을 이탈하는 것은 배교행위나 마찬가지다.
5. 이전 것 지우고 새로 다시 배워야 한다고 강요한다.
6. 교인들을 관리하기 위한 검열이 많다(책, SNS, 관계 등).
7. 다른 관점을 받아들이지 않고 오직 목사의 말만 듣는다.
8. 목사 중심의 세력을 명분 중심이라고 곧잘 세탁한다.
9. 소통 문제로 외부와 단절되는데, 그것을 복음의 성격으로 여긴다.
10. 이런 문제 제기를 무지하거나 영적으로 불량해서라고 말한다.

제 분석이 아니라 대부분 상담을 요청하시는 분들이 하시는 공통된 관점입니다. 왜 이런 현상이 나타나게 되는 것일까요. 저는 이것을 명분의 폭력이라고 말하고 싶습니다. 정도의 차이겠지만, 그것은 교회가 표방하고 있는 비전이나 성경적 목표가 구체적이고 설득력이 있을수록 신자에게 강력한 구속력을 가지기 때문입니다.

자, 이렇게 되면 성도들이 굉장히 힘들어집니다. 명분에 더해 열정까지 가진 리더라면 더욱 뿌리치기 힘듭니다. 흠이 없고, 명분이 확실하며 다 맞는 말이기 때문에 교회와 목회자에게 등 돌리는 것은 배교

행위입니다. 자기 안에는 분명히 고통이 있는데 말하지 못하고 끙끙대는 것입니다. 목사는 자기중심적으로 일사불란하게 교회가 돌아가면 자기가 제시하는 명분에 더 매이게 됩니다. 듣기 좋은 소리만 듣고, 쓴소리는 들을 줄 모르게 됩니다. 과도한 물질이나 시간, 건강 등을 헌신하고 투여한 목사는 더욱더 명분이 강화됩니다. 그러다가 결국 목회자는 주변 사람들을 함부로 대하기 시작합니다. 비인격적인 말을 쏟아내거나 성격이 점점 거칠어집니다. 분명한 명분 제시, 그것에 대한 자기 헌신에 비해 따라오지 못하는 성도들이 미워집니다. 그들을 이해하거나 넉넉히 품을 수가 없는 것이지요.

자, 그러면 한 번 생각해 봅시다. 교회의 명분이 무엇입니까? 우리가 과연 추구하고 사수해야 할 명분이 무엇입니까? 하나님께서는 우리를 개교회로 부르셔서 도대체 어떤 임무를 완수하기를 바라실까요. 안타깝지만 이런 전제, 생각 자체가 이미 하나님의 뜻에서 멀어져 있다는 것을 기억해야 합니다. 교회는 그 자체로 명분이 생성되는 기관입니다. 어떤 명분과 임무를 완수하기 위해 존재하는 것이 아니라 교회라는 존재가 명분입니다. 저와 여러분의 존재 자체를 사모하고 기뻐하시는 분이 우리 주님이십니다. 쓸모없는 죄인들을 부르시고 상처와 아픔을 가진 존재를 모으시며 제각기 다른 생각과 주장을 한데 모으셔서 예수 그리스도 안에서 하나가 되게 하시고 그분의 몸으로 지어져 가는 곳이 교회입니다.

또 다른 명분을 만들어 놓고 그 명분에 쓸모 있는 사람이 되라고 강요하는 곳은 건강한 교회가 아닙니다. 하나님께서 일하시는 방식은 우리의 생각이나 명분, 알량한 비전에 매이지 않습니다. 하나님은 우리 개인의 삶에 구체적으로 개입하시고 인생의 크로노스 가운데 당신의 카이로스를 이루십니다. 그것은 어떤 인간도 일괄적으로 관리, 통제할 수 없는 영역입니다. 심하게 말해 명분 하나 붙들고 늘어지는 것은 하나님의 역사를 가로막는 일일 수도 있습니다.

하나님께서는 때로 지역교회라는 것을 넘어서기도 하고, 교단을 초월하시기도 합니다. 미국의 대각성 운동이나, 부흥 운동을 주실 때 모든 교회, 모든 교단이 하나같이 부흥의 물결에 휩싸였습니다. 모든 사람들이 교회로 몰려들었고 회개하였으며 회심을 경험했던 것입니다.

중요한 진리가 있습니다. 하나님 나라는 하나님께서 이루십니다. 우리가 인위적으로 이루어 내고 만들어 낼 수 있는 성격이 아니지요. 교회는 분명히 올바른 명분을 가져야 합니다. 그리고 그 푯대를 향해 열심을 발휘하기도 해야 합니다. 그러나 반드시 우리의 한계를 인정하고 언제든 그 명분을 내려놓을 수 있는 기도의 자리로 나아가야 합니다. 뭘 모르는 소리라고요? 그렇게 하면 죽도 밥도 안 된다고요? 네, 맞습니다. 죽도 밥도 안 됩니다. 그런데 죽도 밥도 안 되는 우리의 실상을 깨닫는 게 더 중요합니다. 죽도 밥도 안 될 때 내가 무엇 때문에 신앙생활을 하고 있는지에 대한 실체가 적나라하게 드러나는 것입니다. 고로 죽도 밥도 아닌 존재가 교회입니다. 세상도 아니고 하나님 나라도 아직 아니지 않습니까. 죽도 밥도 아닌 가운데 아무런 명분이나 비전 제시가 없는 상황에서 혹시 방종할까 두려우십니까. 아니, 자유를 넘어 방종하고 계십니까. 만약 그렇다면 그것이 정직한 신앙의 현주소입니다.

마지막으로 조심스러운 권면을 하나 드리고 싶습니다. 누가 명분을 주거나 열정을 부추기지 않으면 아무것도 하지 않는 상태를 은근히 즐기고 계십니까. 그렇다면 우리의 무관심과 방임이 바로 교회 안에 '명분과 열정의 폭력'을 방치하고 만들어 낸다는 것을 기억하십시오. 그러므로 이제 목사의 명분에서 빠져나와 여러분의 삶에 역사하시는 하나님의 뜻에 매이십시오. 그리고 예수 그리스도와 신자들이 주인이요, 몸이 된 참된 교회를 이루십시오. 그것이 명분과 열정의 폭력에 휘둘리지 않을 수 있는 유일한 길입니다.

Story 24
익숙함과의 결별

고등학생 시절, 담임목사님의 몇 차례의 권유에도 아직 선뜻 목회자가 되어야겠다는 결심을 하지 못했습니다. 그러던 중 아이러니하게도 진짜 소명의 길을 가야겠다는 결심이 '교회 밖'에서 일어났습니다.

고등학교 2학년이 되었던 해의 초봄, 교회에서 부흥회가 열렸습니다. 재개발된 아파트 단지에 살고 약 5분 거리 상가에 교회가 있었는데 가는 길에는 아직 개발되지 않은 공사 현장들이 많았습니다. 잡초가 무성히 자라던 공터들도 기억이 납니다. 부흥회 첫날, 은혜 가운데 집회를 마치고 돌아오는 길이었습니다. 항상 다니는 길을 찬송을 부르며 걷고 있는데 길 건너편 공터 옆에서 괴이한 사람 한 명을 보았습니다. 머리가 지저분하게 길고 행색이 남루했습니다. 무엇보다 휠체어에 앉아 있습니다. 한 번은 흘끗 보았고 두 번째에는 발걸음을 못 떼었고, 세 번째 보았을 때는 주저앉고 말았습니다. 어떤 힘에서였을까요. 부흥회를 마친 은혜로운 심령의 발로였을까요. 지금도 이유를 알지는 못합니다. 그러나 제 안에 '지극히 작은 소자에게 하는 것이 나에게 하는 것이다'라는 주님의 음성이 어렴풋이 떠올랐던 기억이 납니다. 어찌되었든 그 자리에 멈춰 고민을 몇 초간 하다가 그 사람에게 다가갔습니다.

"안녕…하세요."

"…."

"저기, 혹시 뭐 제가 도와드릴 일이 있을까요."

"…."

묵묵부답입니다. 그래서 저는 민망하고 계면쩍은 표정으로 물었습니다.

"저 뒤에 실려 있는 건 뭐예요? 선생님?"

아저씨가 한 대 더 끌고 다니는 휠체어에는 여러 가지 잡동사니가 어지럽게 올려져 있습니다. 그쪽으로 제가 시선을 두고 있는데 갑자기 대뜸 말씀을 꺼내십니다.

"자네는 성경책을 들고 있는 걸 보니, 교인인가 보군."

"아, 네 맞아요."

"그럼 나한테 복음을 한 번 말해 보게나."

"네? 보, 복음이요?"

"내가 보니 자네 눈빛이 예사 눈빛이 아니야. 호랑이 같은 눈을 가졌어."

태어나서 처음 듣는 말입니다. 호랑이 같은 눈빛이라니. 저는 스스로 유순하고 착한 인상을 가졌다고 생각했는데 뜻밖이었습니다. 이 아저씨, 눈이 잘 안 보이는구나 싶었습니다. 게다가 복음을 전해 달라니, 해괴한 대화입니다. 저는 갸우뚱했지만 복음을 전했습니다. 그리고 뜻하지 않게 이 사람을 어느 순간 설득하고 있었습니다. 호랑이 눈을 가졌다 하니 뭔가는 해야겠다 싶었거든요.

> "자네, 내가 나와 같은 사람들을 더 데리고 오면, 이 공터에 천막을 치고
> 방금 내게 했던 이야기들을 해 줄 수 있나?"
> "네? 그게 무슨 말씀이신지…."

이어지는 말씀을 들어 보았습니다. 이분의 말씀을 대략 요약하면 이렇습니다. 건축 현장에서 낙상을 하여 불구가 되었지만 회사는 산재 처리를 해 주지 않고 오히려 그분을 쫓아냈습니다. 이후 만날 술을 마시며 폐인처럼 살다가 집사람과 아이들이 도망쳤고 이에 휠체어를 타고 무작정 집을 나와 전국을 10년째 돌아다니고 있는 중이었습니다. 수많은 목사와 신부, 수녀들, 봉사자들을 만났지만 예수를 못 믿겠다고 하셨습니다. 그러면서 주변에 자기와 같은 부랑자들이 한 20명이 있는데 저에게 그분들의 목사가 되어 주면 안되겠는가 하는 뜬금없는 이야기입니다.

부흥회 기간 동안 새벽, 오전, 저녁 이렇게 세 번 그분을 만났습니다. 빵이나 옷가지도 가져다드리고 잠깐씩 이야기를 나눴습니다. 당시 부흥회 주제도, 심지어 강사가 누군지도 기억나지 않지만 그분과의 교제는 선명하게 기억납니다. 부흥회가 끝나는 새벽, 또 아저씨를 찾아갔습니다. 그런데 이상하지요. 마치 그 자리에 아무도 없었던 것처럼 깨끗하게 흔적들이 사라져 버렸습니다. 아저씨와 함께.

조금 이상한 경험입니다만, 신기하게도 저는 이 일을 계기로 목사

가 되기로 마음먹었습니다. 묘한 평안이 마음 가운데 찾아왔고 마침내 결단하게 되었습니다. 익숙하고 가까운 사람들의 조언이 아니라, 생판 모르는 사람이 거의 직관적일 정도로 목사가 되어 달라는 요청을 한 것이 놀라웠습니다. 그것도 제가 이전에 경험해 보지 못하고 감히 가늠할 수도 없는 삶을 살아온 이의 요청이니까요. 당시 주님 앞에 손 모아 울며 기도했던 내용이 떠오릅니다.

"하나님 이 세상에는 참 아프고 어려운 이웃들이 있는데 제가 좀 더 그들을 이해하고 품고 사랑할 수 있는 자리에 가도록 도와주십시오. 그리고 하나님이 누구신지 복음이 무엇인지 전하는 자리에 서게 해 주십시오."

기도 가운데 제 자신이 보였습니다. 냄새나고 괴팍하며 몸과 마음이 병든 아저씨를 떠올릴수록 제 기도가 얼마나 위선적인지 드러났습니다. 온실 같은 교회 울타리 안에서는 결코 사람과 복음을 다 이해할 수 없겠다는 생각이 스쳤습니다. 지금까지 경험하고 듣고 배웠던 것으로 인생과 삶을 다 해석하고 설명할 수 없음을 깨달았습니다. 확신하고 아는 바를 읊조리는 데 그치는 게 아니라 울타리 너머에 계신 광대하신 하나님을 찾아 떠나 보자고 다짐했습니다. 아이러니하게도 제 안에 발생하는 괴리감을 감각하게 된 일이 바로 목사가 되기로 결정한 결정적인 이유가 된 것이지요. 그 뒤로 저는 이 괴리감 때문에 수많은 시간을 몸부림쳐야 했습니다. 내가 몸담고 있는 종교의 세계가 뿜어내는 어마어마한 피상성, 그 틀 안에 갇혀 있을 때 느껴지는 세상과의 괴리, 종교적 언어로는 결코 설명할 수 없는 사람과 삶의 다양한 면

모들. 그 괴리감 사이에서 진짜 신앙이 무엇인지, 진짜 교회가 무엇인지, 진짜 하나님은 누구신지를 찾으려고 머리를 쥐어뜯었던 날들이 생생합니다.

사실, 조금만 정직해지면 우리는 매일 우리가 확신하는 것에서 멀어지고 있음을 알게 됩니다. 결별이 우리의 대부분의 시간을 채우고 있지요. 어제의 나와 결별하고, 건강했던 시절과 결별하고, 젊은 날과 결별합니다. 사랑했던 사람들과도 결국 결별하고 이 세상에서도 결별하게 될 것입니다. 이사나 죽음 따위의 결별은 불가항력을 원망할 수 있기라도 하지만 마음과 생각에서 익숙한 것을 떠나보내는 것처럼 힘든 것이 없습니다. 내가 틀렸다는 걸 인정하고 내가 다 모른다는 것을 받아들이는 것이니까요. 그러나 확신하고 또 확신하며 이번에는 진짜라고 다짐했던 것들이 또 뒤집힙니다. 주님은 우리를 프라이팬에서 뒤집듯 몇 번을 뒤집으시며 확신하고 익숙한 것들과 결별시키십니다. 그 결별의 자리에, 우리와 절대로 결별할 수 없는 분이 유일하게 주님뿐이라는 사실을 들이미시지요. 결국 우리 안에 유일한 신뢰의 대상으로 자리매김하시고야 맙니다.

예수 믿는 신자에게 익숙한 신앙과 결별하는 것은 참으로 어렵습니다. 그러나 때로 결별이 하나님을 더 깊고 넓게 알아가는 도구가 된다는 것을 기억해야 합니다. 결별은 자기의 소명을 발견하거나 하나님의 사랑을 실천하는 강력한 도구가 되기도 합니다. 매일 발 딛고 사는 이 땅이 조금도 익숙해지지 않는 것, 어느 날 갑자기 나와 전혀 다른 생소한 삶을 살아가는 사람을 만나는 것 등. 이런 장면이 굉장히 중대한 결정을 내리도록 돕기도 합니다. 그러므로 마음을 열고 오늘 다가오는 하루를 맞아들이며 주님이 하실 일을 기대하는 것뿐입니다. 어제의 나를 벗고 새로이 맞이하는 생명으로 옷 입는 것. 날마다 후패한 육신을 벗고 주의 영광을 향해 나아가는 것이 신자의 삶입니다. 결별이 기쁨이 되고 기대감으로 다가올 때, 많은 성숙을 경험하게 되리라 믿습니다.

미국의 저명한 평신도 신학자이자 윤리학자인 스탠리 하우어워스(Stanley Hauerwas)가 『한나의 아이』라는 책에서 이렇게 씁니다.

나는 평생을 교회에서 보낸 사람이다. 하지만 하나님께 감사하게도, 그리스도인으로 사는 것에는 결코 익숙해지지 않는다… 하나님이 내게 허락하신 놀랍고 멋진 삶은 여전히 내게 과분하게 다가온다.

Story 25
헌금의 심리학

교회는 안 다니셨지만 어머니가 헌금은 꼬박꼬박 챙겨주셨습니다. 오백 원씩. 저는 그 돈을 한 번도 다른 데 쓰지 않았습니다. 교회에서 나름 모범생이 되어 있었기에 주일학교 예배도 빠진 적이 없지요. 성가대에도 참여했고요. 하루는 어머니가 헌금 주시는 것을 잊으신 적이 있습니다. 저도 잊고 빈손으로 교회로 온 겁니다. 예배 중 헌금 시간이 돼서야 주머니에 오백 원이 없다는 것을 알았습니다. 민망하고 초조했습니다. 가끔 손만 집어넣었다가 빼는 아이들도 있었지만 교회 모범생으로 그럴 수는 없었지요. 헌금 바구니가 성가대석 가까이로 오고 있었습니다. 그때 급한 마음에 잔꾀가 생겼습니다. 늘 제 앞자리에 앉는 여자아이가 하나 있는데 옷도 잘 입고 과자도 잘 나누어 주던 친구입니다. 이 친구가 헌금을 낼 때 보면, 항상 오백 원짜리 두 개를 냅니다. 그래서 조용히 말을 붙였습니다.

"오늘도 오백 원짜리 두 개야?"
"응. 근데 왜?"
"있잖아. 내가 오늘 헌금을 안 가져왔는데, 넌 어차피 천 원을 낼 거잖아. 그럼 나한테 오백 원을 주라."

"음, 그래 그렇게 하자."

이 친구는 순순히 오백 원을 건넵니다. 생각할수록 묘수입니다. 마음을 쓸어내리며 오백 원을 당당히 헌금 바구니에 넣었습니다.

조금 더 나이가 들어 고등학생이 되었을 즈음, 교회가 이러한 인간의 심리를 아주 잘 이용하고 있다는 것을 알게 되었습니다. 많이 보셨지요? 모든 예배 시간에 올라오는 각종 헌금봉투, 목사님이 거기 적힌 이름을 읽어 내려가는 풍경 말입니다. 목사님들은 시간이 아무리 오래 걸려도 헌금봉투는 다 읽으셨습니다. 십일조, 감사헌금, 선교헌금, 구제헌금, 일천번제 등등. 어떤 분들은 이름이 여러 번 읽히기도 하였고 도무지 이름이 등장하지 않는 분들도 있습니다. 봉투 낭독만 들어도 대강 가정 형편을 파악할 수 있던 시절입니다.

저는 그 이후로 아직도 예배 시간에 헌금봉투에 적힌 이름을 읽어 내려가는 행위가 도대체 어떤 성경적 근거를 가졌는지 찾지 못했습니다. 그런 근거는 없으니까요. 결론은 헌금의 심리학, 고도의 마케팅 전략이라는 것입니다. 이것을 뒷받침하는 근거는 얼마든지 있습니다. 헌금봉투 종류만 보아도 그 심리의 종류를 읽을 수 있거든요. 한 번 정리를 해 볼까요?

1. **눈치게임 심리** : 저처럼 남들 눈치를 보며 민망함으로 헌금하도록 하는 것. 전형적으로 헌금 바구니를 돌리는 행위.

2. **지성감천 심리** : 일천번제처럼 기도제목을 써서 지극정성으로 드리면 하나님께서 감동하셔서 응답하신다는 논리.

3. **영역표시 심리** : 나는 이 정도로 헌금하는 사람이야. 그러니 내가 교

회에서 얼마나 중요한 사람인지 알아줬음 좋겠다는
심리.

4. **미리감사 심리** : 감사제목을 써 내면 감사할 일이 생기고 하나님의
축복이 임한다는 논리.

5. **대박투자 심리** : 목사님이 내가 낸 헌금봉투를 들고 이름을 부르면
하나님이 들으시고 그 돈에 영험한 기운이 깃들어
축복을 주시고 사업을 잘되게 하신다는 심리.

6. **경쟁구도 심리** : 주보 뒷면에 구역별 헌금액을 기록하거나, 십일조
순위대로 이름을 기록하여 경쟁시키고 눈치 보게 하
는 심리.

뭐 이 정도 아닐까요. 고약한 비난이라고 생각하십니까. 아니요,
헌금봉투를 읽는 행위가 한때 이러한 심리를 이용하는 종교 장사의 일
환이었음은 교회생활을 조금만 해 본 사람이라면 누구나 아는 사실입
니다. 더군다나 이름이 한 번도 읽혀지지 않는 사람들, 가정경제가 파
탄 난 사람들의 심장에는 다시는 교회에 몸담고 싶지 않을 상처가 새
겨지기도 했을 겁니다.

교회의 헌금과 재정에 관련하여 가장 가슴 아픈 기억이 있습니다.
저에게 아주 친한 친구 한 녀석이 있는데 중학교 때 교회로 인도하여
함께 오랜 시간 신앙생활했던 친구입니다. 이 친구는 저보다 가정 형
편이 훨씬 안 좋아 많은 어려움을 겪었습니다. 하지만 머리가 좋고 성
실한 성격이라 서울에 있는 제법 괜찮은 대학에 진학했습니다. 그런데
이 녀석, 2년이 채 되지 않아 학비가 없어 더 이상 다니지 못했습니다.
아르바이트를 해서 버는 돈은 생활비를 감당하기도 어려웠던 것이지

요. 나중에 알게 된 사실은 이 녀석이 도저히 방법이 없어 교회에 찾아가고 목사님께도 찾아갔었다는 사실입니다. 결국 별다른 도움을 받지 못했습니다. 반면 저는 신학생이라 4년 동안 장학금을 받았고 그것으로 우리 집은 경제적인 부담을 많이 덜어내었지요. 시간이 지나고 이런 내막을 알게 되면서 가슴이 아팠습니다. 교회가 모든 사람들의 경제적 사정을 염려하고 돌볼 수는 없지만 적어도 함께 신앙생활하는 가족 중에 학비 문제로 학교를 중단하는 자녀가 있다는 것이, 그리고 그것을 보고만 있었다는 것이 안타까웠습니다. 교회에 돈이 없습니까. 전혀 그렇지 않습니다.

그때부터인지 생활비 이상의 목돈이 생기면 자꾸만 그 녀석이 떠오릅니다. 교회 안에, 그리고 주변에 어려운 이들이 있으면 지나치기가 어렵습니다. 덕분에 늘 잔고는 마이너스입니다. 우리 교회가 주변에 있는 사람들의 아픔과 필요에 민감하기를 바랍니다. 초대교회가 대부분의 헌금(연보)를 이런 목적 가운데 사용하고 지출했다는 것을 보면 현대교회가 사용하는 헌금의 용도는 참 가관입니다. 담임목사님께서 이런 말씀을 하신 기억이 납니다.

'누군가를 돕기 위해 내 가정의 경제가 휘청거리고 흔들리는 것을 용납할 수 있어야 한다. 그것이 진정으로 돕는 일이다.'

그리고 자꾸 그런 부담에 휩싸이는 저를 보시며 이런 식의 따뜻한 말도 남기셨습니다.

"너도 이제 인생 망했어."

Story 26
젊은 날의 아픔

제가 대학에 입학한 해는 1999년입니다. 2000년에 입학한 후배들과 고작 1년 차이인데도 천년의 끝자락과 새로운 천년의 시작은 사뭇 달랐습니다. 그 과도기에 정확하게 끼어있는 학번이 바로 99학번입니다. 80년대 후반부터 90년대 초반까지 대학가는 민주화 항쟁과 더불어 숱한 학생시위가 있었습니다. 우리 학교는 시위가 극렬하기로 유명했기에 유독 무용담이 많았습니다. 냉천동 산자락에 위치한 작은 학교를 두고 고지전을 방불케 하는 쟁탈전을 벌였다는 이야기, 학내 사태가 벌어져 총장실을 점거하며 불의에 항거했던 선배들의 이야기들. 시대를 향한 예언자적 목소리를 내었던 이런 전설적인 이야기에 가슴이 달아오르곤 했습니다. 그런데 이제 바야흐로 밀레니엄시대입니다. 눈앞에는 달달한 목소리로 찬양을 인도하는 후배님들의 은혜롭고 세련된 손짓이 아른거립니다. 말랑말랑한 눈빛과 꿀성대를 자랑하는 교회 오빠들의 전성시대가 된 것이지요.

신학교 안에 찬양사역자라는 말이 등장한 것도 이쯤인 것 같습니다. 저도 별반 다르지 않았습니다. 전하세 예수, 경배와 찬양, 미국의 인피니타나 호산나뮤직, 론 케놀리(Ron Kenoly)나 돈 모엔(Don Moen) 같은 이들의 미국식 찬양 콘텐츠를 좋아했습니다. 돈 모엔의 찬양 'God will make a way'를 영문 그대로 불러 줄 정도는 되어야 세련된 교회 오빠로 불릴 수 있었거든요.

그런 저에게 한 가지 전환점을 맞이하게 된 사건이 있습니다. 3학년 가을, 우리 교단에서 가장 큰 교회 중에 하나인 **교회 김 모 목사가 세습, 공금횡령, 여신도 스캔들까지 트로이카 만루 홈런을 때렸던 것이지요. 지금은 유명 목사님들이 워낙 장외 홈런을 자주 때려주시니 크게 자극이 안 되겠지만 당시 우리 학생들은 엄청난 분노에 휩싸였습니다. 신학과 학생회는 이에 당장 김 모 목사님을 알현(?)하러 갈 학우들을 모으기 시작했습니다. 교내에 붙은 대자보를 보고 있던 저도 얼떨결에 선후배들의 무리에 합류하였습니다. 우리는 약 40명쯤 되었고 버스를 몇 번 갈아타며 집회 장소로 향했습니다. 도착해 보니 현장에는 이미 교회 측에서 고용한 용역들과 전경들이 겹겹이 스크럼을 짜고 정문을 막아서고 있는 게 아닙니까. 교회는 큰 길가에 있었는데, 사방의 도로는 이미 고용된 관광버스들로 성곽을 쌓고 있었기에 때 아닌 장관을 이루었습니다. 외부에서 시위 현장을 볼 수 없도록 미리 손을 쓴 것이지요. 이미 시위대는 수적인 열세였고 누가 보지도 않는, 나 홀로 시위가 될 것이 뻔했습니다. 이에 시위대는 버스 틈새로 꾸역꾸역 들어가서 피켓을 들고 김 모 목사와의 평화적인 접선(?)을 시도했지만 전경들이 길을 비켜줄리 만무했지요. 평화적 접선이 좌절되자, 한 선배가 외쳤습니다.

"뚫어엇!"

몇몇은 방패를 빼앗아 보려고 실랑이를 벌이고, 몇몇은 방패에 찍

혀서 선혈이 낭자했습니다. 몸집 좋은 선배들은 앞서서 차례로 몸을 날려 보았지만 5겹으로 방패를 들고 있는 전경들을 어떻게 뚫겠습니까. 아우성을 치는 정신없는 상황인데 순간 사방이 조용해집니다. 영화에 보면 주변은 시끄러운데 갑자기 조용해지는 순간이 있잖아요, 딱 그런 느낌입니다. 이 땅의 교회란 무엇인가. 신학을 공부한다는 것이 무엇인가. 내가 앞으로 나가야 할 길은 어디인가. 막막하고 아득한 심정으로 하늘을 봅니다. 자꾸 흐르는 눈물을 닦아 내면서 말이지요. 하필 먹구름이 끼었네요.

다음날 학교에 가 보니 한 친구가 신문을 들고 달려왔습니다. 아뿔싸, 「기독교신문」 1면 중앙에 제 얼굴이 박혀 있네요. 피켓을 들고 하늘을 올려다보며 눈물을 흘리고 있는 장면입니다. 마음이 복잡미묘했습니다. 얼떨결에 따라갔던 집회에서 대표사진을 찍고 오다니, 그것도 대형 교회를 까는 집회에서 주동자인 것처럼 나왔으니 말입니다. 신문에 얼굴이 난 이후, 학교에서는 종종 알아보는 사람들이 생겨나기 시작했습니다. 한 교수님은 수업시간 후에 격려를 해 주시기도 했지요. 저는 그다지 의식 있는 신학생도 아니었고 그 집회를 주도한 사람도 아니었기에 사람들의 격려가 부담스럽기만 했습니다.

그러나 그날 이후 교회를 바라보는 관점이 완전히 새롭게 변했습니다. 그리고 유독 당시에 크고 작은 교회 발 사건들이 터지기 시작했습니다. 돈 문제, 성추행, 비리, 금권 선거 등등. 수없이 많은 뉴스를 통해 이 악질적인 종교 장사가 어떤 식으로 돌아가는지 알게 되었습니다. 소식들을 접할 때마다 제 마음은 슬픔을 넘어 날카로운 분노의 칼을 품었습니다. 가슴은 식고 목회의 소명은 더 이상 저의 갈 길이 아닌 듯했지요. 혼란스럽고 답답한, 그리고 아무런 대안이나 출구가 없는 절망 가운데 급기야 저는 심각한 영적 기아 상태를 맞이했고 도망치듯 입대하고 말았습니다.

십수 년이 흐른 지금, 이제 교회가 종교 장사를 하고 있음은 공공 연하게 드러난 사실입니다. 목사들도 문제지만 성도들도 문제입니다. 교회를 욕하지만 막상 진짜 복음을 전하며 십자가를 함께 지기로 권면 하면 부담스러워 합니다. 편한 종교시설, 안락한 서비스가 제공되는 대형 교회를 선호하는 대중적 심리를 어디서부터 타락이라고 말해야 할지 모르겠습니다. 수많은 사람들이 한국교회를 바라보며 개탄을 금 치 못합니다. 그리고 이 모양 저 모양으로 문제점을 분석하고 대안을 제시하거나 다양한 주장을 하고 있지요. 그럼에도 솔직히 한국교회가 좀처럼 변화되지 않을 것 같은 절망감이 더 앞서곤 합니다. 문제를 깨 닫고 교회를 떠나는 사람은 많지만 문제를 제기하면서도 끝까지 교회 를 포기하지 않는 사람은 소수입니다. 살아가는 데 크게 지장이 없기 때문입니다. 교회는 그저 일주일에 한 번, 일요일 날 한 시간쯤 앉았 다가 오는 곳이니까요. 설교 시간에 목회자가 헛소리 안 하고 나를 귀 찮게 안 하는 정도면 만족하는 겁니다.

세월은 지나가고 더 나은 삶을 바라지만 여전히 우리의 생은 벅찹 니다. 앞으로도 그럴 것이지요. 그리고 교회는 그 힘겨운 우리의 생의 자리에서 점점 더 멀어지고 있습니다. 종교적 교회에 대한 회의를 핑 계 삼아 정말 교회를 사랑하고 염려하는 진심 어린 마음마저도 저버린 다면 내일의 교회는 어찌해야 할까요. 젊은 날, 아파했던 그날이 떠오 릅니다. 참혹한 현실을 처음 맞이했을 때의 그 순수함도 이제 잃어버 린 것 같습니다. 그래서 더욱 진한 슬픔이 눈가에 젖어듭니다. 어찌해 야 할까요. 오 자비하신 하나님, 교회를 긍휼히 여기소서!

할머니의 교회 신앙

"성균아. 목사님께 잘해야 복 받는다. 알겠지?"

할머니는 주보 한 뭉치를 또 꺼내십니다.

"이거 우리 목사님이 챙겨주신 건데, 매번 얼마나 감사하니 정말."

예전에 다니던 교회 목사님께서 이사 온 뒤로도 달력이나 주보를 부쳐주신다며 할머니 댁에 갈 때마다 꺼내어 자랑하십니다.

"그러네 할머니. 참 감사하다."

이렇게 대답을 하고 돌아서면서 씁쓸합니다. 할머니는 교양 있고 고상한 분이십니다. 그리고 참 고집이 세셔요. 서울에서 둘째가라면 서러울 정도로 돈 많은 부잣집 딸이었고, 집안이 개방적이었는지 일찌 감치 신학문을 접하셨습니다. 심지어 할머니는 고등학교 때 처음 교회를 나가셨습니다. 반면, 소학교 출신의 우리 할아버지는 보수적인 유교 집안 출신으로 할머니의 신앙생활을 용납하지 않으셨습니다. 할머니는 6.25 사변 피난길에 아버지를 낳고, 아버지를 들쳐 업고 교회에 나가셨던 것이 마지막이었다고 하셨습니다.

제가 초등학교 4학년 때 할머니에게 이름 모를 병마가 찾아왔습니다. 의사도 원인을 모르는 희귀병이었는데 머리가 깨질 듯 아파서 아무것도 하실 수 없는 중병이었습니다. 이때 일주일 내내 찾아오셔서 안찰기도를 해 주신 목사님이 계셨는데 할머니는 이를 계기로 씻은 듯 병이 나으신 것이지요. 그리곤 얼마 지나지 않아 꿈에서 눈부신 빛이 다가와 당신 몸에 눌려 있는 엄청나게 큰 나무 십자가를 지고 가셨다고 하며, 아마 그게 예수님이신 것 같다고 하셨습니다. 어릴 적 할머니가 제게 몇 번씩 말씀하셨던 내용이라 아직도 생생합니다. 우리 집은 이렇게 할머니를 통해 신앙의 문이 처음 열렸습니다. 제가 교회생활을 시작하게 된 계기도 바로 그 때문이고요. 저는 첫 손주로 할머니의 사랑을 많이 받고 자랐고, 할머니의 신앙에도 많은 영향을 받았던 것 같습니다. 불신자였던 아버지를 놓고 매일 새벽 눈물을 쏟아내시던 모습, 지난밤 꿈에서 본 찬송가라며 펼쳐 놓고 부르시던 음성이 아직도 생각납니다. 제가 신학교에 가겠다고 했을 때 가장 크게 기뻐해 주셨던 분도 할머니시고요. 결국 할머니의 기도로 우리 집은 모두가 예수님을 영접하게 되었습니다. 할아버지를 전도하신 건 아버지십니다. 집안 전체가 예수 믿는 데 20년이 넘게 걸렸습니다. 아니, 할머니 반평생이 걸렸다고 해야 하겠습니다.

할아버지가 아흔을 넘기시고 할머니가 여든 여덟이 되시던 해, 장보러 다녀오시던 할머니가 넘어지셔서 고관절이 부러진 일이 있습니다. 그 일을 계기로 우리 엄마는 두 분을 다시 모시기로 했습니다. 손주가 둘이나 있는 할머니(우리 엄마)가 또다시 할머니를 모시게 된 겁니다. 병원에 한동안 입원하셨을 때 두 번쯤 병문안을 갔는데 그때마다 이사 가는 게 싫다고 하셨습니다. 이유는 교회 때문입니다. 안찰기도를 해 주신 그 목사님과 함께 평생 교회를 섬기고 헌신해 오셨으니까요. 할머니는 목사님께 때마다 김치를 해서 드리는 등 이모저모로 지극정성이셨습니다. 할머님의 은인이신 목사님은 목회도 건강하게 하시고 특별히 어르신들을 잘 섬기는 인품 좋은 분이십니다. 그러니 할머니의 심정이 충분히 이해가 되었습니다. 평생을 함께해 온 목사님과 성도들을 어찌 떠날 수 있겠습니까.

문제는 이사 온 뒤부터입니다. 교회가 멀어지니 이제 부모님과 함께 가까운 교회에 출석하기로 하신 할머니께서 교회를 안 가시는 겁니다. 이 문제로 몇 번의 갈등이 있었는지 어머니는 스트레스가 이만저만이 아니셨습니다. '노인네라 폐 끼치기 싫다', '이제는 몸이 안 움직인다' 등의 핑계로 주일을 자꾸 빼먹으시며 억지로 교회를 떠난 속상함을 은근히 시위하시니 말이지요. 결국 제가 나섰습니다. 할머니를 설득해 보려고요. 하지만 결과는 좋지 않았습니다.

그날 저는 할머니와 한참을 이야기하다가 적잖은 충격을 받았습니다. 할머니께서 신앙이 없는 사람처럼 절망적인 상태로, 그 마음이 불만과 미움과 같은 감정으로 가득 차 있다는 사실을 발견한 것입니다. 그래서 쓸모없는 노인네는 빨리 죽는 게 좋겠다는 등의 이야기를 하시더라고요. 유일하게 눈이 반짝이시는 대목은 주보나 달력을 꺼내 보이실 때였습니다. 교회가 뭘까, 목사가 무얼까. 속이 많이 쓰려 왔습니다. 평생 말씀과 기도로 신앙생활을 해 오신 분에게 남아 있는 소망이 고작 주보와 달력이라니요. 할머니는 그 교회를 떠나서는 예수님도 성경도 소용이 없는 것이었습니다.

너무 거창한 기대를 했을까요. 어르신들의 신앙은 다 그런 것이라고 치부해도 될까요. 그러기엔 피붙이 할머니의 모습에 가슴이 많이 무너집니다. 한참 잔소리를 했습니다. 할머니한테 실망이라고, 나는 할머니의 신앙을 물려받았다고 생각했는데, 이러면 나는 어떻게 하냐고 말입니다. 물론 얼마든지 인간적인 마음으로는 다 이해가 됩니다. 30년 넘게 함께해 온 교회와 목사님을 떠난 심정이 오죽 하실까요. 반대로 30년 넘게 신앙생활을 해도 아무것도 남지 않을 수도 있다는 두려움과 씁쓸함이 묵직하게 가슴을 쓸어내립니다. 다만 주님께서 그 씁쓸한 뒤안길을 지나 당신의 품에 할머니를 끌어안아 주시기를 기도합니다.

'목사님께 잘해야 복 받는다.'

교회 어르신들로부터 많이 들어왔던 이야기입니다. 비교적 할머니의 스토리는 아름답습니다. 그토록 그리움의 대상이며 은인으로 남아 주신 목사님께 진심으로 감사드립니다. 그럼에도 안타까운 건, 대부분의 교회가 참된 신앙을 가르치는 데 실패하고 목사 중심적 신앙으로 치우쳐 버린 현실때문입니다. 이 아이러니한 마음을 어찌 설명할까요.

예배당? 연애당!

결혼을 하고 나니, 청년들이나 친구들이 도대체 네가 어떻게 이런 자매를 만나 결혼을 했냐고 묻습니다. 개털이고 인물도 별로인데 비결이 뭐냐는 거지요. 아내에게도 대체 왜 이 사람하고 결혼을 했는지, 무슨 각오를 한 것인지에 대한 질문을 합니다. 알려드리겠습니다.

비결은 단 하나. 'LH국민임대아파트.'

저는 이 임대 아파트라도 없었다면 결혼 못 했을 가능성이 큽니다. 살 집이 없었더라면 집을 마련할 여력이 되지 않아 하염없이 연애만 했을 수도 있습니다. 결혼 2년 전, 어머니께서 제 이름으로 부어놓으셨던 청약저축으로 임대아파트를 신청하여 당첨이 된 것입니다. 자, 여기까지 읽으신 청년들 중에 주택청약이 없는 분들은 책을 덮고 은행으로 가십시오. 그다음은 비결을 들으셔도 됩니다. 다녀오셨나요? 이제 진짜 비법을 공개합니다.

1. 거룩함보다는 진실함이 낫다

거룩함은 연애에 하나도 도움이 안 된다. 이 말을 오해하지 말라. 거룩함을 추구하지 말라는 게 아니다. 자기를 거룩하게 포장하는 것이 서로에 대한 심각한 오해를 낳는다는 말이다. 지금 당장 안 되는 것을 상대방에게 요구하거나 지금 당장 살고 있지도 않은 삶을 요청하지 말라. 연애하고 결혼하면 살 수 있을 것이라는 생각을 버리라. 안 하던 성경 묵상이나 기도를 같이하자고 하지 말라. 거룩은 그런다고 생성되지 않는다.

영적이고 신실한 사람을 만나고 싶다면 먼저 그런 사람이 되라. 이 세상에 영적이고 신실한 사람은 많다. 그러나 영적이고 신실한 배우자는 거의 없다. 자기를 신앙으로 이끌어 주리라는 기대를 버리라. 홀로 서야 한다. 결혼하면 이게 무슨 말인지 안다. 영적으로 보인다고? 대부분 포장이다. 자신이 가면을 쓰고 있는지도 모르다가 결혼을 해 보면 다 들킨다. 자기 자신에게도 놀라기 마련이다.

거룩한 배우자를 만나려면 포기할 것을 생각하라. 거룩을 추구하면서 돈도, 집도, 명예도, 지위도 있어야 한다고 말하는 것은 이율배반이다. 내 안에 있는 욕망이 무엇인지도 모르면서 거룩으로 포장하지 말라. 그렇다고 신앙보다는 돈이 최고라고 저렴하게 떠들지 말라. 그러다가 진짜 저렴한 사람 만난다.

청년의 유일한 영성은 진실함이다. 하루 종일 불안하고 마음이 어디로 튈지 모르는 시기다. 그것을 진솔하게 나누고 들으며 용납하는 것이 훨씬 더 성숙한 영성이다. 솔직해지라. 거룩함보다 진실함이 낫다.

2. 무능함, 무기력함을 '영적 매력'으로 착각하지 말라

세상 물정 모르는 것을 신앙이라고 착각 말라. 자기 부인, 예수님 닮는 삶이 속세를 떠나 교회에 모여드는 것이라고 생각 말라. 아무리 교회 중심적인 삶을 살아도 노력 안 하는 삶을 축복하시는 일은 없다. 신앙을 가진다는 말은 삶을 느슨하게 살아도 된다는 말이 아니다. 일을 안 하면 돈을 못 벌고, 돈을 못 벌면 생계를 유지하지 못한다. 연애나 결혼에는 책임이 따른다. 예수님처럼 살고자 하면 끝까지 독신으로 살든지, 결혼을 하려거든 열심히 일을 해라. 어느 통계를 보니 결혼하려면 2억 5천인가의 돈이 있어야 한다는데, 그런 통계에 위축되지 말고 착실히 준비하라. 나도 결혼했다.

3. 성적 욕구를 터부시하지 말라. 더 대화하라

성적 욕구가 일어나는 것 자체를 죄악시하고 정죄하지 말라. 생각하지 안으려고 할수록 더 생각난다. 젊은 날의 성욕은 성령님도 다스리기 쉽지 않다. 아니 둘은 사실 대치되는 개념이 아니다. 하나님이 인간에게 주신 최고의 선물 중 하나가 바로 성(性)이다. 성적 욕망 자체를 죄로 치부해서는 안 된다. 음지에 둔다고 문제가 해결될 수 없다. 연애 가운데 성적 욕구를 대화로 승화시키는 건강한 과정을 거치라. 성적 욕구에 솔직해지고 더 많이 대화하라. 젊은 날에 서로의 이런 욕구를 잘 이해하고 공감하며 그 가운데 서로의 책임과 경계를 설정할 수 있다면 그것만큼 성숙한 태도도 없다.

4. 기도하며 기다린다고 나타나지 않는다. 찾아 나서라

기다린다고 절대 사람이 나타나지 않는다. 찾아 나서지 않으면 기회도 없다. 결혼을 위해 구체적으로 기도하면 하나님이 그런 사람을 만나게 해 주신다는 미신을 버리라. 많은 누나들이 노트에 리스트 적어가며 기도했지만 전혀 딴판인 사람하고 결혼하더라. 기도는 할 수 있겠지만 하나님을 곤란하게 만들지 말라. 대신 찾아 나서라. 찾아 나서야 내가 어떤 사람을 좋아하는지 알 수 있다. 기도 무용론이 아니다. 자기 환상에서 빠져나오라는 말이다. 기도로 허황된 꿈을 가지기보다 직접 부딪히며 사람을 만나고 관계하는 것이 훨씬 더 좋은 지름길이다. 소개팅도 나가고 데이트 앱도 깔자. 더 많은 사람들의 조언도 들어 보자.

5. 하나님과 목사에게 책임 전가하거나 허락받지 말라

제발 연애나 결혼에 하나님 응답받지 말라. 서로 좋으면 만나고 끝까지 책임질 것이면 결혼하라. 그리고 자기 결정에 자기가 책임을 지라. 연애 시작할 때 좋다가 헤어질 때, 하나님 핑계 대는 치사한 짓도 하지 말라. '기도해 보니까'라는 말 좀 제발! 하지 말라. 평생 사랑하기로 작정하고 하나님과 사람들 앞에서 약속하는 것이 결혼이다. 왜 내가 선택하고 책임질 것을 하나님께 떠넘기나. 평소에는 말씀에 순종하지 않다가 왜 이럴 땐 하나님과 목사님을 무당 만드나. 자꾸 확인하고 싶고 의심이 되면 자기 사랑을 의심해 보라.

목사한테 승인받지 말라. 이성교제 금기시하는 분위기, 목사가 짝을 골라주고 결혼 승인하는 분위기, 이거 다 건강하지 못한 교회다. 그런 교회에서 신앙생활도 해 봤다. 이상하게 이성교제를 금지하는 교회가 부흥이 되더라. 하지 말라면 더 하는 인간 속성을 파악한 신종 부흥 비법인가 싶다. 젊은 날 시행착오는 좋은 공부다. 교회가 그것을 막을 어떤 권한도 없다. 연애하다가 헤어지고 교회를 떠나면 어떻게 하냐고? 그럼 조심만 하다 늙어 죽을 때까지 결혼 못하는 건 교회가 책임지나? 말도 안 되는 이야기다. 젊은이들에게 교회에서 연애하지 말라고 겁주지 말라. 그렇지 않아도 결혼이 힘든 시대에 도대체 어쩌란 말인가. 안 믿는 사람과 멍에 매지 말라며, 교회 내 연애도 금지하면 어쩌라는 말인가.

청년들의 헌신 강도가 높은 교회는 이성 교제하는 사람을 영적 하수로 취급하는 경향이 있다. 이런 교회를 향해 꼭 하고 싶은 말이 있다. 다 좋은데 인생의 계절마다 하나님께서 섭리하신 상식적인 일들이 있다. 여기에 순종하는 사람이 승자다. 인생의 계절마다 어울리는 옷이 있다. 물론 나이 먹어도 결혼할 수 있다. 하지만 교회와 주님께 헌신한다고 결혼을 미루거나 늦추지 말라는 이야기다.

이 정도로 비법 전수를 마칩니다. 옛날에 교회 어른들이 입버릇처럼 '예배당이 연애당이냐?'하고 호통을 치셨던 시절이 있었습니다. 연애하러 교회 오냐는 꾸짖음이지요. 저는 그 말 그대로 반박하고 싶습니다. 예배당이 연애당입니다. 결혼은 인생에 있어 가장 중요한 만남이기 때문입니다. 교회에 와서, 예배당 안에서 좋은 사람을 만나려는 의도는 굉장히 훌륭한 신앙입니다. 주님께서는 결혼을 통해 희생과 용서, 조건 없는 사랑과 같은 주님의 성품을 더 깊이 드러내신다는 것을 기억해 볼 때, 주님의 영광을 깊이 드러내는 위대한 도구가 결혼이라는 것을 생각할 때, 교회가 연애당이 되게 해야 합니다. 건강하고 진솔한 연애를 통해 하나님의 영광이 드러나는 결혼으로 열매 맺는 연애당이 되게 합시다.

바다에 나갈 때는 일주일을 기도하라. 전쟁터에 나갈 때는 한 달을 기도하라. 그러나 결혼에 대해서는 평생을 기도해야 한다._ 영국속담

노동의 영성

군 생활을 마친 후, 제가 생각할 수 있는 경우의 수는 다음과 같았습니다.

1. 대학원 진학 – 전도사 사역 – 인턴을 하다가 목사안수
2. 대학원 진학 – 영어 열공 – 외국 유학 – 학위, 그 와중에 목사안수
3. 대학원 진학 – 은혜가 강하게 임함 – 선교훈련 – 선교사 파송

3번은 좀 꺼려졌고 2번은 제 머리로는 쉽지 않을 것 같고, 아마도 1번이 유력했습니다. 하지만 제 인생은 계획에 없던, 전혀 상상하지 않았던 방향으로 흘러가고 말았습니다. 많은 사람들이 군 생활이라는 고난 속에서 주님을 만나는 신앙 체험을 하곤 합니다. 그러나 입대 전 유독 한국교회에 대한 실망과 시니컬한 시선으로 냉랭해진 제 마음은 좀처럼 따뜻해지지 않았습니다. 방황과 고통의 시간을 보냈습니다. 아우성치며 주님을 찾았지만 영혼의 겨울은 계속되었습니다. 전역 후에는 과연 다시 예전의 신앙으로 돌아갈 수 있을까 하는 의구심과 더불어 스스로에 대한 실망감이 컸습니다.

그러던 중 한 교회를 만나고 하나님 말씀 가운데 영혼이 회복되는

귀한 체험이 있었습니다. 그와 동시에 여러 가지 신앙의 난제와 또 다른 차원의 밤으로 진입하였지만 그것은 나중에 알았습니다. 아무튼 당시 담임목사님께서 한 가지 제안을 하셨습니다. 3년 정도, 직장생활을 권유하신 겁니다. 제가 섬겼던 교회는 하나님 나라의 비전과 복음, 영혼과 교회에 대대 굉장한 열심을 내었던 공동체입니다. 그래서 당시엔 평신도 리더십을 가지고 교회를 섬기는 일이 좋은 경험이 될 것 같았습니다. 그래서 한 번도 경험해 보지 않은 직장생활을 해보기로 마음먹었습니다. 부푼 꿈을 안고 구인 사이트를 열었습니다. 결국 모든 조건을 맞춰 보니 제가 할 수 있는 일은 '학습지 교사'뿐이었습니다. 나름 잘 맞는 것 같았습니다. 교회생활에서 습득된 눈웃음, 아이들이나 어머니들을 상대하는 데 전혀 어려움이 없는 능수능란한 언변으로 이 업계를 평정해 보겠다는 야심도 품었습니다. 무엇보다 이렇게 만나는 고객들이나 학생들에게 복음을 전하는 전도자가 되리라는 소망을 품었습니다.

학습지 논술 교사로 학생들의 집을 돌아다니는 일은 쉬운 게 아니었습니다. 무더운 여름이나 살을 에는 겨울에도 책을 잔뜩 넣은 가방을 들고 돌아다녀야 했습니다. 말 안 듣는 아이들도 있었지요. 하지만 이런 것들은 견딜만했습니다. 가장 힘든 일은 수금과 스케줄 관리입니다. 당시에는 계좌이체보다 교사가 직접 수금을 하고, 회사는 교사들에게 수납하는 방식이 대부분이었습니다. 그래야 월급이 나오는 구조입니다. 돈 계산이나 관리가 서툴렀던 터라 못 받은 돈을 제 사비로 털어 넣고, 나중에 찔끔찔끔 돈을 받곤 했습니다. 게다가 갑자기 수업이 펑크 나거나 아이들과 가정의 사정이 생기면 5명씩 모아서 한 번 하면 끝날 수업을 보충까지 3~4번을 해야 했습니다. 꼼꼼하고 섬세한 매니

지먼트의 고수들이 감당할 수 있는 일이었습니다.

2년간 일하고 나서 그만두었습니다. 일도 제대로 못하고 돈도 제대로 못 벌고, 무엇보다 점점 왜 이 일을 계속해야 하는지 몰랐습니다. 그럼에도 다른 일을 도전하기로 했습니다. '하나님! 나를 왜 이런 현장에 집어넣으셨습니까? 나 그거 좀 알고 싶어요'하는 질문도 끈질기게 저를 따라다녔지만 일단 일을 해야 했습니다. 먹고살아야 하니까요. 제가 경험했던 일들은 대략 이렇습니다.

1. 몸으로 때우는 일 : 막노동, 우유배달, 신문배달 등
2. 세일즈 : 보험회사 대면, 텔레마케터, 정수기, 영어교재, 마케팅 등
3. 교육 : 학습지, 영재교육원, 속독, 보습학원 등

3년을 예상하고 시작한 직장생활이 약 10년 동안 이어졌습니다. 그런데 돌아보면 제대로 했던 일이 하나도 없는 것 같습니다. 대부분 실패의 연속이었으니까요. 육체노동은 체력이 딸려 너무 피곤했고, 세일즈는 귀가 솔깃해져 대박날 것처럼 시작했다가 멘탈이 털렸습니다. 무엇보다 돈 욕심이 없어 끝까지 버티기 힘들었습니다. 학원에서 아이들 가르치는 일도 쉽지 않았습니다. 무엇을 도전해도 해낼 수 있겠다는 자신감이 아니라 무엇을 해도 실패하리라는 좌절감만 남았습니다. 가장 어려운 일은 직장생활을 하며 신앙적 가치관으로 산다는 것이었습니다. 이 땅의 아버지, 어머니들이 얼마나 힘들게 돈을 벌고, 이 땅의 신자들이 얼마나 치사하고 더러운 일을 감당하며 이를 악물고 하루를 사는지 뼛속까지 경험하게 되었습니다. 그러면서 저는 미아가 된 것 같았습니다. 야심차게 시작하여 세상을 복음으로 집어삼킬 것 같았지

만, 복음은커녕 제가 잡아먹히게 생겼다는 것을 알았습니다. 그러면서도 아무 열매도 없이 신학교로 터덜터덜 돌아가는 건, 그동안 남들이 공부하고 사역에 쏟은 시간을 낭비하였다는 것을 인정하는 꼴 같아 자존심이 상했습니다. 그러다 깨달았습니다. 사람들이 대부분 이렇게 마지못해 살아가고 있다는 것을요. 그리고 기약 없는 하루를 버티고 견디며 힘겨운 사투를 벌이고 있다는 것을 말이지요.

교회는 그리스도인의 직장생활에 대해 이러한 모범 답안을 제시하곤 합니다. '타의 모범이 되고, 탁월한 업무 능력으로 그리스도인의 위상을 높이며, 모든 영역에서 성경적 가치가 드러내며 복음의 전도자로 서는 것.' 그러나 10년의 직장생활이 깨닫게 해 준 실체는 이렇습니다. '이번 달에는 월급이 제대로 나오려나. 다음 달 카드비는 어떻게 해결해야 하나. 혹시 해고되는 건 아닐까. 교회랑 직장 사이에서 가랑이 찢어지겠다. 또 지각이다. 아, 다 때려 치고 싶다.'

왜 저의 삶은 모범 답안에서 멀어지기만 했을까요. 숱한 고민의 나날들을 지나오며 깨닫게 된 사실이 있습니다. 교회라는 울타리와 신학 서적들이 즐비한 책상머리에서 습득된 신앙보다 깨지고 터지는 그 실패의 자리가 적어도 저에게는 필요했던 것이지요. 앞서 말씀드린 대로 새끼 괴물이 되어 종교적 신앙으로 점철되었던 저의 젊은 시절은 이렇게 부서지고 철저히 무너져 내렸습니다. 건설적으로 보면 노동 안에서 아무런 영성을 발견한 흔적이 없는 것도 아닙니다. 아이러니하게도 그 깨달음은 일하는 이유나 정체성 찾기 따위를 멈췄을 때 찾아왔습니다.

우유배달을 할 때의 일입니다. 사역과 동시에 보습학원 일도 하고 있었기에 몇 시간을 못 잔 상태에서 새벽에 일어나는 게 정말 힘들었습니다. 몸이 따라주지를 않았습니다. 제가 맡은 동네는 대부분 계단으로 오르내려야 하는 빌라 단지였습니다. 5층 꼭대기에 우유 하나 빼먹고 왔을 때의 기분을 아시는지요. 다시 올라가기가 죽기보다 싫었습니다. 그 당시 저는 너무 힘들어서 성경이나 하나님을 그냥 잊고 살았습니다. 아니 생각이란 것을 할 겨를과 여유가 없었어요. 고단한 하루의 삶을 겨우 이어 가다가 문득 내가 하나님을 잊고 살았다는 것을 떠올리면 가슴 깊이 피눈물을 흘렸습니다. 그러던 어느 날, 배달이 제법 익숙해졌을 때입니다. 일을 마치고 새벽 어스름이 거의 다 걷힐 때쯤, 머리에서는 김이 나고 옷에 배인 땀내가 시큼하게 올라옵니다. 우연히 아파트 유리문 앞을 지나는데 낯선 누군가를 본듯싶어 다시 그 자리에 섰습니다. 낯선 사내는 바로 저였습니다. 제법 능숙한 우유배달원의 모양새를 하고 있었습니다. 별 것도 아닌 일이지만 이 일에 몸이 익어 버린 모습이 낯설었던 모양입니다. 그런데 이내 마음 저 깊은 곳에서 어떤 희열과 만족감이 올라오는 것을 느꼈습니다. 신기한 느낌이었습니다. 신나게 축구를 하고 땀을 흠뻑 흘렸을 때 느껴지는 쾌감도, 두세 시간 철야기도 끝에 은혜의 단비를 흠뻑 누릴 때의 감격도 아닌 그 무엇. 그건 그저 우유배달원이 우유배달을 마쳤을 때 느끼는 보람이자, 일 자체가 주는 기쁨이었습니다. 당시 정의 내릴 수 없었던 이 깨달음을 팀 켈러(Timothy J. Keller)가 『일과 영성』에서 이렇게 멋지게 정의해 주었습니다.

> 복음으로 단련된 눈을 가지면, 친히 지으시고 부르신 인간들을 통해 하나님이 행하시는 일들, 소젖을 짜는 지극히 단순한 행위에서부터 더할 나위 없이 고상한 예술적, 또는 역사적 업적에 이르는 모든 일에서 비롯된 영광에 휩싸인 세계가 보인다.

진리를 찾아서_ 교단 탐험기

　10년의 직장생활은 전혀 뜻밖이었습니다. 제게는 또 다른 뜻밖의 여정이 있는데 다양한 교단과 신학, 그리고 교회를 섬겼던 시간들입니다. 서른 중반 즈음, 인생에는 계획과 예측이 별 소용없다는 것을 깨달았습니다. 이것을 고상하게 신적 수동태라고 부르더군요. 저는 감리교회 두 곳에서 신앙생활과 사역을 하였고, 개혁주의 장로교회 두 곳과 독립교단의 교회를 섬길 기회가 있었습니다. 은사와 체험, 말씀과 하나님 나라 공동체, 선교와 다음세대 등 전혀 다른 강조점을 가진 교회를 거쳐 지금은 침례교회의 목사입니다. 참 다양하지요. 너의 정체성이 무어냐고 물으셔도 좋습니다. 한편으론 잃은 것도 많지만 누구도 얻을 수 없는 보물을 얻기도 했습니다. 분명한 것은 제가 원해서 이런 여정을 걸어온 것은 아니라는 점입니다. 교단 탐험기를 시작해 볼까요?

모태를 벗어나 칼뱅주의자로

　처음 섬겼던 교회, 그리고 회심한 곳은 감리교회입니다. 신학교를 가야겠다고 마음먹었고 당연하게 감리교신학대학교에 진학했습니다. 요즘은 감리교라고 하면 먼저 사회 참여나 인권 운동 같은 이슈를 떠올리지만 사실 제가 섬겼던 교회들은 지극히 평범한, 보통의 교회였습니다. 성도의 교제가 풍성했고 따뜻했습니다. 저는 감리교회의 속회제도를 참 좋아했습니다. 물론 속회의 원론적 측면에서의 호감이지요. 속회는 감리교의 창시자인 존 웨슬리(John Wesley)로부터 시작된 소그룹 신앙 운동입니다. 속회원들은 모임을 통해 자신들의 영적 상태를 고백하고 나눔으로써 상호간에 영적 성숙을 독려합니다. 웨슬리 신학의 꽃을 '성화와 완전'이라는 관점으로 본다면 이론과 실천이 아주 적절히 배합된 제도라고 할 수 있겠습니다. 개인 경건과 상호간의 협동적 영성훈련에도 힘쓰지만 특별히 속회 운동은 가난하고 병든 자, 소외된 자, 사회적 약자들에게 자비와 선행을 힘쓰는 적극적인 사회 구원 활동으로까지 이어졌습니다. 이 속회를 통해 18세기 영국 사회가 변화되는 사회성화 운동으로 번졌다는 점에 강력한 매력을 느꼈습니다.

학부 시절, 선배들은 신학 공부를 깊이 하다 보면 점차 자기 신학을 찾아가게 된다고 했습니다. 그러나 저는 공부를 깊이 하지 않았고, 학부 4년 동안 신학적 담론을 깊이 파고든 적도 없습니다. 리포트를 잘 써 내고 시험을 잘 치루는 것만으로도 충분했습니다. 그럼에도 제 안에는 항상 갈급하고 해결이 안 되는 질문들이 있었습니다. 성경을 봐도 소용이 없고, 오히려 더 혼란스럽기만 했지요. 그런 신학적 난제들은 삶 속에서 어려운 난관이 닥쳤을 때 더욱 저를 힘들게 했습니다. 학부 1학년 때 전도사님이셨던 양용직 목사님께서 해주신 말씀이 기억납니다. "고민하라. 질문하라. 아파하라." 실제로 그랬습니다. 그게 딱 저의 상태였거든요. 특히 교회와 신학교 사이의 지성과 영성의 간극은 어떤 것으로도 메꾸기 어려웠습니다.

교회를 중심한 저의 신앙은 기도와 영적 체험을 중심으로 형성되어 있었습니다. 성경은 체험을 뒷받침하고 확인하는 도구였지요. 성경을 꿈으로 꾸기도 했으니 영적인 세계가 심오하게 열린 듯했습니다. 하지만 귀에 걸면 귀걸이, 코에 걸면 코걸이 식으로 성경을 보았던 것을 부인할 순 없습니다. 지극히 나 중심으로 보았지요. 신학교에 가니 이런 것들이 와장창 무너지고 말았습니다. 이런 저에게 획기적인 전환이 일어나게 되었습니다. 그것은 바로 성경의 하나님을 만난 일입니다. 영적인 사경을 헤매던 군 생활 말미에 전혀 엉뚱한 계기로 찾아온 만남이었습니다. 이것이 개혁주의 장로교회와의 첫 만남입니다. 저는 이 때부터 성경의 구속사, 하나님 나라, 언약의 신학적 문맥을 접하게 되면서 나에게 집중되어 있던 신앙의 눈을 비로소 그분께로 돌리게 되었습니다. 내가 누구냐, 내가 경험하는 이 인생이 무엇인가라는 질문에서 하나님은 누구신가, 특별히 성경의 하나님이 어떤 분이신가에 매료되기 시작했던 것입니다.

이것을 소위 아래로부터의 신앙에서 위로부터의 신앙으로의 전환이라고 불렀습니다. 당시에는 정말 미친 듯이 성경을 파고들었습니다. 그러던 도중 하나님을 만났습니다. 말 그대로 만났습니다. 그런데 그 체험은 환상이나 계시도 아니고 꿈도 아닙니다. 바울이 삼층천에 올라간 것 같은 체험도 전혀 아닙니다. 그저 무릎 꿇고 성경을 하릴없이 읽다 보면 어느 순간 하나님의 존재 앞에 서 있는 저를 발견했습니다. 때로는 하나님의 말씀과 위엄 앞에 도저히 서 있을 수 없어 떼굴떼굴 구르기도 하고 때로 몇 시간 동안 성경에 얼굴을 파묻고 울기도 했습니다. 성경 곳곳에 드러난 하나님의 성품과 마주할 때, 제 안의 만들어진 신, 내 감각이 추정하는 신이 부서지기 시작했습니다. 그때마다 저는 바닥에 납작 엎드려 찌그러지는 것 같은 무게감을 경험했습니다. 하나님의 눈부신 영광 앞에 서 있는 한없이 작고 초라한 죄인의 실존이 얼마나 까마득한 거리를 두고 있는지 감각되었기 때문입니다. 그럼에도 이 말도 안 되는 간극을 예수 그리스도께서 단번에 좁혀 버리시고 화해를 이루셨다는 사실을 도대체 어떻게 설명할 수 있을까요. 그때부터 저의 눈과 마음으로 보던 세상이 하나님의 눈과 마음으로 보이기 시작했습니다. 주체할 수 없이 쏟아지는 하나님의 마음을 가슴에 다 담을 수 없어서 길을 가다가도 눈물을 줄줄 흘리곤 했습니다. 참 귀하고 소중한 기억입니다.

안타깝게도 그 전환점은 동시에 감리교와의 이별을 의미하기도 했습니다. 구원론에 있어 절대 합치될 수 없는 지점이 있었기 때문입니다. 물론 웨슬리와 알미니우스의 공통점은 구원에 있어서 하나님과 인간의 합력설을 주장했다는 점 외에는 완연히 다릅니다. 하지만 저에게는 그것이 중요했습니다. 웨슬리의 구원론이 하나님의 선행적 은총(예정이 아닌 예지)에 인간의 의지가 반드시 더해져야 구원이 이루어진다는 주장이었기에, 저는 그것 하나를 받아들일 수 없었습니다. 작은 내용 같지만 그로 인해 상당히 많은 것들의 본질적 개념이 달라지기 때문입니다. 구원의 주권이 오직 하나님에게만 있다는 것을 믿는 것과 인간의 의지가 더해져야 한다는 측면을 인정하는 것은 정말 하늘과 땅만큼의 차이가 있습니다. 적어도 저에게는 그랬습니다. 솔직히 실존적으로 보면 구원이 어떻게 이루어지냐는 교리적 접근보다는 한 사람을 살리기 위해 복음을 선포하고 영접시키는 것이 훨씬 중요합니다. 결론적으로 칼뱅주의의 제한 속죄를 주장한다고 해도 우리가 하나님의 선택과 유기가 누구에게 주어진지 모르므로 표면적으로는 열심히 전도해야하는 건 똑같으니까요. 그럼에도 불구하고 이 문제가 중요했던 결정적이유는 구원론의 교리적 관점이 하나님의 성품에 지대한 영향을 주기 때문이었습니다. 하나님에게 있어서 인간을 구원하시는 것이 이 땅의 심판을 보류하실 만큼 가장 중차대한 일이라면, 아들의 피를 흘려 우리를 구원해 내시는 거라면 더욱 실패란 있을 수 없습니다. 만약 스스로 자유의지를 발동해서 복음을 거부할 수 있다고 하면 하나님은 모든 이를 사랑하시지만 구원하지 못하는 이상한 주장을 하는 분이 됩니다. 구원하고자 하는 자신의 자녀를 그 자녀의 자유의지를 존중하기 위해 결국 구원하지 못한다니 무능한 하나님이 아닐까요. 더 나아가 본인이 한 번 받아들인 구원을 본인의 자유의지로 다시 거부하면 구원이 취소된다고 말해야 합당합니다. 이것은 무엇보다 종교개혁의 전통 위에 우뚝 서 있는 칭의론 교리에도 맞지 않는다고 생각했습니다. 혹자는 이런 이의를 제기합니다. 사랑의 하나님이 어째서 어떤 사람은 선택하고 어떤 사람은 유기할 수 있는가. 그것도 하나님의 성품에서 어긋난다는 것이지요. 저는 여기에 이렇게 대답하고 싶습니다. 구원받을 만한 자격이 우리 모두에게 이미 없다고요, 그것이 우리와 하나님 사이에 이미 설정된 관계이고 그 책임이 타락한 우리들에게 있다는 점을 먼저 인식하자고요. 왜 하나님께서 우리에게 당연히 구원을 주셔야 할 것처럼 전제해야 할까요. 왜 하나님께 당신의 피조물을 무조건 구원해야 할 의무가 있을까요. 아니, 구원이 필요한 존재라고 스스로를 인식한다면 이미 구원은 당연히 받을 선물이 아닌 겁니다. 그렇지 않습니까. 하나님은 언제든 구원을 주실 준비가 되어 있고, 우리가 믿기만 하면 구원을 받는다면 이것 참 쉽습니다. 많은 믿지 않는 분들이 이렇게 말하는 것을 들어 보셨습니까. "나도 믿고 싶어요. 근데 안 믿어지는 걸 어떡하라고요." 맞습니다. 좋은 마음을 가지고 받아들여 보려고 해도 안 믿어진다는 것이지요. 그러므로 저는 구원에 있어서만큼은 하나님의 전적인 주권이 발동한다고 봅니다. 구원은 인간 편에서 자유의지를 발동시킬 성격 자체가 아닌 문제입니다.

각설하고, 어쨌든 이러한 과정을 겪으며 저의 신학적 정체성이 칼뱅주의적이고 개혁주의 노선을 따르고 있다는 사실을 깨달았습니다. 그동안 풀리지 않았던 난제들이 풀렸습니다. 아, 이제 방황이 끝났구나. 그러면 이제 장로교에 정착해서 제대로 공부를 해보자 라는 마음이 들었습니다. 그리고 열심히 사역을 하자 라고 생각했습니다. 착각이었습니다. 이제 막 방황이 시작된 것일 뿐이었습니다.

장로교회와의 만남, 그리고 심각한 오류들

앞서 1번에서 쓴 대로 저는 성경의 하나님을 만나며 소위 칼뱅주의자가 되었습니다. 이 소중한 과정을 경험했던 교회들은 건강한 말씀 신앙을 토대로 하나님 나라 복음을 선포하는 곳이었습니다. 제가 20대 중반부터 30대 초반까지 이 교회들에 쏟은 열심과 정성, 그리고 헌신의 강도는 지금 목사로 살면서도 자신이 없습니다. 부패하고 타락한 교회들을 보다가 이 교회들을 만났을 때 오아시스를 만난 것 같았습니다. 한 번도 경험해 본 적 없는 공동체였어요. 그랬기에 저는 삶의 모든 영역을 이곳에 쏟아부었습니다.

건강하고 열정적인 교회를 지향하고 목표 중심적인 교회를 만들어가다 보면 그만큼 할애해야 할 시간과 물질, 열정이 투입됩니다. 성경적 공동체 신앙을 펼치고, 말씀을 배우고, 한 영혼을 귀히 여기며, 하나님 나라를 드러내고자 하는 열심을 가진 교회는 흔치 않습니다. 사람들은 세상의 일과 자기중심적인 삶을 구축해 놓고 교회가 가져야 할 본연의 모습에는 신경 쓰지 않기 마련입니다.

그러나 감사하게도 제가 경험한 교회들은 이러한 건강하고 깊은 신학을 삶으로 살아내려고 몸부림을 치던 곳입니다. 눈물 날 지경으로 발버둥을 쳤습니다. 그렇기 때문에 사랑했던, 그리고 함께 열심히 사역했던 그 현장을 좋은 기억으로만 두고 싶습니다. 하지만 진짜를 만들기 위해 모든 것을 쏟아부어 만들어 가는 사역과 교회 안에도 자칫하면 위험할 수 있는 요소들은 산재해 있다는 것을 말하지 않을 수 없습니다. 학문적 연구를 위해 다수의 표본 집단을 선정하고 객관적인 분석을 해 본 것은 아닙니다. 하지만 목회 여정 가운데 만난 분들, 상담을 요청하는 수많은 성도들이 바로 이런 오류들 때문에 힘겨워하고 있었습니다. 좋은 의도와 목적성을 가진 교회일수록 아이러니하게도 위험한 요소들을 함께 품고 있습니다. 참 가슴이 아픕니다. 제가 지나온 시간과 열정을 부정하는 것과 같으니까요. 그럼에도 이 쓰디쓴 글을 꼭 써야 하는 이유가 있습니다. 상처와 오류를 온전히 드러내야만 소독을 할 수 있습니다. 그래야 새살이 돋고 좋은 것을 보존할 수 있습니다.

성경의 하나님을 만나고, 본질적 신앙에 뿌리내릴 수 있었던 계기, 교회와 한 영혼을 사랑하는 마음. 모든 것이 이 교회들 덕분입니다. 그러나 결론적으로 상당한 시간 동안 갈등하고 고뇌했던 것도 이 교회들 때문입니다. 급기야 가슴을 찢으며 교회를 떠나고 몇 년간 공황 상태를 경험하기도 했습니다. 그 이후 반드시 이 시간이 약이 되도록 많은 노력을 했습니다. 비판이 비난이 되지 않게, 모든 것을 싸잡아 비판하지 않게, 그리고 좋은 것으로 남도록 하는 이 작업을 위해 수년간 끙끙 앓았습니다. 그 결과물을 몇 가지 소개합니다.

오류 1. 집단적 명분이 주는 폭력성, 특정 프레임이 주는 한계성

신학과 교리를 바탕으로 한 명분, 그리고 그 명분에 따른 목표의식, 공동체가 추앙하는 삶의 형태와 같은 것은 그것이 아무리 정당하고 옳은 것이라 할지라도 모든 사람에게 동일한 당위로 제시되어서는 안 된다. 집단적 명분이 제시되는 것은 '성경이 바르게 해석되고 선포되는 것'까지만 허용된다. 성경에서 제시하는 복음과 말씀이 다분히 원리적이고 본질적인 부분을 다루는 이유가 그것이다. 명분을 붙들고 씨름하는 것은 개인의 믿음의 몫이며 이것은 율법적 원리가 아닌 은혜의 원리다. 교회나 목회자가 한 신자에게 독려와 권면의 수준을 넘어 삶의 구체적인 행동강령까지 요청하며 통제하려는 것은 일종의 폭력이다. 자발성의 원칙이라고 말하고 싶은가? 신자들이 그렇게 느끼지 않는 이유는 적어도 그 집단 안에서 명분과 행동강령에 응하지 못하는 자들이 수준 미달자, 하급 신자로 취급받는 분위기가 형성되어 있기 때문이다. 이 분위기와 판단력의 정점에 목회자와 지도급 리더십이 서 있다면 더욱 그러하다. 특히 공동체가 장악하고 있는 삶의 영역이 넓고 구체적일수록 이 집단적 명분 아래 자신의 소신과 의견을 드러내지 못하게 된다. 신자의 삶을 모임과 공 예배 참석의 빈도, 사역의 헌신도와 결과물, 교회 중심적 활동에 대한 충성도로 평가하고 이를 신앙과 결부시켜 구속력을 행사하는 것도 일종의 폭력이다. 상급 심판 같은 교리적 뉘앙스를 가지고 신자를 교회에 매이도록 하는 것도 비슷한 종류라고 할 수 있다.

집단적 명분이 주는 당위성이 절대적 가치가 되어 버리면 개인적인 가치가 평가절하될 위험성이 상당히 높다. 교회가 어떤 특정 집단의 헌신도로 유지되거나 구성원 자체가 특정 집단이 되어 버리면 안 된다. 교회가 명분 중심으로 사람을 줄 세우면 점점 문턱이 높아진다. 아니, 문으로 들어와도 까마득한 다음 단계가 기다리고 있다. 이런 분위기가 공동체 안에 형성되면 결국 사람의 존재 자체가 존중받지 못하며 가혹해지기 마련이다. 명분에 대한 과도한 헌신이 형성되어 버리면 내부 평가뿐 아니라, 다른 교회 집단 또한 저급하게 볼 확률이 농후하다. 우월감이 공동체를 유지하는 굉장히 중요한 모티브가 되었다는 것은 이미 병든 것이다.

교회가 신학적 프레임으로 모든 영역을 재단하고 구체적으로 제시하여 명분을 발동시키는 것은, 처음 접하면 굉장히 매력적이다. 삶이 해석되고 설명되기 때문이다. 그러나 위험한 발상이다. 신학은 물론이고 역사, 철학, 인문, 사회, 정치 등 모든 영역까지 도식화하여 논리를 맞추려는 시도는 하나님을 공식화하고 성경을 교리와 프레임으로만 보는 시도와 같다. 인생은 단순하지 않다. 신앙은 공식대로 되지 않는다. 하나님은 프레임과 공식 너머에 계신다. 시간과 영원을 관통하며 빚어내시는 하나님의 예술을 수학공식이나 논리로는 다 설명할 수 없다. 모르는 것은 모르는 것으로, 교회가 닿지 않는 영역에서 일하시는 하나님의 역사는 그것대로 인정해야 한다. 교회는 교회의 마땅한 역할을, 세상은 세상의 역할을 해 줘야 한다. 모든 것을 교회의 프레임대로 해석해서 대안을 제시하려는 것 또한 하나님의 영역을 넘어선 일이다. 명분 하나로 모든 것을 설명하려 들지 말라. 이러한 오류에 빠지지 않도록 조심해야 한다.

오류 2. 의도하지 않은 영적 계급의 형성

교회가 어떤 집단적인 원리나 명분을 제시했을 때 그에 충실히 따르고 성과가 나타나는 사람과 그렇지 못한 사람이 반드시 발생하게 되는데, 그것 자체로 이미 영적 계급으로 형성될 수 있다. 자세히 보면 믿음의 차이, 영적인 역량의 차이인 것 같지만 사실은 그렇지 않다. 교회 안에 필요한 사역은 다분히 예수님의 손과 발 역할을 하는 것이지 기능성이 탁월한 손, 나이키 신발을 신은 발이어야 하는 것은 아니다. 하나님의 손이 짧지 않으시기에 우리에게 부여된 사역을 최선을 다해 은혜의 원리대로 해 나아가면 된다. 사역의 실력은 그 과정과 결과에 있어 성령께서 주관하시고 열매 맺게 하시는 영역이므로 평가할 수 있는 요소가 아니다. 그런데도 자꾸만 어떤 목표와 기준을 영적인 것으로 설정하고 그 지점을 향해 모든 구성원의 역량을 끌어올리려고 하는 것은 잘못된 방법이다. 특별히 표면적으로 드러난 결과물(예를 들어 사람을 잘 끌어모으는 사람을 영혼 사역을 잘한다고 평가하는 등)로 구체적인 인력 배치를 하게 되면 필시 그 교회는 계급구조로 가게 된다. 영적인 영역을 수치화하고 계량화하여 사람을 평가하는 기준이 생겨 버리기 때문이다. 역량에 대한 평가나 피드백이 신랄할수록 더욱 계급화가 가속화된다. 기억하자. 믿음의 분량과 헌신의 문제는 주님과 신자 사이에서 발생되는 은혜의 역학이지 공동체와 신자 사이에 발생하는 경쟁의 역학이 아니다. 이것이 세상과 무엇이 다른가. 세상의 돈, 권력, 명예 대신 공동체 안에서 직분, 영향력, 영적 권위로 대체된 것뿐이다. 이들은 공동체에 대한 헌신, 좀 더 영적이고 희생적인 모습을 보임으로써 자신들이 누리는 것을 노골화하지 않는다. 그러나 원리는 세속적이다. 그러므로 이러한 오류에 빠지지 않도록 조심해야 한다.

오류 3. 신앙의 목표와 하나님 역사의 차이

하나님께서 신자 한 개인에게 역사하시는 방식은 제각각 다르다. 구약의 이스라엘을 공동체로 다루셨다는 점, 심판과 구원이 공동체적 운명을 가졌다는 점을 들어 현대교회의 모형에 이것을 적용시킬 수 없다. 하나님은 한 사람을 정확하게 개별적인 인격체로 다루신다. 교회 공동체 전체를 도매급으로 넘기지 않으신다. 구원이 각각의 신앙고백을 통해 이루어지는 것을 보라. 그러므로 목표를 정하고 내달린다고 해서 사람을 마음대로 변화시킬 수 없다. 들어 보면 사연 없는 사람이 없다. 인생을 이끄시는 방식은 말 그대로 하나님의 방식이고 신비의 영역이다. 돌아보면 확인할 수 있을 정도라고 해야 할 것이다. 그러니 사역의 뚜렷한 목표를 한 사람에게 설정해 놓고 변화되지 않는다고 절망하거나 자책에 빠질 필요가 전혀 없다. 이것도 신자 개인에게 각각 역사하시고 그 한평생을 다루어 가시는 하나님에 대한 도전행위라는 점을 기억하자. 하나님의 역사는 은혜의 역사다. 인간적인 방식이나 목표대로 되는 것이 아니다. 최선을 다해야 하지만 최선을 이끌어 내는 동기도 '은혜의 반응'이지 '명분이 정확한 목표 제시'는 아니다. 또한 '기다림', '포기'도 아주 중요한 사역이다. 성경에 보면 하나님은 자주 이 방식으로 사역하신다. 눈앞에 보여야 신앙이고 하나님의 일하심이 아니다. 보이지 않는 곳에서도 하나님은 일하신다.

제가 제시한 이 3가지의 오류에 딱 들어맞지 않아도, 비슷한 시스템을 가진 교회들이 가질 수 있는 시행착오라고 봅니다. 특별히 명분과 신념에 대한 확신이 강력할수록, 그리고 자기 교회에 대한 환상과 기대가 클수록 말이지요. 사실 어렵게 쓴 글인데 SNS에 올려놓고 보니 댓글과 개인 메시지로 생각보다 많은 분들이 비슷한 경험을 하고 있고, 했다는 사실을 전해 오셨습니다. 놀라웠습니다. 부디 우리 한국 교회에서 발견되는 다양한 종교화의 오류를 감지하고 벗겨내어 우리가 견지하고 있는 소중한 복음의 가치를 되찾기 바랍니다.

자유로운 독립교단, 그리고 기성교회의 특징

저는 방황의 시간을 거쳐 잠시 독립교단에 소속된 교회에서 1년간 있었습니다. 예배 공동체이자 선교 공동체, 그리고 특별히 다음세대를 위한 다양한 준비들까지 건강한 교회였지요. 사실 저의 신학적 스탠스와는 잘 맞지 않아서 받아들이기 쉽지 않은 부분들도 있었습니다. 심각하게 경계하며 동의할 수 없는 부분들도 있습니다. 그럼에도 그 교회가 좋은 기억으로 남아 있는 이유는 서로 견해나 생각은 달라도 그것을 표현할 수 있고 있는 그대로 인정해 줄 수 있는 관계였기 때문입니다. 아마 몸을 담은 시간이 짧아서 그럴까요. 적어도 저에게는 그렇습니다. 그래서 길을 가다가 만나도 굉장히 반가울 것 같은 사람들로 남아 있습니다.

이곳에서 깨닫게 된 가장 큰 교훈은 교리와 신학이 사람을 우선할 수 없다는 것입니다. 그곳에는 분명히 제가 살아오며 경험하고 배운 바로는 수용하기 어려운 신학적 차이가 있었습니다. 그렇기 때문에 마음의 빗장을 풀 수 없었고 어느 정도 경계심을 가지고 있었지요. 그러나 제가 절대 융화하거나 용납할 수 없을 것 같은 지점에 하나님께서서 계셨습니다. 그곳에서 일하고 계셨습니다. 무엇보다 사람을 살리고 계셨습니다. 놀랍고 신비한 경험이었지요. 교리와 신학은 나누고 분리하고 정죄했지만 하나님은 사람을 포기하지 않으시는 것을 경험합니다. 우리가 주님 앞에 갔을 때 성경 해석이 틀렸다고 지적할 내용이 한 두 가지일까요. 그럼에도 우리를 품에 안아주실 것이라는 믿음이 있습니다. 겸양의 태도를 버린 교리와 신학은 득보다는 실이 많은 것이 사실입니다. 그럼에도 저는 정확한 교리와 신학이 반드시 필요하다고 생각합니다. 그래야 사람이 애먼 고통을 당하지 않습니다.

저는 목회자여서 교단이나 교회의 신학적 입장으로 깊이 들어가고 큰 고민의 장이 열리곤 합니다만, 대부분의 신자들은 오히려 교단과 관계없이 공통분모로 묶이는 교회의 부정적인 오류들 때문에 고통을 당하고 있습니다. 그 공통분모를 나름대로 정리해 보았습니다.

1. 정교분리, 정치적인 중립 스탠스를 가지지만 권력 지향성을 지니고 있다. 대부분 보수적 스탠스를 지니는 것이 신앙적으로 안전하다고 여긴다.
2. 개인 신앙적 측면에만 강조점을 가진다. 사회 구원, 정의 구현과 같은 신앙의 공공적 성격을 가지는 것에 대해 상당한 알레르기 반응을 보인다.
3. 3대 기조인 십일조, 주일성수, 주초금지가 신앙의 중요한 표현 방식이다. 이것이 무너지면 교회라는 시스템이 무너진다고 여긴다.
4. 장로 직제가 대부분 있고 목회자와 중직들로 인해 교회의 방향성이 결정된다. 그러다 보니 재정과 인사에 대한 알력 싸움이 존재한다. 민주적 절차, 상식적 소통을 위한 제도적 방안이 사실상 없고 당연히 자정능력이 현저히 떨어진다.
5. 유교적 색채를 가진다. 목회자의 권위가 과도하게 강조된다. 실력 있

는 목사에게는 추종자들이 생기고 엄청난 권위가 부여된다. 그리고 그러한 목사를 중심으로 성도들이 모인다. 목회자에 대한 의존도가 상당하다.

6. 돈 없으면 교회 다니기가 굉장히 힘들다. 사회적 약자에 대한 포용력이 현저히 떨어진다. 도움이 필요한 사람들을 조건 없이 수용하고 함께하는 것을 잘 감당하려 하지 않는다.

좀 거북하지만 저는 교단을 불문하고 이러한 비슷한 특징을 현저하게 보이는 교회를 '기성교회'라고 부르고 싶습니다. 위의 6가지 특징은 대부분 이 기성교회의 체제를 유지하기 위한 성격이 강하지요. 그리고 이 체제 유지를 위한 특징들 때문에 교회가 가지고 있어야 할 굉장히 소중한 가치와 소명을 포기해 버립니다. 예를 들어 복음의 야성을 지닌 선지자적 목소리, 하나님의 공의, 성육신하셔서 낮은 자리에 임하신 예수님의 사랑, 이웃을 위한 과도한 희생과 헌신, 물질주의를 넘어서는 하나님 나라의 가치, 이 땅의 가치에 목매지 않는 종말론적 신앙 등. 이러한 교회의 특징은 더 이상 드러나지 않는 것이지요.

박쥐처럼 이곳저곳에서 욕먹을 이야기를 무엇 하려고 책에 담고 있나 싶습니다. 표현력이나 문장력, 그리고 내용도 빈약하여 글쓰기가 쉽지 않다는 것을 새삼 깨닫습니다. 그런데도 제가 글을 계속 쓰는 이유는 제가 경험한 여정이 아픈 사람들에게 많이 공감된다는 것을 알았기 때문인 것 같습니다. 이 시대에 아픈 성도들이 너무나 많습니다. 갈 곳이 없어 떠도는 가나안 성도님들부터 불편하고 힘들고 고통스럽지만 평생을 섬겨 온 교회를 떠날 수 없어 이를 악물고 있는 성도님들까지. 어쩌다 이 지경까지 되었을까요.

성도님들과 만나고 대화하며 느껴지는 것이 있습니다. 부인할 수 없는 분명한 사실은 이 아픔과 고통의 시간에도 불구하고 우리가 여전히 교회를 사랑한다는 것입니다. 그래서 포기하지 말자고 말하고 싶었습니다. 포기하지 맙시다. 그리고 간절히 기도합시다. 속썩이는 사춘기 아이를 품어 안는 어머니처럼 주께서 교회를 품어주시기를, 이 혹독하고 아픈 사춘기를 지나며 고통당하는 성도들의 심령을 은혜의 주께서 위로하여 주시기를!

복음적인 침례교회, 신자의 양심을 기반으로 한 신학

"결혼하기 전엔 그래도 신앙이 있었던 것 같아요. 근데 지금은 하나님과 너무 멀어진 느낌이에요. 사는 게 너무 바쁘고 애들 챙겨서 하루하루 고단하게 살고 나면 일주일이 어떻게 지나가는지 모르겠어요."

자매는 잠시 말을 멈추고, 조금 어려운 이야기를 꺼내려는 듯 눈동자가 흔들렸습니다.

"사실, 목사님. 제가 진짜 믿음이 있는지, 구원을 받았는지도 잘 모르겠어요. 가끔은 하나님이 진짜 계실까 하는 생각까지 들 정도거든요."

자매는 계속해서 말을 이어 갑니다. 습관처럼 교회를 나가고는 있지만 솔직히 모르겠다고. 뭔가 잘못되었고 회복해야 한다고 생각하지만 삶이 너무나 치열하다고 말이지요. 그러다 보니 자신의 신앙에 대해 불만족스럽고 하나님을 사랑한다고 하면서도 아무것도 못하고 있어 죄스럽기까지 하다고 말합니다. 생각보다 이런 내용을 가지고 상담해 오거나 끙끙 앓고 있는 성도들이 많습니다. 이런 형태의 딜레마에는 두 가지의 '매임'이 있습니다.

첫 번째, 신앙의 근거가 복음에 있기보다 교회생활 자체에 있는 경우입니다. 헌신, 봉사를 오래 해 왔기 때문에 그 행위가 중단되거나 스스로를 만족시키지 못할 때 신앙이 사라졌다고 느낍니다. 종교적 틀 안에 있어야만 그나마 자신의 신앙에 대한 안정감을 누립니다. 건강한 교회생활이 신앙에 유익을 주는 것은 맞지만 교회생활 자체가 신앙을 담보하는 것은 아닙니다.

두 번째, 교회생활과 세상살이를 이분법적으로 나누는 성속 분리의 신앙 형태입니다. 교회에 쓰는 시간과 헌신이 많을수록 영적이고, 세상살이에 마음을 쓰면 육적인 신자가 됩니다. 교회와 세상 사이에서 줄다리기를 합니다. 교회는 그 경쟁에서 이겨야 하므로 어떻게든 성도를 붙잡아 놓기 위한 논리를 만들어 내지요. 소싯적에 좀 영적이었다는 성도들일수록 세상살이에 매여 있는 자신의 모습이 한심해 보이기 마련입니다. 결국, 신자의 삶이 교회에 열심을 내던 시절과 그렇지 않은 시절로 나눠집니다. 현실적 삶에는 영성이 뿌리내리기 상당히 어려워 보입니다.

그러나 기억해야 합니다. 교회가 성도들에 대하여 가지는 구속력은 정확히 딱 한 가지입니다. 바로 '예수 그리스도에 대한 신앙고백'입니다. 예수님의 제자들은 이 신앙고백의 터 위에 교회를 세웠습니다. 이 고백이 있는 자들의 모임을 교회라고 불렀습니다. 그러나 교회는 다른 것들을 요구합니다. 교회가 체제 유지를 위해 진실한 신앙고백 외에도 다른 여러 가지를 요구하는 것을 종교적이라고 부를 수 있겠습니다.

그래서 20세기 최고의 기독교 사상가라고 불리는 C.S 루이스는 자신의 소설 『스크루테이프의 편지』에 등장하는 악마의 입을 빌어 이렇게 말합니다.

기독교가 진리이기 때문이 아니라 무언가 다른 이유 때문에 믿으라는 것, 이게 바로 우리 수법이야.

그렇습니다. 악마의 수법은 본질 외의 다른 것에 집중하게 만드는 것입니다. 교회는 성도 관리를 위한 다양한 서비스를 제공하는데, 그것이 어떻게 본질을 흐리고 있는지는 별로 신경 쓰지 않습니다. 문제는 요즘 성도들이 더 이상 속지 않는다는 것입니다. 어떤 성도들은 이렇게 말합니다. "교회에서 제발 복음을 듣고 싶습니다." 기성교회는 서비스를 제공함과 동시에 은근한 공포와 협박을 조장합니다. 세상에 나가 죄만 짓는다고 생각하도록, 그래서 영적 삶을 유지하려면 교회가 공급하는 신앙적 틀이 반드시 필요하다는 것으로, 영적 삶과 세상 삶의 은근한 가치 비교를 통해 자신들을 자책하도록 만들지요.

'넌 지금 잘못 살고 있어! 너의 신앙에는 문제가 있어!'

이렇게 말입니다. 예수 믿은 신자의 마음에는 그 은혜의 법을 따라 하나님을 향한 경건한 마음과 열심, 하나님의 뜻에 따라 살고자 하는 열망이 생겨납니다. 그것이 자연스럽습니다. 이것이 성령께서 일으키시는 지극히 자발적인 역사이며 교회는 그 신앙고백을 존중하는 형태로 운영되어야 합니다. 성경을 통해 본질이 살아나도록 말씀이 여과 없이 선포되고 이를 통해 신자들의 양심이 반응하는 대로 교회의 사역이 운영됨이 마땅합니다.

신자가 이 명쾌한 신앙고백을 지니고 나면 자신에게 주어진 삶을 진실하게 마주하며 살아가는 일이 남습니다. 그것은 꼭 교회라는 울타리에 국한되지 않습니다. 하나님의 은혜가 임하고 사랑으로 살아가는 일에는 공간적 제약이 없습니다. 사소한 일이라도 주어진 일에 최선을 다해 신자의 양심을 지키며 열심히 일하고 고군분투하는 삶. 잘살아지든 못 살아지든 평범하든 비범하든 그것은 상관없습니다. 자기에게 맡겨진 생을 충실히 살아내는 것 속에 하나님이 영광받으십니다. 세상살이 가운데에서 충분히 영적일 수 있고 교회 안에서도 얼마든지 육적일 수 있다는 것을 기억해야 합니다.

교단 탐험기의 마지막을 침례교회 대한 이야기로 마무리해야할 것 같은데 왜 신앙고백을 운운하고 있을까요. 눈치채셨나요. 지금까지 한 이야기가 침례교회가 추구하는 내용입니다. 신자의 신앙고백을 가장 중요하게 여기는 것, 그것이 침례교회입니다. 예수 믿는 중생한 신자들의 교회, 그 회중을 통해 주님께서 역사하고 일하시는 교회입니다. 그래도 침례교회는 다른 교단과 무엇이 다르냐고 질문하실 수 있을 것 같습니다. 간략히 소개하고 글을 마치겠습니다.

1. 교회 정치가 다릅니다

장로교회는 교회 정치가 일종의 대의정치로, 목회자와 장로들로 구성된 당회를 통해 교회를 운영합니다. 공동의회나 제직회가 있지만 한국 장로교회는 대부분 당회의 결정사항을 하달(?)하는 탑다운 방식입니다. 교회 위에 노회, 노회 위에 총회가 있는 식이고요. 총회는 헌법을 제정하고 개교회에 규정과 지침을 하달할 권한을 가집니다. 일종의 법규에 매이는 조직(assembly)입니다.

침례교회는 민주적 회중정체를 추구합니다. 즉, 직접민주주의처럼 모든 신자(18세 이상 침례[중생한]받은 회원)들이 교회의 중대한 결정을 직접 결의합니다. 다수결이라는 점에서 인본주의라고 생각할 수 있는데 그렇지 않습니다. 거듭난 신자의 양심과 성경을 통한 교회의 규례와 행습을 따라 어떤 결정을 내리기 때문입니다. 그래서 침례교회는 개교회의 회중이 의사결정 권한의 맨 위에 있습니다(이것을 신자의 양심을 통해 성령께서 주관하신다고 봅니다). 침례교회도 교단이 있지만, 법제정이나 지침 하달을 하지 않습니다. 그래서 선교적 협의체(cooperation)입니다. 여기에서 한 개인 신자의 성경 해석이나 신학적 입장, 신앙적 양심을 존중하는 교회론이 나옵니다. 목사, 장로의 권위가 장로교회는 수직적이라면 침례교회는 수평적(설교하고 목양하는 직분을 감당하는 사람. 여러 성도 중의 한 사람)입니다.

2. 따라서 직제가 다릅니다

침례교회는 성경을 기반으로 보았을 때 신약성경에 나타나는 목사, 감독, 장로가 똑같은 역할을 감당하는 다른 호칭으로 봅니다. 그래서 교회의 직분은 목사(감독과 장로 포함), 그리고 교회 운영과 행정, 특별히 구제나 봉사 등을 위한 집사, 이렇게 두 가지입니다.

3. 유아세례를 인정하지 않고 본인의 신앙고백이 가능해지면 침례를 줍니다

복음에 대한 분명한 신앙고백과 양심이 이때도 발동합니다. 또한 여기에서 유아세례를 거부한 침례교회가 국가와의 정교분리를 추구했던 흔적을 발견합니다. 유아세례가 일종의 주민등록증과 같은 역할을 했었기에 유아세례 거부는 국가 반역 행위였습니다. 그것을 감수하고 피를 흘려서라도 지키려고 했던 것이 신앙 양심의 자유입니다. 즉 국가가 한 개인 신자의 신앙을 강요할 수 없다는 것이지요. 이런 정신이 정교분리의 토대가 되었습니다.

교단 탐험기의 결론은 딱 하나입니다. 침례교 목사로 한 말씀드리겠습니다. 침례교회의 계절이여, 오라! 모든 신자들이여, 침례교회로 오라!

책임지는 신앙

초등학교(저는 국민학교를 다녔습니다.) 음악시간이었습니다. 지금은 잘 사용하는지 모르겠지만 '리코더'라는 악기로 연주하는 시간이었어요. 선생님의 풍금 반주에 맞춰 다 같이 합주를 하다가 한 녀석이 삐익~ 소리를 냈습니다. 선생님이 멈칫하셨지만 이내 다시 연주로 돌아갔습니다. 그런데요. 잠시 후 다시 한 번 삐익~ 소리가 나는 거 아닙니까. 더 큰소리로요. 선생님께서 연주를 멈추더니 경고를 한 번 하셨습니다. 그런데 이 녀석이 작정을 했는지 그 말씀을 무시하고 다시 한 번 아주 큰소리로 삐이익! 소리를 내지릅니다.

한 반에 거의 50~60명 정도까지 수용되던 시절이라 가능한 장난입니다. 소리만 들었지 누가 그랬는지는 정말 모르겠더라고요. 그러나 선생님 표정을 보니 싸하게 선을 넘었다는 느낌적인 느낌이 찾아옵니다. 보통은 이런 감각이 현저히 떨어지는 애들이 많이 맞습니다. 예상대로 선생님은 일어나셔서 양 허리에 손을 얹으셨습니다. '이제 음악수업은 끝났다. 그리고 너희들도 끝났다'라는 무서운 표정으로 나직이 말씀하십니다.

"누구야, 앞으로 나와."

그런데 말이죠. 이 녀석이 나오질 않는 것입니다. 선생님은 모두 눈을 감게 하고 범인에게 손을 들라고 하셨지만 역시나 범인은 손을 들지 않았습니다. 이제 리코더 실수는 온데간데없고, 권위에 도전하는 사건으로 돌변합니다. 이분, 정말 화가 나셨는지 다음 체육시간 내내 얼차려를 주십니다. 모두 책상 위에 무릎 꿇고 앉으라고 하셨습니다. 한 시간이 지나자 여기저기에서 훌쩍이는 소리가 들립니다. 선생님은 몇 차례 눈을 감도록 하고 자수의 기회를 주셨지만 역시나 아무도 나오지 않았습니다.

이제 밖은 어둑어둑해지고 학교에는 저희만 남았습니다. 긴장감과 울음소리가 조용히 감도는 교실. 창 밖에는 해가 뉘엿뉘엿 지고 있습니다. 급기야 선생님은 저희 모두를 책상 밑으로 들어가게 하셨습니다. 그리고 종이를 한 장씩 나눠주십니다.

"마지막 기회다. 범인은 종이에 자기 이름을 적고 '제가 그랬습니다'라고 적어 내라."

다행히 범인이 자수를 했나 봅니다. 길었던 공포의 시간이 끝나고 모두들 아픈 다리를 절뚝이며 집에 돌아갔습니다. 문제는 다음 날부터였습니다. 선생님이 리코더 범인에게 반성문을 요구했지만 이틀 동안 반응이 없었던 것입니다. 범인은 진짜 강적이더군요. 머리끝까지 화가 난 선생님은 엉뚱하게도 부반장을 일으키시더니 아이들이 보는 앞에서 부반장 직위를 박탈하셨습니다. 그리고 거의 모든 수업에서 핀잔을 주셨습니다.

영문도 모르는 부반장. 맙소사! 이 녀석만 유일하게 종이에 이름을 적어 내었던 것입니다. 수업을 모두 마치고 집에 돌아가야 하는데 이 친구는 급기야 참았던 눈물을 터뜨립니다. 자기는 범인이 아니라고 울먹거리더니 이내 서러워서 엉엉 울기 시작했습니다. 몇몇 친구들이 선생님께 달려갔습니다. 그리고 진상을 설명했습니다. 애는 범인이 아니라고요.

선생님이 부반장을 부르셨습니다. 알고 보니 이 녀석, 아이들이 너무나 힘들어 하는 것을 볼 수 없어 자기 이름을 적어 냈다는 겁니다. 선생님은 당연히 범인을 알고 계셨을 것이라고 생각했답니다. 이야기를 듣던 선생님은 급기야 이 녀석을 부둥켜안고 미안하다고 몇 번을 사과하십니다. 기껏 20대 후반의 여선생님은 이날 훨씬 더 서럽게 우셨습니다.

다음 날 아침, 이 친구의 부반장 직위가 복권되었습니다. 선생님의 무한칭찬과 아이들의 박수를 받았습니다. 사랑과 희생의 아이콘이 된 것이지요. 후에 '착한 어린이상'을 수상하기도 했고요. 지금 생각하면 엉뚱하지만 친구들을 위해 자기를 희생한 부반장 덕분에 이 사건이 훈훈하게 마무리되었습니다. 물론 진범은 못 잡았습니다.

작은 사건이지만 '책임'에 대해 생각해 봅니다. 한 아이의 잘못에 연대책임을 지우는 교육방식에도 약간 문제를 제기할 수 있겠지만 그것보다는 이름을 써 낸 부반장의 희생에 초점을 맞추고 싶습니다. 누군가 희생해야 이 사건이 해결될 것임을 그 아이는 직감적으로 알았던 것 같습니다. 저는 당시 이 사건을 통해 죄가 없으신 예수님의 희생과 대속적 죽음을 아주 조금 이해하게 되었습니다. 비슷한 시기에 교회를 처음 나가게 되었는데 '예수님 참 억울하셨겠네요'하고 기도했던 기억이 있거든요. 시간이 좀 더 지나 예수님의 희생이 은혜로만 받을 내용이 아님을 깨달았습니다. 그렇지요. 복음을 드러내고 예수의 제자로 사는 인생, 생각보다 훨씬 억울하고 속상한 일이 많습니다. 사랑하기 위해 희생해야 할 것이 많고요, 마치 이 엉뚱한 희생을 치른 부반장처럼 무모하고 바보 같은 짓을 감수해야 하고 말입니다.

우리가 이미 얻은 구원의 은총은 말할 수 없는 죄를 속함 받은 은혜의식을 불러일으킵니다. 한평생을 예수 십자가에 새겨진 희생을 기억하며 은혜와 감사함으로 사는 복음의 빚진 자가 되는 것이지요. 결국 이 복음의 가치는 믿음의 분량만큼 책임의식으로 드러날 때 빛이 납니다.

누가 시킨 것이 아니더라도 이 복음의 진정한 은혜를 경험한 자에게는 빚진 자의 책임의식이 깃들게 됩니다. 교회 안팎의 이웃, 소외되고 억눌린 자, 고아와 과부들, 무너진 정의와 구조 악에 대한 책임으로 말입니다. 뭐 좀 더 구체적이거나 확장된 영역들도 있겠지요.

그러나 현실은 암담합니다. 안타깝지만 교회와 우리들, 예수님의 희생정신보다 고작 '나는 떳떳하다'라는 자기 정당성을 확보하려고 안달일 때가 많지 않나요. 빚진 자의 책임의식보다는 자기 인생을 안전하게 지키고, 행복을 확보하는 수단으로 은혜를 동원할 때가 훨씬 많지 않냐는 겁니다. 신앙에 있어서 올바른 책임의식이 무너질 때, 오히려 우리에게 주어진 은혜의식은 매우 피상적이고 이기적인 것이 됩니다. 책임이라는 말의 무게가 무거운 이유는 어떤 방식으로든 자기희생이 필요하기 때문인데, 그것을 감당하려 들지 않습니다. 요즘 교회, 개독교 소리 듣고 있으니 구실 좋잖습니까. 요즘 누가 교회에 손해 보러 갑니까.

각자도생, 혼자 살아가기에도 버거운 인생입니다. 자기희생은 커녕 먹고살기 바쁩니다. 강퍅하고 냉정하며 그나마 손에 쥔 것이라도 지켜내어야 합니다. 하지만 그래도 말입니다. 저는 믿습니다. 과도한 희생과 헌신으로 그렇게 서로를 책임지려고 몸부림을 치고 부둥켜안고 있을 때 비로소 예수 그리스도의 희생과 십자가의 복음의 본질이 드러나고 하나님의 영광의 광채가 빛나며 교회의 놀라운 위엄과 권세가 드러난다는 사실을요.

무모하고 바보 같은, 그리고 계산기를 튕기지 않고 손해 보기로 결정한 작은 아이의 희생 앞에 한없이 부끄러운 오늘입니다. 교회에서, 가정에서, 사회에서 아주 조금만 억울해도 쌍심지를 켜는 제 모습이 한심하고 민망합니다. 게다가 뻔히 어려움을 당하고 있는 이웃을 보면서도 외면하는 제 양심이 매우 화끈거리네요.

제가 단순해서 그런지 아무리 생각해도 이 땅에서 그리스도인으로 살아가며 책임의식을 가진다는 것, 제 주머니를 털어내는 것 외에 별로 떠오르는 것이 없습니다. 감리교운동의 창시자 존 웨슬리 목사님께서 하신 유명한 말씀이 있습니다.

"나는 주머니가 회개하지 않은 사람의 회개를 믿을 수 없다."

참 무서운 말씀입니다. 오늘 저는 이 말씀을 붙들고 예수님 처음 믿었던 시절로 돌아가고 싶습니다. 예수님처럼 살겠다고 엉뚱한 희생을 감수했던 부반장 시절이 많이 그립습니다.

이사, 짜장면, 상념

이사를 했습니다. 아주 작은 집에서 조금 덜 작은 집으로. 돈 좀 아껴 보려고 포장이사를 포기했는데, 정말 죽을 뻔했습니다. 몇 날 며칠 동안 정리하고 있습니다. 이사 후에는 짜장면을 먹어야 하지요. 아내와 첫째 아이와 함께 짜장면을 먹습니다. 그러면서 작은 집을 또 한 번 둘러봅니다. 작은 공간일수록 활용도를 높여야 하니까요. 첫째 아이가 점점 더 크고 있고 뱃속 아이가 세상에 나오면 네 식구가 됩니다. 이 작은 집에 우리 넷이 담기는 거지요.

집을 찾아가 보면 그 사람, 그 가족이 보입니다. 똑같이 생긴 아파트인데도 사뭇 다릅니다. 넓다고 쾌적하지도, 좁다고 답답한 것만은 아닙니다. 사람이 제멋대로고 황폐하면 집도 그렇습니다. 따뜻하고 규모 있는 사람은 집도 훈훈하지요. 이처럼 형식은 내용을 드러냅니다. 내용은 형식에 담겨집니다.

젊은 시절, 내용에 천착했습니다. 틀을 무시하고 형식을 다 뒤엎는 것이 답이라 여겼습니다. 그게 속 편해 보였어요. 나이 먹어 가는 길목에 서 보니 틀린 것들이 보입니다. 인정하기 싫었던 것들도 다시 보게 됩니다. 요즘은 형식이 꽤 중요하다는 생각이 듭니다.

내용은 형식에 담기고, 형식은 내용에 영향을 받습니다. 글을 쓸

때도 마찬가지입니다. 좋은 통찰과 생각을 가지고 있어도 그것을 어떤 방식으로 풀어내느냐에 따라 천차만별입니다. 또는 수려한 필력과 표현력을 갖추어도 글감이 엉성하면 좋은 글이 되기 어렵습니다. 물론 많은 작가들이 내용이 더 중요하다고 말합니다. 글솜씨는 다듬어질 수 있지만 참신한 생각과 통찰력을 갖추는 것은 전 인생이 걸리는 과정이니까요.

그럼에도 형식의 중요성에 좀 더 비중을 두려는 이유는 글을 쓴다는 것이 하나의 구체적인 행위로 나타나기 때문입니다. 통찰력이 있다고 저절로 글이 나오지 않거든요. 일본의 유명한 작가 무라카미 하루키는 거의 매일 똑같은 루틴을 반복한다고 합니다. 새벽에 일어나 점심까지 글을 쓰고, 식사 후 오후에는 약간의 휴식, 그리고 러닝을 한다고 합니다. 매일 똑같이 똑같은 분량의 글과 러닝 시간을 지켜오기를 30년 가까이 해왔다고 합니다. 그는 한 번 반짝하는 작가가 되기는 쉽지만 오랫동안 작가로 살기 위해서는 무엇보다 체력과 꾸준한 의지가 중요하다고 말합니다. 처음 책을 출간해 보는 저로서는 정말 크게 공감하는 내용입니다. 삶이 완전히 뒤엉켜 버리는 경험을 하고 있거든요.

내용을 담는 그릇, 형식이나 틀은 그래서 꽤나 중요한 것 같습니다. 어떤 신학자들은 성서 해석을 구조주의로 접근합니다. 그들은 그냥 읽어서는 보이지 않는 어떤 형식을 발견해 냅니다. 생각보다 구조 안에 의미가 들어 있는 경우가 많습니다. 그래서 어떤 본문에서는 패턴과 형식이 내용 자체가 되기도 합니다.

사실 우리 삶이나 신앙에도 이러한 형식이 미치는 영향이 꽤 크다는 것을 깨닫습니다. 하나님을 향한 신앙은 복음과 그에 대한 믿음이 골자요 알맹이입니다. 복음과 믿음은 어디에 담길까요. 어떤 형식으로 드러내야 할까요. 개인적으로는 우리의 삶이며, 조금 넓게는 교회가 그 형식입니다. 그래서 믿음과 삶을 분리할 수 없고 믿음은 우리 삶에 담겨집니다. 또한 삶은 주변에 관계된, 그리고 공동체로 묶여진 사람들의 삶과 뒤엉키고 영향을 주고받습니다. 교회는 복음과 믿음을 살아내는 우리 삶의 구체적인 현장입니다. 아주 중요한 형식이지요. 그래서 한 사람의 삶을 보면 믿는 내용이 보이고, 교회의 분위기는 그 공동체가 믿는 신앙의 결을 보여줍니다. 처음에는 잘 안 보여도 시간이 지나면 모두 드러나기 마련입니다. 따뜻하고 이웃을 사랑하고 여유롭고 넉넉한 교회는 그들이 믿는 주님을 세상에 따뜻하고 여유 있고 넉넉한 분으로 소개합니다.

우리의 믿음이 중요하지 삶의 실천은 중요하지 않다거나, 삶으로 드러나지 않는 신앙은 죽은 믿음이라고 말하는 것은 둘 다 틀렸습니다. 믿음과 행위는 각각 분리할 수 있는 다른 명제가 아닙니다. 행위는 믿음의 거울이고, 믿음은 행위의 본질입니다. 그러나 안타깝게도 신자의 믿음과 삶, 그리고 교회의 본질과 종교적 형식은 꽤나 큰 이질감을 가지고 있음을 부인하기 어렵습니다.

우리는 어쩌면 복음이라는 내용에 착념하고 그 본질이 중요하다고 외치는 동안, 그것을 담을 그릇에 대한 고민은 그만 잃어버린 게 아닐까요. 그리고 제대로 된 형식을 찾지 못해 복음과 상관없는 종교적 형식을 입고 있는 게 아닐까요. 예수 그리스도의 십자가와 부활, 그리고 성육신의 복음은 가공할만한 종교심에서 비롯된 종교 행위들과 도무지 어떤 관련을 찾을 수 있을까요.

이삿짐 정리가 아직도 멀었는데 상념에만 잠겨 있습니다. 담아낼 물건이 너무 많은데 이사 온 집은 너무 좁아 정리가 쉽지 않습니다. 마찬가지로 믿음과 지식이 굉장히 비대한데 삶의 틀이 너무 좁고 작아 힘이 듭니다. 부디 교회가 넉넉하고 여유롭게 복음을 드러낼 큰 집을 마련하면 좋겠습니다.

Part 03

못난 목사

소명의 족한 기쁨 _ 목사안수식

2019년 5월 25일, 목사가 되었습니다. 그림 그리던 붓을 놓고 목사가 되기로 결심한 지 어느덧 20년이 지났네요. 순탄하지 않았던 시간을 지나 이제는 그림 그리는 붓을 쥐신 분이 주님이신 것을 깨닫습니다. 교만한 저를 부수시고 못나고 부족한 자로 서게 하심에 감사합니다.

담임목사님께 먼저 감사드립니다. 우스갯소리로 인생에서 가장 거룩하고 신실했던 시간을 다 뒤로 던지고 가장 불량한 시절에 목사안수를 받는다며 농을 하십니다. 그러나 이 말씀도 참 은혜가 됩니다. 가장 부족하고 자신 없는 시간, 스스로에 대해 가장 절망적인 순간이 주님을 가장 간절히 붙드는 시간임을 잘 알기 때문이지요.

20년 간, 주님께서 제게 가장 많이 하신 일은 나의 생각과 비전, 목표와 명분을 땅의 먼지처럼 부수시는 것이었습니다. 큰 뜻을 품고 대단한 일을 이루어 내겠다는 모든 의지를 꺾어 버리시고 바닥에 곤두박질해서 납작 엎드리게 만드셨습니다. 그때, 제 모습이 눈에 들어왔습니다. 신앙심 뒤로 숨어 이기심과 자기애로 똘똘 뭉쳐 있는 가련한 녀석이 하나 헐떡거리고 있었습니다. 그때 알았습니다. 아, 주님은 사람을 만들고 계셨구나!

지금도 저의 과제는 사람을 품고 사랑하는 일입니다. 아마도 그 일을 위해 저를 이 자리에 부르셨다고 믿습니다. 표면적으로는 하나님의 말씀과 영광스런 복음을 선포하게 하시지만, 그 일은 이미 제가 즐거워하는 일입니다. 그러나 그 복음이 실재가 되게 하는 싸움은 제게 있어 옆에 있는 한 사람, 내가 판단했던 한 인간을 아무 조건 없이 가슴에 품는 싸움입니다. 그리고 내 목표, 내 명분보다 그들의 목소리, 그들의 눈물을 끌어안고 뒹구는 싸움입니다.

침례교회는 노회나 연회에 가서 목사안수를 받아 오지 않습니다. 안수를 주는 주체는 교회와 온 회중이기 때문이지요. 저는 행신교회 성도님들께서 영광스럽게 세워주신 목사입니다. 부족한 자를 세우기 위해 많은 분들이 수고해 주셨고, 무엇보다 안수식 비용을 제게는 한 푼도 내지 못하게 하셨습니다. 받은 사랑을 기억하겠습니다. 사랑의 빚진 자 되어 가장 어려운 순간에도 소망을 잃지 않겠습니다. 또한 복음의 빚진 자 되어 가장 부요한 순간에도 십자가를 잊지 않겠습니다. 저는 이미 소명의 기쁨을 맛보았습니다. 비천한 존재를 목사로 세워주신 주님과 교회 앞에 이 길을 가다가 죽을 자로 인정받았습니다. 그거로 족합니다. 소명의 족한 기쁨입니다. 목사가 되어 나를 증명해 내어야 한다는 유혹 앞에 설 때마다 오늘의 소명의 족한 기쁨을 떠올리겠습니다. 모든 분들께 감사드립니다.

다윗의 물맷돌

자신이 지금까지 살아온 이야기를 잘 해석할 수 있는 사람이 좀 더 자기다운 인생을 살 수 있는 것 같습니다. 좀 더 신학적으로 보자면 삶의 서사를 복음의 관점에서 재해석할 수 있어야 한다는 말이지요. 목사도 마찬가지입니다. 자신에게 주어진 삶, 지금까지 하나님께서 살도록 허락하신 인생 안에 소명의 비밀이 담겨 있습니다. 과연 이 땅에 교회가 더 필요한가, 목사가 더 필요한가 라는 질문 앞에 분명한 당위를 제시하기 쉽지 않은 시대입니다. 저는 90년대 마지막 학번으로 신학교마다 학생 수의 정점을 찍었던 세대를 지나왔습니다. 교회 개척이나 특수 사역, 어떤 모양의 목회도 모두 실패합니다. 목사 수는 많은데 성도 수는 수직 하강하고 있습니다. 코로나시대에 들어서며 대사회적 교회의 이미지는 완전히 땅바닥을 뚫고 들어가 관을 짜고 누웠습니다.

이러한 냉정하고 객관적인 사실 앞에서 나는 왜 목사가 되어야 하는가를 수도 없이 물었습니다. 이 길로 가면 반드시 죽을 것을 알면서도 반드시 그 길을 걸어가야 하는 이유가 필요했습니다. 이미 앞에서 교단 탐험기를 소개해 드렸던 것처럼 저는 다양한 교단과 교회에서 사역자로, 평신도로 20여 년을 보냈습니다. 그러면서 굉장히 다양한 신학과 신앙의 입장을 접하였습니다. 감리교회, 신비한 체험, 은사주의가 저의 어린 시절의 신앙 키워드라면 학사장교로 군 생활을 하던 당시, 개혁주의 장로교회를 만난 것이 중요한 전환점이 되었습니다. 그래서 전역 후에는 말씀신앙, 개혁주의, 평신도 사역과 같은 키워드를 손에 쥐고 10여 년의 직장생활을 병행했습니다. 하나님은 그 이후에도 한 판을 더 뒤집으셨습니다. 독립교단 소속의 교회와 침례교회를 섬길 기회가 주어진 것이지요. 아마 저만큼 다양한 교단과 교회를 경험한 사역자는 별로 없을 것입니다. 그 과정에서 사람들을 이끄는 위치에도, 따르는 위치에도 수없이 서 보았습니다. 하지만 왜 내가 목사가 되어야 하는가. 이 질문에 대한 답을 얻을 수 없었습니다.

허송세월, 방황, 광야 등. 이런 말로는 다 설명이 안 되는, 현실적으로는 교단과 교회의 배경을 다 내던져 버린 어리석은 세월입니다. 그런데 어느 날, 제 겉모양과 스펙, 그리고 이력에 넣을만한 그 어떤 것에 집중하고 있던 때에는 발견 못하던 것을 보게 되는 시간이 찾아왔습니다. 그동안은 보지 못했던, 아니 절대로 볼 수 없었던 것이 눈에 들어오기 시작한 것입니다.

소경 같았던 제 눈이 조금씩 떠지기 시작한 것은 행신교회에서 사역을 하면서부터입니다. 우리 교회는 안타깝게도 교회로 인해 아프고, 목회자로 인해 고통스러운 분들이 찾아오십니다. 여기저기 떠돌다가 오신 가나안 성도님들, 오랫동안 섬기던 교회를 떠나 정착할 곳을 찾는 분들, 온 힘과 열정을 다해 교회를 섬기다가 목회자와 직분자들이 보여주는 총천연색 부조리에 지치신 분들. 그러면서도 사람 냄새가 그립고 공동체가 그리운 분들이었습니다. 이 모든 분들에게 공통점이 하나 있는데, 그 사실이 제 가슴을 흔들었습니다. 교회를 사랑한다는 사실입니다. 이분들이 교회를 향한 애증 때문에 눈물을 흘릴 때 20년 동안 제 가슴에 흘렸던 눈물이 같이 흘렀습니다. 이들이 고통스러워 절규할 때, 제 가슴이 함께 찢어졌습니다. 이들도 목회자만큼 아프고, 고민하고 분투하고 있다는 사실을 깨달았던 어느 날 저녁, 하나님의 음성이 가슴에 강하게 와서 박혔습니다.

"교회를 사랑하고, 교회 때문에 아파하며, 교회로 인해 방황하는 많은
이들을 품어라."

제 가슴에 섬광처럼 빛이 번쩍였습니다. 이거구나 싶었습니다. 내가 목사가 된다면 이런 이들을 섬겨야겠다고 마음먹었습니다. 교회로서의 본질을 잃어버려 많은 성도들을 방황하게 만든 교회의 책임을 누군가는 져야 한다, 목사 때문에 실망스러워 교회를 떠나는 이들의 손목을 누군가는 붙잡고 끌어안아야 한다는 강한 목소리가 제 가슴 안을 한가득 채웠습니다. 그때 비로소 저는 지난 신앙의 여정과 목회적인 방황의 시간들이 다시 보이기 시작했던 것입니다. 교회가 뿜어내는 신앙의 결은 그 현장에 가 보아야만 압니다. 교회를 몇 군데 견학하는 것으로는 절대로 알 수 없지요. 교회에 몸과 마음을 다 내어던지고 오랜 시간을 지나야 보이는 것들, 그 안에서 뒹굴며 나의 인생을 통해 소화하고 배설하며 체화된 경험은 결코 책으로 배울 수 없는 것들입니다. 그런 측면에서 보니 제가 경험했던 실패와 아픔은 같은 고통으로 아우성치는 신자들을 도울 수 있는 물맷돌로 빚어지게 된 것이지요.

오늘날의 신자들은 아이러니하게도 목회자보다 훨씬 많은 교단과 교회를 경험합니다. 그리고 다양한 교회의 신학과 결, 교회론을 경험

하게 됩니다. 이에 목회자에게는 또 하나의 고민거리가 생깁니다. 이런 분들을 더 넓고 깊은 차원의 신학과 교회론으로 인도하고 품는 것은 결코 쉽지 않습니다. 고립된 신학의 틀, 내가 골라 읽은 몇 권의 책, 내가 해본 몇 가지 사역으로는 절대로 담아낼 수 없지요. 게다가 목사 권위를 운운하며 섣불리 교정하려는 태도까지 지녀보십시오. 거리는 더 멀어집니다. 감사하게도 그런 면에서 저는 전혀 의도하지 않은 훈련을 받은 셈입니다.

하나님께서는 저와 비슷한 길을 걷고, 걸어온 성도들이 이 시대에 생각보다 많다는 것을 보여주셨습니다. 또한 그들을 섬기기 위한 물맷돌을 제 손에 쥐어주셨다고 확신합니다. 무엇보다 어떤 방법이나 경험론이 아닌, 그들을 향한 마음을 심어주셨습니다. 그들을 다시 섬기고 일으켜서 교회의 건강한 일원으로 세워 가는 일. 그것이 바로 제가 해야 할 일입니다. 교회에 대한 성도들의 고민과 분투가 실질적으로 나누어지고, 그것을 넓고 건전한 신학적 틀 안에 포용하고 재해석하여 한마음을 가진 공동체로 세워 가는 일, 성도들의 진짜 장점과 그 사람만의 가장 귀한 은사를 발견하고 발휘할 수 있도록 돕는 일. 그리하여 한 인생이 하나님 앞에서 건강하고 복되게 살아가고 소명을 감당할 수 있도록 하는 일. 그것이 제가 할 수 있고, 감당해야만 하는 목회라고 믿습니다. 이 물맷돌을 손에 쥐고 이 길을 한 번 걸어가 보렵니다.

Story 35

빵꾸 난 양말

교회에 처음 오신 분들이 하나같이 하시는 말씀이 있습니다.

"아니, 두 분 목사님이 어떻게 이 정도로 허물없게 지내세요? 담임과 부
교역자 관계가 전혀 아닌 것 같아요!"

네, 맞습니다. 격의 없이 지내고 있습니다. 아마 제가 담임목사님
과 나누는 대화를 들으시면 더 놀라실 수도 있습니다. 어떤 분들은 그
래서야 되겠냐고, 아무리 그래도 담임목사와 부교역자는 선이 있는 관
계라고 핀잔의 시선을 주기도 하십니다. 네, 맞습니다. 이 관계가 모
범이나 모델이 되긴 어렵겠지요. 하지만 저희 둘의 모습을 보시고 묘
한 위로와 감동을 받으시는 분들이 적지 않더군요. 저야 워낙 깍듯하
고 선이 분명한 사람이지만 성도님들께서 위로가 된다고 하시니 더 용
기백배하여 까불도록 하겠습니다.

사실 이런 관계가 성립되는 데에는 담임목사님의 공이 큽니다. 아
무리 담임목사가 부교역자들과 허물없이 지내려고 해 보십시오. 부교
역자들은 불편하기 마련입니다. 위계질서와 유교적 권위주의가 아직
도 지배적인 한국교회의 풍토에서 부교역자는 담임목사와 절대로 수

평적 관계가 될 수 없거든요. 좋은 인격을 소유한 담임목사님이시더라도 넘을 수 없는 벽이 있습니다. 그런데 참 이상하지요, 저는 편합니다. 벽이 거의 없다고 해도 과언이 아닙니다. 그 비결이 여기에 있습니다. 자신의 연약함과 부족함을 솔직하게 인정하는 것.

담임목사님께선 못하는 것을 못한다고 말씀하십니다. 그리고 자신 있고 잘하는 것은 자랑하십니다. 귀여우신 데가 있어요. 영어 좀 하신다고 영어 잘 못하는 저를 얼마나 타박하시는 줄 아십니까. 그럼 또 제가 가만히 있겠습니까? 좋은 경치를 보아도 좋아할 줄 모르고, 맛있는 것도 드실 줄 몰라 사모님과 자녀들을 고생시킨다고 일장 잔소리를 늘어놓지요. 핸드폰을 보며 길 가시다가 차에 치일까 소리를 지르며 타박하는 것도 일상입니다. 설교나 심방 스케줄 관리를 잘 못해서 펑크 날 뻔한 적도 많아요. 한마디로 물가에 내놓은 아이처럼 불안합니다. 손이 많이 갑니다. 옆에서 이것저것 챙기지 않으면 안 될 것 같은 염려가 가득해요, 항상. 마치 지금은 고인이 되신 고 노무현 대통령처럼 말입니다. 안 도와주면 안 될 것 같은 분위기를 풍기는 리더십. 하기야 그분은 대통령이시니까 그렇다 치고요.

그런데 묘하지요. 부족함과 연약함을 가리지만 않아도, 솔직하게 인정하고 도움을 구하는 자세만 가져도 사람의 관계는 좋아집니다. 완벽한 모습을 갖추고 이미지를 관리하다 보면 카리스마적 리더십이 발휘될 것 같지만 대개는 그렇지 않아요. 서로 피곤해질 뿐입니다. 목사여도 한 인간이기에 언제든 무너질 수 있다는 것을 늘 염두에 둔 관계, 목사로서 직면할 수 있는 여러 가지 유혹에 대해 소탈하게 나눌 수 있는 관계, 부족함과 연약한 죄성을 힘겨워 하며 토로할 수 있는 관계. 오히려 이런 관계가 서로를 지켜줍니다.

한번은 이런 일이 있었습니다. 어느 날 저녁밥을 먹고 쉬고 있는데 갑자기 전화가 왔습니다.

"성균아, 나 너희 집 앞이다. 내려와 봐라."

무슨 일인가 싶어 내려갔습니다. 집에서부터 걸어오셨답니다. 벌써 분위기가 심상치 않아요. 걸으면 한 시간이 족히 걸리는 거리니까요.

"야, 이제 내가 너희 집까지 왔으니까 너도 우리 집까지 걸어가자."

제가 언제 오라고 했습니까? 연락도 없이 불쑥 나타나 왜 한 시간 거리를 걸어가자고 하시나 하는 마음이 들었지만 표정을 보니 같이 가야겠더군요.

"오, 마침 저도 운동하려고 했어요. 같이 가요 그럼."

이런저런 이야기를 나누다 보니 무슨 고민이 있으신지 금방 탄로가 납니다. 워낙 유명세를 타다 보니 여기저기에서 청빙이 들어온다는 겁니다. 한두 번이야 그럴 수 있다지만 잦은 청빙을 거절하는 것이 힘드신 겁니다. 게다가 제법 명분이 분명한 청빙이 들어와서 지속적인 간절함으로 부탁을 하면 정말 마음이 어렵다는 말씀입니다. 한평생 고생만 하신 사모님과 자녀들을 생각하면 조금 더 좋은 조건의 삶이 주는 안락함이 유혹으로 다가오기도 하시는 것이지요. '안 간다'가 결론인 것을 알면서도 그런 유혹에 조금이라도 흔들리는 자기 자신이 못마 땅하신 겁니다. 그래서 제가 그랬습니다.

"가고 싶으면 가세요. 그런데 아마 그런 체계적인 교회에 청빙되어 가 시면 말라 비틀어져 버릴걸요?"

목사님 안에, 그리고 제 안에 겹쳐지는 여러 가지 삶의 욕구, 실존 적인 문제, 나약하고 거지 같은 마음이 거울처럼 비쳐지며 제 마음도 착잡해집니다. 하지만 이때는 제가 더 강하게 이야기를 해야 합니다. 아무렇지도 않게.

"거기 가시면 목사님만의 매력이나 색깔이 완전히 죽어 버릴 텐데요? 어휴, 그 살인적인 스케줄? 어떻게 버텨. 그거 우리 스타일 아니야~!"

웃으며 강한 어조로 넘겼습니다. 그랬더니, 이렇게 한마디를 하고 웃으십니다.

"그렇지? 내가 가길 어딜 가냐!"

그러곤 또 한바탕 자화자찬, 자기비하를 하며 왁자지껄 떠드십니 다. 나름 협박 아닌 협박이 성공했습니다. 마음을 약간 정리하신 모양 입니다. 아니, 그저 그 마음을 알고 공감하는 사람 하나 있어서 다행 인 듯 마음을 쓸어내리시는 것 같습니다. 사실 그때 간지러워서 하지 못했던 말은 이거예요.

"저는 목사님이 좋습니다. 나 같은 별 볼일 없는 부교역자에게도 당신의 삶에 대해, 당신의 앞날에 대해 진지하게 말씀하시고는, 아무것도 모르는 전도사가 이러쿵저러쿵 떠드는 소리에도 맞장구쳐 주셔서 고맙습니다. 저를 한낱 교회의 부속물, 자기 목회를 돕는 조력자 정도로 보시는 것이 아니라 하나의 인격으로, 참된 벗으로 보아주셔서 고맙습니다. 우리 오래오래 같이 목회하십시다."

담임목사님은 유난히 양말에 구멍이 자주 납니다. 발톱을 안 깎는지, 양말을 안 갈아 신는지, 양말이 성한 날이 없습니다. 마트에 갔다가 생각이 나서 천 원짜리 몇 켤레를 샀습니다. 오다가 주웠다고 책상에 툭 던졌지요. 조용히 양말을 받아 신으시며 고맙다고 하십니다. 그런데 그날 난리가 났습니다. 그게 그리도 감동이 되었는지 SNS에 포스팅을 하고 좋아하십니다. 천 원짜리 양말 몇 켤레로 하나님 나라가 임했습니다. 담임목사와 부교역자의 관계가 뭐 별거 있습니까. 양말에 구멍 난 거 알아챌 수 있을 정도로만 사이좋게 지내면 되는 것 같습니다.

Story 36

보통 사람

한 청년이 이런 말을 합니다.

"만약에 목사님들이 목사 같았으면 저는 교회에 적응하지 못했을 거예요!"

"야, 그거 좋다는 말 맞지?"

"아 그럼요, 목사님이 보통 사람 같아서 좋아요!"

살짝 애매합니다만, 흐뭇합니다. 목사 같지 않다는 말을 들으니 사실 좋습니다. 꼰대 같지 않다는 말 아닌가요? 말이 통한다는 얘기도 되겠고요. 그래도 아직 청년들과 소통하고 마음을 나눌 수 있어 다행이다 싶습니다. 물론 목사이기 때문에 해야 할 말, 남들이 다 안 해도 꼭 해야 할 이야기들이 있습니다. 다소 불편하고 거리감이 생길 수 있는 이야기를 해야 하는 순간도 목회하는 가운데 찾아오곤 합니다. 하나님의 말씀의 편에 서서 성도들을 목양해야 할 부분에서 특히 더 그렇습니다. 하지만 대부분 '목사 같다'는 말이 함의하는 바는 그런 것 때문이 아닙니다. 그 언어생활과 표현에 있어 이질감이 강하고 공감되지 않는다는 말이지요.

한 성도님을 심방하는데 비슷한 말씀을 하십니다. 목사님들이 오신다기에 상당히 부담되고 긴장되어 꺼려졌다는 겁니다. 왜인가 하니 '상투적으로 오가는 대화, 설교조의 권면, 알아듣기 애매한 교회 용어들의 향연, 혼자서 말하기, 근엄하고 엄숙한 분위기'들을 예상하셨던 겁니다. 물론 그날 예상은 완전히 뒤엎어졌고 한 시간 내내 깔깔거리며 웃으시던 기억이 납니다.

이상하게 신학교에 가면 이미 30년쯤 목회한 목사님이 되는 사람들이 있습니다. 평상시에는 평범한 목소리를 내다가도 성도님들을 만나면 목을 눌러 '할렐루야'하면서 개구리 소리를 냅니다. 신학교 때 '대중을 압도하는 카리스마 발성법' 뭐, 이런 수업은 없었던 것 같은데 말이지요. 저는 어린 나이에 벌써 목사 흉내 내며 어딜 가나 설교하듯 개구리 소리를 내는 친구들을 보면 뒤통수를 후려갈기고 싶습니다. 아, 때리면 안 되나요. 목에 힘 좀 풀라고 마사지를 해 줘야 할까요?

저도 어느덧 목회 사역을 오래 하다 보니 벌써 '그들만의 리그'에서 살고 있는 게 아닌가 싶을 때가 있습니다. 우리들만의 용어를 사용하고 교회에서만 알아들을 수 있는, 아니 그것도 10년 이상 교회를 다녀 봐야 알만한 어휘들이 대화에 난무합니다. 대부분 관념적이고 피상적인 표현들이라서 정확하게 그 의도를 알기 어려운 표현들이 많습니다. 거기다가 근엄하고 권위적인 태도가 섞인 표현들까지 섞어 주면 제대로 목사 같아집니다. 설교의 황태자, 찰스 스펄전(Charles H. Spurgeon)이 '목회자의 언어생활'을 두고 이렇게 씁니다.

어떤 사람은 말투, 복장, 몸가짐 등으로… 더욱 목사답게 보이려고 합니다만, 저 스펄전은 반대로 그냥 '보통 사람'으로 지내는 것이 가장 목사답게 보이는 태도라고 생각합니다. 목사의 권위는 오직 영적으로만 나타나는 것입니다.

보통 사람. 아주 정확한 표현입니다. 예수께서도 신약에서 자신을 '인자'라고 말씀하셨습니다. 구약에는 '메시야'를 지칭하는 의미도 되지만 예수님은 자신을 지칭할 때 그저 사람의 아들, 보통 사람이라고 말씀하신 것입니다. 예수께서는 누구보다 평범한 시장 언어를 사용하셨습니다. 예수님의 비유 또한 대부분 그 시대를 살던 농부들이나 어부들, 일반적인 서민들이 가장 이해하기 좋은 소재를 사용하셨다는 것을 기억해야 합니다. 모르긴 몰라도 욕도 가끔 섞으셨을 것입니다. 즉, 목사의 권위는 언어표현이나 외연을 가꾸어서 되는 것이 아니라, 그 사람의 중심에서 나옵니다. 그러므로 비단 언어표현만의 문제가 아닙니다. 그 사람 안에 깃든 특권의식, 나는 너희와 다르다는 구분이 살아 있는 한 그들만의 리그는 종식될 수 없습니다.

교회라는 울타리 안에서만 교제하는 성도들의 대화도 마찬가지입니다. '참 하나님의 은혜지요, 주님께 기도를 해 보았더니, 주님이 제게 말씀하시기를, 성경적으로 볼 때에, 하나님의 인도하심이 있어서, 사탄의 역사가, 영적으로 충만해지고, 영이 맑아지고' 등등 이런 말들은 언뜻 들으면 한국말 같지만 그 안의 내용은 참 다의적으로 해석할 가능성이 많은 추상적인 표현들입니다. 나쁘다는 말이 아니라 이런 용어를 적절히 섞어주지 않으면 대화가 안 되거나 조금 신앙 수준이 떨어지는 사람으로 인식된다는 것이지요. 그러나 이런 인식은 세상을 향해서는 벽을 쌓는 일입니다. 언어습관이 밖을 향해 있지 않은 교회는 세상을 변화시키는 게 아니라 세상에서 고립됩니다. 저 또한 글을 쓰며 전형적인 표현이 깃들지는 않았는지 교회 언어에 익숙하지 않은 초신자들에게 위화감을 주는 표현은 없는지 돌아보게 됩니다.

재미있는 사실은 지극히 평범한 대화 가운데서 오히려 하나님의 큰 은혜가 임하는 것을 볼 때입니다. 내용은 크게 상관이 없습니다. 다만 상대방을 존중하는 태도, 눈빛, 사랑하고 인정하는 마음가짐, 삶의 자리를 진심으로 공감하는 자세, 잘 듣고 좋은 리액션으로 답하는 것만으로도 사람들이 감화되는 것을 봅니다. 예수 그리스도의 성품으로 겸손하게 빚어진 한 사람은 화려고 종교적인 용어를 쓰지 않아도 존재로써 큰 감동을 줍니다. 맞습니다. 성도의 교제는 수평적 관계에서 풍성해지고 인격을 통해 감화됩니다.

들어주기만 하면 되는가 싶기도 합니다. 그렇지 않습니다. 준비해야 할 것들이 있습니다. 대화 가운데 누군가 복음에 대해, 성경에 대해, 교리에 대해 궁금해 하고 질문했을 때 정확하고 명쾌하게 대답할 수 있는 실력입니다. 그때는 가차 없이 불붙는 논리가 뿜어져 나와야 하는 것이지요. 그리고 내 말이 상대방에게 정확하게 전달되는 것이 맞나 잘 살펴야 합니다. 그러므로 추상적이고 관념적인 용어로는 부족합니다. 보통 자기가 정확하게 이해하지 못한 것을 말할 때 상대방도 이해를 못합니다. 저 스스로 자주 점검하는 것이 있습니다. 성도들과 함께하는 자리에서 대화를 독점하지 않는가, 나 혼자 말하고 나 혼자 흥분하고 있지는 않은가, 상대방의 생각을 충분히 듣고 내 이야기를 하는가 입니다. 내친김에 스펄전 목사님의 이야기를 더 들어 봅시다.

목사는 다른 사람들과 함께 어울려 있을 때,
대화를 혼자 독점하지 않도록 조심하라.

목사에게 있어서, 오랜 신앙 연수를 가진 자들에게 있어서 이것만 지켜도 많은 문제가 해결되리라 봅니다. 남의 말을 성급하게 자르거나 판단하지 않고, 충분히 듣고 공감하며 그 마음을 헤아리는 훈련이 저를 포함한 목사님들에게 가장 필요한 준비인 것 같습니다. 무한 자이신 하나님께서 유한한 우리에게 자신을 계시하시기 위해 '언어'라는 도구를 사용하신 것을 기억하십시다. 심지어 육신을 입고 우리 가운데 오시기까지 했습니다. 우리가 쓰는 말, 우리가 살아내는 삶 한가운데로 임하셨다는 말입니다. 우리 또한 그들만의 리그에서 사용하는 고상한 말과 태도의 성육신이 필요하지 않을까요.

밥 잘 사주는 예쁜 목사님

담임목사님은 주꾸미를 좋아하십니다. 행신교회의 등록교인이 되려면 담임목사님과 주꾸미를 먹어야 한다는 말이 있을 정도입니다. 행신역 앞에 자주 가는 주꾸미 집이 있는데요, 한 주에 두세 번도 간 적이 있으니 정말 어마어마하게 먹었습니다. 제가 처음 교회에 왔을 때 목사님과 함께 먹었던 밥도 주꾸미입니다.

담임목사님은 밥을 잘 사십니다. 처음 오는 성도님들부터 거의 매일 있는 심방 때마다 매번 밥을 사십니다. 거의 '밥 목회'라고 해도 과언이 아닙니다. 목회활동비, 사례비로도 커버가 안되는 어마어마한 밥값. 그래도 이 은사를 멈추지 않으십니다. 덕분에 저도 항상 얻어먹었습니다. 커피 한 잔도 못 사게 하시는 목사님의 '가오' 덕분에 거의 매번 얻어먹습니다. 같이 심방을 한다고는 하나, 아마 목사님께 밥을 제일 많이 얻어먹은 건 제가 분명합니다. 그래서 저에겐 '밥 잘 사주는 예쁜 목사님'이지요.

어젯밤, 심방을 하는데 한 성도님께서 이렇게 말씀하십니다.

"목사님, 끊임없이 밥 사주러 다니시는 모습이 제일 예쁘십니다.
그 모습을 잃지 말아주세요."

목사에게 가장 중요한 사역이 무엇일까요? 저는 설교와 심방이라고 생각합니다. 좀 더 정확하게 말하면 설교는 하나님 말씀을 섬기는 일의 상징이고, 심방은 한 영혼을 섬기는 일의 상징입니다. 그리고 이 둘은 연결되어 있습니다. 하나님의 말씀을 전하기 위해 끊임없이 성경과 책을 붙들고 씨름하는 것은 결국 끊임없이 한 사람에게 달려가서 그들의 아픔의 자리에 함께하는 것으로 이어져야 합니다.

저는 소위 말해 외골수로 자랐습니다. 앞선 글들에서 밝힌 것처럼 관계에 있어서도 서툴었습니다. 교회라는 울타리 안에서 '종교심'을 무기로 사람과의 거리를 두었기 때문입니다. 지금 생각해 보면 주변 사람들을 많이 힘들게 했습니다. 어쩌면 예민하고, 날카롭고, 결벽증적인 저의 성향이 신앙적 경건과 잘 맞았던 것 같습니다. 저를 거의 무결하게 몰아가야 속이 시원했습니다. 그런 제가 다른 사람을 보는 눈이 어땠을까요. 지금 생각해도 아찔합니다.

이런 저를 하나님께서 인생 채찍과 사람 막대기로 다루셨던 것 같습니다. 10년이라는 시간 동안, 아이들을 가르치는 현장과 사람을 만나는 영업직에 두셨습니다. 아이들을 가르치려면 설명도 잘해야 하지만 그들의 마음을 알아야 합니다. 왜 저런 행동을 하는지, 저 아이의 관심사가 무엇인지도 알아야 하고요. 영업은 그야말로 영혼을 다 팔아야 물건 하나를 팔 수 있는 일입니다. 자존심과 내 생각을 내려놓아야 가능하지요. 저는 그때 목사로 사는 삶이 특별하게 더 고통스럽거나 가시밭길이라는 생각을 내려놓았습니다.

지나 보니 제가 언감생심 이 시간이 아니면 어찌 이렇게 많은 사람을 만나고 경험했을까 싶습니다. 아마 제게 주신 독특한 삶의 기회이자 훈련이었던 것을 요즘 새삼 깨닫습니다. 그리고 복이 터졌습니다. 행신교회에 와서 매일매일 사람 만나는 것을 제 사역의 전부로 삼고 있잖아요. 특별히 누군가와 만나 밥을 먹는다는 일을 즐겨 할 수 있고, 좋아할 수 있는 것은 참 큰 은혜인 것 같습니다. 담임목사님 말을 빌자면 이렇게 말할 수 있죠.

"인생 뭐 있나? 만나서 밥 먹고 떠들다가 가는 거지."

좌우지간 목사로 살며 누리는 영광과 특권이 있다면 주님께서 보내주시는 귀한 인생을 만나 함께 밥을 먹을 수 있다는 것이 아닐까 생각합니다. 목사 또한 비천하고 악한 죄인이지만 주님의 마음을 담아 한 사람을 살갑게 맞이하려는 그 노력 안에 조금은 따뜻해집니다. 우리를 품으시고 보듬는 주님의 숨결을 서로에게 발견할 수 있는 귀한 시간이니까요. 한 끼 밥을 함께하며 인생사를 듣고, 서로를 향한 호의를 가지는 것만으로도 은혜가 충만해집니다. 그래서 저는 담임목사님을 따라 열심히 밥을 사려고 합니다.

언젠가 방영했던 드라마 《밥 잘 사주는 예쁜 누나》에서 주인공 정해인이 명대사를 남겼죠. 한 번 따라 해 보십시오.

"내일 밥 사 달라고 하면 사주나?"

네. 사드립니다. 어서 오세요!

Story 38

종교 사기꾼

Y는 어느 주일, 불쑥 찾아온 새 가족입니다. 당시에 목사님과 교제를 하고 있었는데, 이제 결혼을 했으니 사모님이시네요. 결혼하기까지 참 많은 우여곡절이 있었습니다. Y 때문에 울고 가슴 아파한 날들이 아직도 생생합니다. Y에게는 교회와 얽힌 사연이 조금 있습니다. Y는 아주 어릴 때부터 한 교회에서만 신앙생활을 해 왔습니다. 반주자이기도 했고, 목사님의 지대한 관심을 받으며 자란 것 같았습니다.

Y가 섬긴 교회는 목사가 신적 존재였습니다. 전형적으로 교인들 위에 군림하는 목사였지요. 예언, 신유와 같은 은사를 가지고 성도의 삶에 개입합니다. 목사의 심기를 불편하게 하면, 전 교인 앞에 일어나 참회를 해야 합니다. 결혼이나 취업 같은 인생의 중대사를 목사가 마음대로 휘두릅니다. Y의 결혼도 이 목사가 오랫동안 막았습니다. '기도해 보니 니 짝이 아니다'라는 논리입니다. 신유기도를 한답시고 아프다고 하는 부위가 어디든지 손을 얹습니다. 여집사님들은 물론, 어린아이들에게도 말입니다. 강하게, 불이 들어가야 한다고….

처음 Y가 울면서 이런 이야기를 할 때, 너무 화가 나서 그 목사에게 찾아갈 뻔했습니다. 민망하고 미안했습니다. 성도를 우롱하는 것을 넘어 인생 전부를 망가뜨리고 있는 것을 도저히 참기 어려웠습니다.

무엇보다 자기 사욕을 위해 하나님의 이름을 망령되이 여기고 있는 것이 가장 분이 났습니다.

종교 사기꾼, 저는 이렇게 부릅니다. 그런데 종교 사기꾼에는 두 종류가 있습니다. 본인이 하는 짓이 사기라는 것을 아는 사람과 모르는 사람입니다. 그나마 자기가 하는 짓이 사기임을 아는 자는 다행입니다. 돌이킬 수 있는 여지가 있어요. 그러나 그런 짓을 '진심으로' 하는 자들이 훨씬 많습니다. 하나님의 대리자요, 하나님의 말씀을 받아, 하나님께서 주신 은사를 통해 그러한 사역(?)을 하고 있으니까요. 성도를 향한 진심 어린 사랑이기 때문에 어떤 행동도 용납이 된다고 생각합니다.

가장 큰 문제는 오늘날 아직도 이런 목사를 추종하고 따르는 성도들이 많다는 것입니다. 이 글을 보고 누군가는 저를 아직 뭘 모르는 목사라고 여길지도 모릅니다. 진짜 은사가 있고 진짜 병을 고치고 진짜 하나님을 체험하게 해 주시는 우리 목사님을 니가 뭐라고 비판하냐고 할지 모릅니다. 제가 한마디 해드리겠습니다. 당신은 지금 종교 사기에 빠지신 것입니다. 지금 당신의 목사를 거의 신적 존재로 떠받들며 당신 자신과 그 목사를 완전히 망하게 하는 종교 사기에 단단히 빠져 들어 가신 겁니다.

저는 종교 사기나 이단 전문가는 아닙니다. 그러나 오랫동안 이런 현상을 보면서 몇 가지 특징을 분석해 보았습니다. 종교 사기의 가장 큰 공통점은 바로 '구속력'입니다. 인간의 종교심을 극대화하여 한 사람 또는 집단에게 강력하게 구속당하도록 만드는 것. 이것이 바로 종교 사기의 결정적인 특징입니다. 그래서 교리적으로 큰 문제가 없는 정통교회라고 할지라도 목사에 대한 일인 추종구조가 형성되거나, 목사의 말 한마디가 상상을 초월하는 영향력을 가지게 되면 반드시 문제가 생깁니다. 기독교 신앙이 복음을 기초로 한다고 했을 때, 그 복음보다 더 큰 영향력을 가지고 사람을 휘두르는 구속력을 발휘하는 무언가가 교회 안에 있다면 그 교회는 심각하게 병에 든 것입니다.

점검을 해 보면 좋겠습니다.

'목사님이 하시는 말씀은 모두 하나님 말씀이다. 목사님께 기도받으면 사업이 잘될 거야, 병이 나을 거야. 목사님께 잘 하면 복 받는다고 했어. 무언가 중요한 결정은 목사님께 여쭤 봐서 결정하자. 그래야 뒤탈이 없지.'

이런 생각을 해 보셨다면, 그리고 하고 계시다면 이것은 필시 신앙이 뒤틀려 종교가 되어 버린 위험한 경우입니다. 목사를 신적 대리자로 생각한 종교, 목사가 인생을 쥐락펴락하는 존재가 되어 버린 종교입니다. 여기에 강력한 구속력이 작동됩니다. 웬만해서는 그 사고의 틀을 깨기 어렵습니다. 왜 그럴까요? 그렇게 했다가는 왠지 모를 저주를 받을 것 같기 때문입니다.

말도 안 되는 오류지만 명확하게 밝혀 보겠습니다.

첫째, 목사는 '신적 대리자'가 아닙니다

많은 분들이 목사를 하나님께서 특별하게 구별하고 선택하신 성직자라고 생각합니다. 그렇지 않습니다. 세상 사람들이 목사나 승려, 신부를 두고 성직자라고 말할 수는 있습니다만, 종교개혁을 통해 세워진

'개신교회'에는 성직자라는 개념이 없습니다. 개신교회에는 목사직이 있을 뿐입니다. 하나님 말씀을 전하도록 권한을 부여받은 사람, 교회와 성도를 목양하고 섬기는 것을 자신의 직분으로 가지는 사람이 목사입니다.

둘째, 목사는 복과 저주를 자기 마음대로 주무르거나 병을 고치는 사람이 아닙니다

은사를 자기 마음대로 사용할 수 있다고 생각하는 것은 굉장히 큰 교만입니다. 내가 마음먹으면 병을 낫게 할 수 있다는 생각이 바로 저주받은 생각입니다. 목사이기 때문에 효험이 더 있고, 기도 응답이 잘 된다고 생각하지 마십시오. 전혀 그렇지 않습니다.

셋째, 신자를 구속하는 것은 오직 '신자의 양심'뿐입니다

우리는 오직 예수 그리스도를 주로 섬기며 그분께 구속(救贖)된 존재입니다. 그러므로 이외의 어떤 것도 목사가 신자에게 강요하거나, 이래라저래라 할 수 없습니다. 목사는 말씀으로 돕는 자일 뿐입니다.

신자는 이런 인식을 탈탈 털어 버리고도 얼마든지 목사님과 잘 지낼 수 있습니다. 이제 동시대를 살아가며 비슷한 고민을 하는 목사님이 눈에 들어올 것입니다. 아니 무슨 목사는 비가 피해 갑니까, 아니면 비를 더 옴팡지게 맞습니까. 그런 거 없습니다. 우리는 모두 똑같은 죄인이요, 함께 주님을 섬기는 신자들입니다.

Y의 눈물은 여러 가지 회한을 담고 있습니다. 권위와 폭압으로 인생 내내 눈앞을 가로막았던 목사 때문에 허비한 시간들이 가슴 아프게 다가올 것입니다. 그리고 이제 허울과 같은 종교의 구속력에서 벗

어나, 신자의 양심으로 하나님께 나아가고 있을 것입니다. 어느 주일 성찬식, Y는 강대상에서 땀을 뻘뻘 흘리며 빵을 자르는 목사님을 보며 눈물을 흘렸습니다. 목사가 자기와 똑같은 사람이며, 죄인이라는 생각과 동시에 이제 그 너머에 계신 예수 그리스도를 볼 수 있기 때문입니다.

종교 중독자

교회와 목회자에 대한 상처로 마음과 신앙이 찢겨진 분들의 사연을 듣다 보면 화가 많이 납니다. '아니 왜 계속 당하고만 계셨습니까' 하는 생각이 들곤 합니다. 인간 안에 있는 종교적 열망이 대부분 삶의 문제와 직결되어 있기에 더욱 마음이 무너집니다. 절망적인 현실을 극복하고 이겨낼 대안으로, 이룰 수 없는 꿈을 이루어주는 대리자로 목사나 교회를 바라보기 때문입니다.

우리 안에 있는 종교심은 내가 믿기로 선택한 것을 더 확신하게 만드는 일종의 경향성을 갖게 합니다. 다 나쁜 것은 아니지만 혹 이런 경향성이 한 사람의 비판적 사고나 건강한 의심마저도 마비시키는 경우가 있습니다. 그것을 심리학적 용어로 '확증편향'이라고 합니다. '확증편향'은 지식이나 정보의 한 면만을 받아들이려고 하는 인지왜곡현상입니다. 정치적 신념, 사상 등에서도 이런 경향이 있지만 특별히 종교에서 확증편향이 두드러지게 나타나지요. 확증편향은 종교가 내건 가치와 또 그것을 말하는 사람(목사)에 대한 맹신으로 이어집니다.

절대적이고 신적 존재로 군림하는 목사가 탄생하는 스토리에는 그를 추종해 주는 수많은 신자들이 있다는 것을 잊어서는 안 됩니다. 상식적으로 보면 뻔히 보이는 잘못도 비상식적인 군중 틈에 있다 보면 가려지고 미화됩니다. 오히려 정보의 심각한 왜곡, 심지어 하나님 말씀에 대한 왜곡까지 일어납니다. 안타까운 사실은 절대로 자기와 다른 의견을 말해 주는 사람의 이야기를 귀담아 듣지 않는다는 것입니다. 이것은 지식의 많고 적음과는 전혀 상관이 없습니다. 도리어 지성을 자기 의견이나 신념을 뒷받침할 자료를 만들어 내는 데 사용하기 때문이지요.

'확증편향적 맹신'에 사로잡히게 되면, 자기와 맹신의 길을 같이하는 사람들 하고만 교제하고 싶습니다. 자기와 증세가 같은 사람하고만 이야기를 하는 이유는 자기와 다른 가치를 주장하는 이야기가 공격처럼 들리기 때문입니다. 분명한 상식선에서 말을 해도 귀가 열리지 않습니다. 그래서 더욱 배타성을 띠게 되고, 더 극단적으로 변합니다. 더군다나 '저 목사님의 말이라면, 팥으로 메주를 쑨다고 해도 믿는다!' 는 식의 맹신을 순결하고 참된 믿음이라고 여기게 됩니다. 비상식, 비논리를 믿는 것이 믿음이라고 여기는 것이지요. 때문에 어떤 일을 사안별로, 성경적으로 검토하거나 고찰하는 과정이 전혀 없습니다. 그냥, 목사의 말이라면 무조건 받아들이고 세뇌당합니다. 급기야 반사회적이고 비윤리적인 가치나 말들에도 과격하게 호응하며 반대자들을 향한 혐오와 반감, 과격하고 폭력적인 성향을 드러냅니다. 그래서 종교적 확증편향은 마치 과격한 민족주의나 파시즘과 비슷합니다.

가장 큰 문제는 이러한 맹신을 통해서 은혜를 받아 버리는 경우입니다. 고난이나 외로움이 자기의 확증편향적 경향 때문인데도 마치 그리스도의 남은 고난을 채우는 고통인 것처럼 여깁니다. 자기 죄 때문에 받는 고난을 예수님 때문에 받는 고난인 것인양 억울해 합니다. 그 억울함을 어떻게 해결할까요? 다분히도 감정적인 은혜체험을 통해 해소하는 것이지요. 맹신에서 비롯된 감정적 은혜체험은 주로 그 맹신의 대상에서 나옵니다. 목사님이 자기를 알아주고, 손이라도 한 번 잡아주면 그날은 가장 큰 은혜를 받는 날입니다. 그 손길이 바로 외로운 길을 가는 나를 이해하신다는 주님의 위로가 되어 버리지요.

물론 감정적 터치를 은혜라고 보는 경향성 자체도 한국교회의 고질적인 문제입니다. 조나단 에드워즈(Jonathan Edwards)가 『신앙감정론』에서 밝히는 것처럼 인간의 감정이 모두 하나님에게서 온 은혜가 아님에도 불구하고 우리는 자주 감정적 경험을 '은혜받았다'라는 말로 치환합니다. 정확한 신앙감정의 표지가 나타나지 않는데도 말이지요. 마치 표적이 나타나면 모두 하나님의 역사라고 믿는 것과 같습니다. 이단사이비에서 우리가 상상도 못할 표적이 더 많이 나타난다는 사실을 잊지 마십시오.

'악하고 음란한 세대가 표적을 구하나'(마 6:14).

어떻게 해야 할까요? 너무 당연한 말 같지만, 자기 신앙과 생각을 성경이라는 원칙과 복음이라는 원칙 앞에 두어야 합니다. 내가 따르는 목사와 교회가 성경과 복음에서 기인한 이야기를 하고 있는지, 아니면 정치적 이념이나 사상, 어떤 사람의 주장에 휩쓸려 있는지를 명확하게 볼 수 있어야 합니다. 후자라면 교회를 나오십시오. 복음과 성경에 기반한 곳이 아닙니다. 분별이 어렵지 않습니다. 하나의 사상이나 주장을 위해 성경을 가져다 쓰는지, 아니면 성경 자체의 말씀에 귀 기울이고 있는지를 보면 됩니다.

점검해 보기 바랍니다. 자기 생각이 극단에 치우쳐서 자꾸 타인에 대한 비난으로 가고 있습니까? 다른 사람의 의견이나 주장이 자꾸만 본인의 생각과 신념을 부인하는 공격으로 들리십니까? 맹신에서 비롯된 감정이 더욱 확신을 증폭시키고 고양시킵니까? 중병에 걸린 것이니 오히려 귀를 더 여십시오. 또한 무엇보다 자신에게 있는 은혜의 체험이 정확한 신앙감정을 기반으로 형성되고 있는지를 확인하십시오.

건강한 신자와 건강한 교회는 맹신을 강요하거나 부추기지 않습니다. 목사나 지도자들에게 결함과 부족함이 존재해도 서로 겸손하게 나눌 수 있습니다. "목사님의 입에서 나오는 모든 말이 하나님 말씀이다!"가 아니라, "하나님 말씀을 선포하는 두렵고 떨리는 자리에 있기에 틀릴 수 있습니다"라고 말할 수 있어야 합니다.

건강한 신자와 교회는 자기 자신과 타인을 판단할 수 있는 유일한 기준을 그리스도의 복음에서 찾습니다. 그러므로 사람을 맹신하거나 반대로 누군가를 완전히 악한 존재로 혹평하지도 못합니다. 자기 안에 두 가지 모습이 다 있기 때문이지요. 그러므로 늘 복음이 기준입니다. 복음은 우리가 살아온 죄된 삶과 미약한 신앙에 비해 하나님의 과도한 사랑이 부어졌음을 말해 줍니다. 그리고 한 사람의 업적이나 성과가 아무리 훌륭해도 하나님의 공의로운 계명과 의를 충족시킬 수 없음을 깨닫게 해 줍니다.

사람이나 집단을 추종하며 그 앞에 부복하는 것을 겸손이라고 말하지 마십시오. 그것은 자기처럼 하지 않는 자들을 모두 판단해 버리겠다는 잠재적 교만입니다. 종교 중독에 빠진 사람들이 유독 오만한 눈빛으로 우리를 불쌍하게 쳐다보는 이유가 바로 그것입니다. 오직 죄인이며 의인된 복음의 원리가 우리를 겸손하게 합니다. 복음 앞에 서야 합니다. 그것이 확증편향적 종교 중독에 빠지는 것을 경계하는 유일한 길입니다.

담목 뒷조사

담임목사님(이하, 담목) 댁에 처음 갔을 때, 제 눈에 가장 먼저 들어온 것은 집 안 가득 차지하고 있는 '책'들이었습니다. 방마다 큰 책장에 빼곡히 들어차는 것도 모자라, 가로로 쌓여있는 책들. 숨이 막혔습니다. 저게 다 돈이 얼마야 하는 생각이 먼저 들었지요. 역시, 목사는 책을 사다가 거덜나는 직업이 맞습니다. 한 귀퉁이가 무너져 있는 소파가 있는데 그 앞에 탁자가 하나 있습니다. 그리고 그 위에도 책이 수북히 쌓여있지요. 책들 사이로 제 시선을 잡는 것이 하나 있습니다. 여기저기 널려있는 작은 메모지들입니다. 글자가 빼곡합니다. 박웅현 작가의 『여덟단어』라는 책을 보면 강의안 메모를 캡쳐해서 담아 놓고 있는데 딱 그와 비슷한 모양새입니다.

"목사님, 이건 뭐예요?"

"아, 이거 설교 인사이트 메모."

"주일에 설교하시려면 이거 어느 정도 쓰세요?"

"한, 이만큼 정도?"

짤막하게 대답을 하시고는 제법 두툼한 양의 메모를 집으십니다.

꽤 많은 양입니다. 책을 읽다가, 또 묵상을 하다가, 생각나실 때마다 작은 메모지에 기록을 하신다는 겁니다. 내친김에 설교 준비를 어떻게 하시는지 물었는데, 잘 말씀 안 해 주십니다. 도리어 농담을 하시네요. "토요일 밤이나, 주일 새벽에 영이 임하시면 한 번에 쓴다"라고요.

목사 초년생으로 가장 잘하고 싶은 게 있다면 설교입니다. 저는 다른 어떤 것에도 경쟁심을 잘 느끼지 못하지만, 설교는 그렇지 않습니다. 설교를 정말 잘하고 싶은 욕심이 저에게는 무척 큽니다. 그래서인지 담목님의 설교 준비가 항상 궁금했습니다. 담목님 댁에 다녀온 뒤로 이른바 담목 뒷조사를 시작했습니다. 어떻게 설교 준비를 하시는가 캐기 시작한 것이지요. 결론은 조금 밍숭맹숭합니다만, 담목님은 항상 설교 준비를 하십니다. 딱히 언제 한다고 할 것 없이 설교에 집중된 일주일을 보내십니다. '목사는 언제나 어디서나 항상 설교를 준비하는 사람이다.' 이렇게 쓰니까 약간 멋있네요. 그럼에도 불구하고 제가 염탐한 설교자의 일주일을 한 번 말씀드려 보겠습니다.

1. 담목님의 설교 준비는 주일설교가 끝나면서 바로 시작됩니다. 그 증거는 바로 주일 저녁에 저에게 전화하셔서 본문에 대한 내용을 이러쿵저러쿵 말씀하신다는 겁니다. 그리고 주일과 월요일까지 본문을 계속 읽고 내용 자체를 파악하십니다. 본문에 익숙해지는 시간이지요. 그러고 나면 본문에 해당하는 다양한 주석서, 강해서를 거의 있는 대로 다 읽으시는 것 같아요. 이게 거의 월요일 저녁에 끝납니다. 많은 주석과 강해를 읽는 이유는 그것들이 본문에 대해 길잡이 역할을 해 주기 때문입니다. 설교자는 자기의 인사이트에만 의존하여 검증되지 않은 성경 해석을 마구잡이로 늘어놓아서는 안 됩니다. 그러므로

본문과 함께 여러 자료를 읽습니다.

2. 화요일이 되면, 다시 본문으로 돌아가고 이런저런 적용점과 인사이트를 묵상합니다. 이때 평소에 읽은 책들이 위력을 발휘합니다. 담목님은 헐렁헐렁, 걸뱅이 소울이 가득한 것 같지만, 책을 끼고 삽니다. 책을 읽고 있지 않으면 마치 큰 죄를 짓는 것처럼 생각하는 듯합니다. 그래서 사실 심방과 상담을 빼면 별다른 취미가 없으세요. 담목님의 책 읽기는 여러 권을 한꺼번에 읽는 꽤 요상한 방식이어서 따라가기 힘들지만 그만큼 장르를 가리지 않고 다독을 합니다. 책을 많이 읽어 놓으면 단순히 예화거리가 많이 생긴다기보다는 사고하는 방법, 논리를 풀어 가는 방식, 어떤 문제를 조금 다른 각도로 바라볼 수 있는 눈이 생긴다는 말입니다. 어떤 분들은 자기 생각이나 묵상이 중요하지 왜 다른 사람의 생각과 사고방식을 참고하느냐고 말씀하십니다. 한 사람의 사고는 절대 혼자서 깊어지지 않습니다. 사실 혼자 끙끙대어 보아야 자기 경험과 지식의 한계를 넘어 가지 못합니다. 그러므로 책을 통해 좋은 문장, 좋은 인사이트를 얻고 동의하거나 비판하는 자기 생각을 자기의 말과 글로 바꾸는 연습을 하는 것이 설교에 얼마나 큰 도움이 되는지 모릅니다.

3. 수요일이나 목요일 즈음, 설교의 얼개가 나옵니다. 자기만의 독특한 틀과 구성, 그리고 적용까지 이어지는 큰 논리가 구성됩니다. 이런 과정에서 산발적으로 메모해 놓은 생각들을 여기저기 배치하기 시작합니다. 밥을 여러 번 씹듯, 그 내용을 곱씹습니다. 무엇보다 성도의 삶이라는 아주 구체적인 현장을 심방하고 나누며 상담하는 과정에

서 본문이 주는 메시지가 매우 사실적으로 살아납니다. 목양과 설교가 만나는 지점입니다. 담목님이 자주 하시는 말씀이, 설교를 할 때, 너의 말을 듣는 사람의 상태나 유형을 구체적으로 상정하면서 써 보라는 것입니다. 실체가 없는 말은 힘이 없이 날아다니기 마련이거든요. 인간에 대한 이해의 깊이가 없는 설교는 성경의 한쪽 단면만을 보여줍니다. 성경을 자세히 보면 하나님을 비롯하여 모든 저자들은 구체적인 대상에게 말하고 있습니다. 매우 사실적인 이야기를 하고 있지, 추상적이고 교리적이며, 피상적인 말들을 늘어놓고 있는 것이 아닙니다.

4. 이제 금요일이나 토요일 오전, 때로는 성령이 임하는(?) 주일 새벽, 아무것도 보지 않고 설교를 써 내려갑니다. 논리가 빈약한 설교는 듣는 이에게 피로감을 선사하고 금방 딴 생각이 들도록 만듭니다. 그래서 치밀하고 짜임새 있는 글쓰기가 중요한 것입니다. 호흡을 한 번도 놓치지 않고 듣게 하려면, 가급적 호흡을 한 번도 놓치지 않고 쓰는 것이 중요합니다. 논리가 탄탄하다면 그다음은 감동입니다. 설교 시간에 성도의 마음을 훔치지 못하면 성도들은 사탄에게 마음을 도둑질당하게 됩니다. 20세기 최고의 강해설교자 마틴 로이드 존스(Matyn Lloyd-Jones)는 『설교와 설교자』에서 이렇게 말합니다. '설교의 목적은 감동이다.'

제가 뒷조사를 해 보니 대략 이런 순서로 설교 준비를 하시는 것 같습니다. 바른 모델인지는 잘 모르겠지만, 우리 교회의 설교는 일주일에 단 한 편입니다. 지금은 1부는 제가, 2부는 담목님께서 하시지만 원고가 같습니다. 설교를 함께 준비하는 과정도 한 꼭지로 구성하여 이야기를 해드릴 것입니다. 아무튼 주일에 단 한 편의 설교를 준비한다는 것이 편한 것 같지만 오히려 굉장한 긴장을 유발합니다. 단 한 편의 설교지만 일주일 내내 영혼을 다 쥐어짜서 준비하므로 이 치열한 설교를 성도들도 치열하게 듣기 마련입니다. 치열하게 설교를 듣는 성도를 상상할 때 자주 이 말씀을 떠올립니다.

'베뢰아에 있는 사람들은 데살로니가에 있는 사람들보다 더 너그러워서 간절한 마음으로 말씀을 받고 이것이 그러한가 하여 날마다 성경을 상고하므로'(행 17:11).

중요 구문의 원어 뜻을 보면, 베뢰아 사람들은 '너그러워서'(고상해서 KJV, 'noble'), '간절한 마음으로'(자발성을 가진 모든 열성으로), '상고하며'(자세히 조사, 연구하며), 하나님 말씀을 듣는다는 것입니다. 여기에서 한 가지 주목할 점은 '이것이 그러한가 하여'입니다. NIV는 이것을 'Paul said was true'라고 번역했습니다. 즉, '바울이 진리를 말하는가, 아닌가'를 알기 위해 날마다 성경을 연구했다는 것이죠. 이를 두고 존 스토트(John Stott)는 베뢰아 사람들을 '수용성과 비판적 질문을 겸비한 사람들'이라고 말했습니다. 저는 이것이 한국교회 강단 회복을 위해 무엇보다 중요한 신자들의 태도가 아닐까 생각합니다.

즉, 설교자의 치열한 일주일은 신자들의 태도와 상호작용합니다. 질문을 서슴지 않고, 더 알고자 하는 열심으로, 회의하고 의심하는 신자들을 통해 설교자는 견제를 받아야 합니다. 여기에 소홀하면 설교자가 강단에서 무슨 소리를 해도 프리패스가 됩니다. 점차 '설교'는 '본문'에서 멀어지고요, '본질'을 잃어버립니다.

이렇게 설교자가 하나님 말씀을 해석하고 선포하는 일을 두렵고 떨림으로 받들지 않고, 회중을 존중하지 않은 채 자기 소리를 하기 시작하면, 설교는 선동이 됩니다. 그리고 목사나 교회의 목적을 위한 수단이 되어 버립니다. 담목님께서 항상 하시는 말씀이 있습니다.

"설교자는 교회 운영과 목회를 위해 설교하기 시작할 때부터 타락한다."

네, 맞습니다. 설교가, 교회 건물 짓고 교회의 어떤 목적성 사업이나 나름 고상한 교회의 비전을 추구하기 위한 선동이 되기 십상인 것입니다. 우리는 이런 아픔을 상당히 오랫동안 겪어 왔습니다. 그리고 그 시간들을 한탄하고 속상해 합니다. 억울합니다. 그렇게 설교를 들었고, 배웠고, 그것이 믿음인 줄 알았다는 것입니다.

우리가 기억해야 할 것이 있습니다. 신자 안에 내주하시는 성령께서는 진리의 영이시기에, 신자의 양심 가운데 참된 복음이 무엇인가를 오롯이 알 수 있도록 조명하신다는 사실입니다. 그러므로 참된 신자는 성경을 연구하면 얼마든지, 설교자가 진정 '하나님의 말씀'을 선포하고 있는지 아닌지를 분별할 수 있다고 믿습니다. 그뿐 아니라 요즘 같은 세상에 책이 얼마나 많고, 심지어 손가락 몇 번만 두드리면 알 수 있는 지식이 얼마나 많습니까. 신자는 예배를 통해 선포되는 말씀 안에서 하나님을 만납니다. 성령께서 그것을 가능하게 하십니다. 그래서 우리에게 '신령(성령, spirit)과 진정(진리, truth)으로 예배할지니라'(요 4:24)라고 말씀하시는 것입니다. 이것이 예배의 가장 중요한 본질이고 교회의 핵심입니다. 그러므로 설교자와 청중은 예배 안에서 하나님의 말씀이 선포되고 이를 통해 하나님을 만나는 이 일에 '함께' 힘써야 합니다. 이것으로 담목 뒷조사를 마칩니다.

치명적인 유혹

교회와 성도들을 복음으로 섬기는 목회자가 되기로 결심했을 때, 가장 큰 문제는 크고 작은 죄의 유혹이 아닐까 싶습니다. 많은 목회자들이 중도 하차하는 것을 봅니다. 존경하던 목사님들이 여지없이 넘어지는 것을 보며 심히 큰 충격에 휩싸였던 것을 기억합니다. 목회자에게 주어지는 유혹은 굵직하게 보면 육욕, 물욕, 권력욕, 명예욕 같은 것들입니다. 어렸을 때는 이런 유혹이 저에게는 별로 없는 것 같아서 예수 믿고 많이 성화된 것 같이 착각했었습니다. 알고 보니 제가 성화된 것이 아니라 이것들을 붙잡을 기회가 없는 것이더군요. 쉽게 말해 돈이 없었던 거예요.

오랫동안 직장생활을 하다 보니 돈이 좀 있으면 유혹이 더 커진다는 것을 알게 되었습니다. 자본주의 사회에서 '돈 = 기회, 원하는 것을 이루어줌'의 공식은 분명하니까요. 어쩌면 물욕은 나머지 욕망을 채우는 도구가 되겠구나 싶었습니다. 얼마 되지도 않는 돈이었지만 수중에 돈이 생기니 이런저런 유혹이 몰려왔습니다. 결혼 전, 젊은 총각에게 안목의 정욕, 육신의 정욕이 얼마나 강렬한지 아시잖아요. 정말 쉽지 않다는 것을 깨달았습니다. 세상은 돈이 있으면 모든 것을 제공할 준비가 되어 있다는 걸 알고 있으니까요.

그래서였을까요. 돈이 없어 항상 허덕였습니다. 남들은 잘 모르겠지만 저는 항상 허덕이는 바람에 다양한 유혹에서 조금 자유로울 수 있었습니다. 제가 목회자의 소양이 잘 갖춰지고 유혹을 잘 처리할 수 있는 실력이 있어서가 아니라, 돈이 없어서 말입니다. 돈이 없는 사람의 무기력을 늘 경험하다 보니, 자신감, 박력, 매력 뭐 이런 것들이 있을 리가 없었습니다. 주님이 계신데 왜 쭈그리고 살았을까요. 제가 믿음이 없었나 봅니다. 그래서 목회자가 되려면 영적 실력을 갈고닦아야 한다고 생각했습니다. 그렇게 해야 성도들이 따르고 인정해 준다고 여겼던 것이지요.

나름대로 인정받을만한 영적 실력을 갖추려고 노력했었지만 쉽지 않았습니다. 사람들이 원하는 것이 실제로는 깊은 영적 실력이 아니라, 재미있고 박력 있고 언변이 좋으면서도 영빨이 넘치는 사역자라는 것을 깨달았습니다. 거기다가 젊고 참신한 이미지의 브랜딩까지 갖춘다면 업계(?)에서 뜨는 거지요.

오랜 시간 청년들을 사역하면서 깨닫게 된 것은 저는 별로 매력적인 사람이 아니라는 것입니다. 청소년들이나 청년들은 저를 고리타분하게 생각합니다. 한마디로 '노잼'입니다. 사람을 끄는 무언가도 없지만, 별로 그렇게 하고 싶은 욕구도 없습니다. 제가 보니 저는 나중에 담임목회를 하더라도 사람들이 많이 모일 것 같은 생각이 전혀 안 듭니다. 이쯤 되는 입장에서 목회자들이 유혹에 넘어지는 것을 보면 충격과 실의에 빠지는 것이 아니라, '아 나도 저 자리에 있으면 항상 저런 유혹에 노출되겠구나'싶은 것입니다. 그래서 자꾸 브레인스토밍을 해 보려고 합니다. 도대체 어떤 심리적, 영적 요인이 있기에 저런 심각한 결과가 나오는 걸까 하고요.

분명한 사실은, 성도들이 잘 따르고 교회가 착착 돌아가면, 내 말 한마디에 어떠한 제약도 없이 사람들이 움직여지는 것을 보면, 반드시 강렬한 유혹이 올 것이라는 겁니다. 원하는 것을 손에 쥘 수 있는 방법이 보이기 때문입니다. 그 상황에서 유혹에 자유로울 수 있는 목회자는 없다고 단언합니다. 한 목회상담 전문가는 "카리스마를 지향하는 목회자는 교인을 좌지우지하는 힘을 가지려 한다. 교만한 태도로 힘을 과시하다 자기 욕망을 채우는 방향으로 움직이게 된다"라고 말합니다.

의미심장한 발언입니다. 카리스마적 리더십을 지향하는 목회자에게 유혹은 매우 근거리에 있다는 얘깁니다. 목회자가 교회에서 재정권과 인사권을 가지면 교회를 어느 정도 주무를 수가 있는데, 그 막강 권력을 쟁탈하기 위한 장로들과의 한판 승부에서 이기려고 안간힘을 씁니다. 그래서 필요한 것이 과도한 영적 권위와 은사, 신비함의 이미지 같은 것들이지요.

그래서 저는 교회의 재정권과 인사권에서 목회자가 손을 떼는 것이 건강하다고 생각합니다. 그러면 교회가 평신도들로 인해 산으로 가지 않을까 염려됩니까. 복음을 제대로 선포하고 있는데도 성도들이 교회를 산으로 가져가는데 그 수준이 심각한 정도이면 과감히 사임해야지요. 그렇게 여기저기 떠도는 삶을 각오해야 할 것 같습니다. 아, 슬픕니다.

20대, 30대의 육욕보다 강력한 욕망이 50대, 60대의 명예욕이라고들 합니다. 인간에게 기본적으로 인정받고 싶은 욕구가 있다지만 교단마다 금권선거가 판을 치는 것을 보면 정말 왜들 저러시나 싶습니다. 저는 이런 목회자들은 이미 유혹에 넘어졌다고 봅니다. 자기 이름을 위해 지금 무슨 짓을 하고 있는 건지도 모를 만큼 눈이 먼 것입니다.

아마 지탄을 받는 많은 타락한 목사님들도 젊은 시절, 처음 목회를 나서던 시절에는 '아골 골짝 빈들에도 복음 들고 가오리다'라고 외치셨을 것입니다. '빛도 없이, 이름도 없이' 살겠노라고 주님 앞에 무수한 시간 목이 터져라 외치셨을거고요.

죄송하지만 이 문제는 자기가 결단하고 기도를 많이 한다고 해서 자유로울 수 있는 문제가 아닌 것 같습니다. 내가 처절한 죄인이고 언제든 넘어질 수 있는 연약함을 지닌 존재라는 것을 아주 솔직히 인정하고 취약한 부분은 주변의 도움과 감시를 받을 준비를 하는 것이 훨씬 더 건강한 게 아닌가 싶습니다. 앞으로 목회 지형에는 이러한 변화들이 일어나야 하지 않을까요. 우러러보기보다는 한 형제로써 함께 가는 목회자로 지켜주는 것 말입니다.

한 목사님께서 이런 말씀을 하신 기억이 있습니다. "목회자의 치명적인 유혹은 한순간에 찾아오는 것이 아니라 서서히 아주 조금씩 우리의 삶의 실제적인 작은 것들을 허용하는 순간들을 통해 찾아온다."고 말입니다. 사역자는 아무래도 여기저기서 대접을 많이 받습니다. 달콤한 말들도 듣기 마련입니다. 어쩌면 사탄은 아주 조금씩 목회자가 넘어지는 그날을 꿈꾸며 유혹이라고 생각되지 않는 것들로부터 유혹을 시작하는지도 모르겠습니다.

제게는 페이스북에 글을 올리며 '라이크' 숫자를 들여다보는 소소한 즐거움 같은 것이 이런 유혹이 아닐까 싶습니다. 일종의 명예욕이 잖아요. 그래서 자꾸 동종 업계를 비판하는 얘기들 위주로 글을 올리게 됩니다. 요즘은 SNS에 올리는 모든 글들도 빅데이터처럼 저장되어서 앞으로는 거의 한 개인에 대해 완전히 투명한 사회가 도래한다고 하네요. 그럴 일이 없겠지만 제가 혹시 검증되어야 하는 시점이 있다면 지금 뱉어낸 이 객기어린 글들이 저를 옥죄는 족쇄가 되길 희망해 봅니다.

무력감의 은혜

성도님들의 아픔과 고통, 교회의 여러 가지 당면 문제들 앞에 서 있을 때, 사역자로 가장 많이 느끼는 감정은 무력감입니다. 이런저런 답을 가지고 성도들 앞에 훈수를 두던 시절을 지나, 인생에는 답이 없는 문제가 훨씬 많다는 것을 깨닫게 되니 더 힘이 듭니다. 그저 듣는 것밖에, 감정이 이입되어 잠시 눈물을 훔치는 것밖에 할 수 없을 때가 많습니다.

"아 네, 그러시군요.. 정말 안타깝습니다."

물론 이 말 뒤에 숨지는 않습니다. '기도하겠습니다'라는 말로 얼버무리거나 책임을 회피하지 않으려고 무던히 노력했습니다. 할 수 있는 한 구체적으로 도와드릴 수 있는 내용이 무얼까 하고 말입니다. 취업이 안 되는 청년을 붙들고 밤낮없이 구직 사이트를 뒤지기도 해 보고, 돈 때문에 쩔쩔매는 분에게 없는 살림을 털어도 보았습니다. 가정이 파탄 나고 힘겨워 하는 이들 앞에서 그 찢어진 부분을 봉합해 보려고 밤을 지새워 상담서적을 들여다보기도 합니다. 그런데 말이지요. 할 수 있는 것이 사실 별로 없습니다. 그런 모습으로 설교단에 서야 하고 하나님의 은혜와 사랑을 이야기해야 할 때, 너무나도 참담합니다.

성도님들의 사정을 깊이 알수록 고통이 더 깊어집니다. 어찌해야 하나. 저 가정 어쩌나. 저 성도님 큰일 났네. 저 집사님 마음 상했네. 어쩌나. 저 권사님 저 문제 어떡하나. 밤에 누우면 해결할 수도 없는 문제들이 머리에 둥둥 떠다닙니다. 자꾸 한 인생이 제 머릿속을 파고드는 것이지요.

결론도 없고 걱정과 염려로 점철된 이러한 사고방식은 본래 저의 성미와 잘 맞지 않습니다. 저는 해결할 수도 없는 문제를 떠안고 부정적인 감정을 뿜어내고 있는 것 자체를 굉장히 힘들어 하는 사람입니다. 그래서 누군가 어떤 사람에 대해 비관적인 이야기를 하거나, 험담을 늘어놓으면 잘 듣지도 못했습니다. 그런 저에게 남의 인생 간섭하는 것만큼 힘들고 어려운 일이 없습니다. 잘되어야 본전이니까요. 게다가 해 놓고도 욕을 먹을 것 같으면 당연히 발을 빼고 싶은 게 사람 심리입니다. 그 와중에도 얄밉고 미운 짓만 골라서 하는 사람은 애써 모른 척하고 싶을 때가 많습니다. 그럴 땐 '목사가 이런 일까지 해야 해?'라는 생각이 불쑥 튀어 오릅니다. 참 못났지요.

예전에 교회에 오셨던 한 성도님이 있습니다. 지금은 여러 가지 이유로 더 이상 오지 않으세요. 당시 제 솔직한 마음을 고백하고 싶습니다. 그 인생의 아픔도 알겠고, 상처도 알겠고, 뭐가 필요한지도 알겠는데 적당한 거리 이상으로 다가가고 싶지 않았습니다. 그 성도님이 가진 약간의 미숙함이 제게 불편함을 주었기 때문입니다. 사실 여러 가지 면에서 감당하기 힘든 부분이 있었습니다. 그래서 제가 만든 마음의 면죄부는 다름 아닌 '그분으로 인해 일어나는 교회의 파장'이었습니다. 분쟁이 생기고 그것을 해결해야 하고, 결국 안 좋은 결론이 맺어지게 될 것이 눈에 뻔히 보였습니다. 사역 짬밥을 먹다 보면 이런 것들이 눈에 보일 때마다 머리가 돌아갑니다. 참 미치겠습니다. 사역을 얼마나 했다고 이러나요. 저 좀 맞아야 하나요. 결국 깊이 들여다보면 저의 이기심, 하기 싫은 마음, 감당하고 싶지 않은 마음이니까요.

그러고 보니 한 사람을 향해 무한한 애정이 쏟아지는데 아무것도 해 줄 수 없는 '무력함'은 되려 행복한 고통인 것 같아요. 그런데 이 죄인은 자꾸만 사람을 향한 불편함과 꺼려짐이라는 감정을 '무력함'이라는 감정으로 각색하고 있네요. '너는 할 만큼 했어. 해도 안 되는 걸 어떻게 해. 이유는 네가 아니라 상대방이야' 하면서요. 이런 감정을 어떻게 처리해야 하는지 아직은 더 성숙해야 알 것 같습니다. 이게 단순히 감정의 결벽증인지, 아니면 하나님 앞에 부끄러운 일인지를 아직 잘 모르겠습니다. 저의 숙제가 아닐까 합니다. 도널드 맥컬로우(Donald Mccullough)가 쓴 『모자람의 위안』에 이런 글귀가 있습니다.

> 당신은 하나님이 아니다. 그리고 당신의 자녀들도 인간일 뿐이다. 인간 마음의 가장 깊은 불안을 달래 주거나 가장 간절한 열망을 채워 줄 힘은 당신에게도 없고 그들에게도 없다.

부모가 자녀의, 자녀가 부모의 사랑과 기대 속에 살지만 궁극적으로는 서로를 채워 줄 수 없다는 것입니다. 부모만큼 자녀를 무한대로 사랑하는 존재가 있을까요. 그러나 인생을 지나다 보면 그 부모의 마음은 이내 '무력함'이 되어 버릴 때가 많습니다. 줄 수 있는 것이 없을수록 더 아픕니다. 줄 수 있는 것이 없어서 아프고, 최선을 다하지 않는 양심의 가책 때문에 아프고요. 아마도 사는 날 동안, 그리고 사역하는 동안 저에게 이 한계와 모자람은 점점 더 커져만 갈 것 같습니다. 결국 이 못난 인생을 하나님 앞으로 가지고 나아가 무릎을 꿇는 것이 전부가 될 것 같습니다. 부디, 갈수록 더 무력하게 하셔서, 모자라게 하셔서, 사람을 향해 머리를 굴리는 사역자가 되지 않는 은혜를 주시기를 간절히 기도할 뿐입니다.

Story 43

매운 맛 설교, 순한 맛 설교

"서울말을 선호하시는 분은 1부, 사투리라도 괜찮다고 여기시는 분들
은 2부 예배에 참석해 주십시오. 특별히 1부에 가시는 분들은 알곡이라
고 말씀드리기는 어렵습니다."

담임목사님의 위트 있는 광고 멘트에 청중석에서는 어김없이 큰
폭소가 터져 나옵니다. 우리 교회는 2020년부터 예배를 1부와 2부로
나눠 드리기로 했습니다. 자리가 점차 비좁아지고 있어서입니다. 대부
분의 교회는 주일 예배가 몇 부로 정해지던지 대예배 설교를 담임목사
가 맡습니다. 그러나 행신교회는 파격적인 결정을 하였습니다. 담임목
사님과 부목사인 제가 같은 본문, 같은 원고를 가지고 각각 1부와 2부
에 설교하기로 결정한 것이지요.

똑같은 설교를 주일 하루에 여러 차례 해야 한다는 것은 어떻게 보
면 공연이나 쇼 같아 보입니다. 편의상 잘 차려 놓은 종교 소비물 같기
도 하고 똑같은 중심과 액션으로 여러 번 진을 빼야 하니 설교자의 입
장에서도 그리 달가운 일이 아닙니다. 그러나 대부분의 교회에는 대예
배 설교는 담임목사가 해야 한다는 강박이 존재합니다. 그리고 그 자
리를 함부로 넘볼 수 없습니다. 그런 면에서 우리 교회의 결정은 1차

적인 파격입니다.

2차 파격은 설교 준비를 함께한다는 사실입니다. 부목사인 제가 보조를 한다거나 자료를 찾아드린다거나 대필을 한다거나 그런 차원이 결코 아닙니다. 말 그대로 함께 설교를 준비합니다. 본문을 같이 읽고 생각을 나누고, 주석이나 자료를 함께 읽고 함께 비평하고 토의합니다. 설교의 큰 줄기와 적용점도 함께 찾습니다. 앞서 '담임목사 뒷조사'라는 글에서 밝혀드린 그 일주일을 함께하는 것이지요. 사실상 설교 초년병인 저에게는 굉장한 성장의 기회라고 할 수 있습니다.

저는 이런 방식을 굳이 말하자면 도제식 훈련이라고 말하고 싶습니다. 도제란 장인이 되길 원해 장인으로부터 훈련받는 사람을 일컫습니다. 대부분 1:1로 훈련을 받으며, 집에 기거하며 함께 생활합니다. 주로 중요한 기술을 전수하거나 장인 수준으로 체득하기 위한 훈련이라고 볼 수 있지요. 메르세데스 AMG(벤츠 자동차 회사)는 엔진을 만드는 기술을 설립 초기부터 도제식으로 전수해 왔고 시계나 기계 산업으로 유명한 스위스나 독일 또한 이러한 도제식 직업교육을 오래전부터 해왔다고 합니다. 도제식 훈련의 핵심은 이론이나 교육에 있지 않습니다. 현장과 실기에 있습니다. 이미 한국에도 도제식 교육, 도제식 직업훈련을 다양한 기술습득을 위한 교육 시스템에 도입하고 있는 것을 봅니다.

설교자가 훈련되는 것처럼 교회 현장에 중요한 일은 없습니다. 그런데 한국교회는 좋은 설교자가 더 좋은 설교자를 양성하였더라는 미담보다 탁월한 설교자가 세운 교회가 그 이후에는 몰락하였더라는 슬픈 이야기가 더 많습니다. 물론 교회를 설교로만 세우는 것은 아니지만, 설교만큼 교회에 지대한 영향을 미치는 요소도 없기 때문이지요.

청교도 최고의 신학자로 불리는 존 오웬(John Owen)이 정말로 부러워한 설교자는 다름 아닌 『천로역정』의 저자 존 번연(John Bunyan)입니다. 존 번연은 못 배운 땜장이 출신입니다. 그럼에도 존 오웬은 성도들의 가슴에 불을 지피며 그들의 온 마음을 사로잡는 번연의 설교 능력을 가진다면 자신의 모든 지성과도 맞바꾸겠다고 할 정도로 그를 부러워했습니다. 그러니까 '설교자는 태어나는 것이다'라는 말입니다. 저처럼 말이 어눌하고 재미가 없는 사람은 담임목사님처럼 한마디를 해도 귀에 때려 박히는 설교 능력이 부럽습니다. 같은 원고로 설교를 해 보면 압니다. 하늘과 땅의 차이 같으니까요.

그러나 도제가 되어 담임목사님의 설교를 배우고 훈련한다는 것이 단순히 똑같은 설교 어투와 말하는 방식을 배운다는 것은 결코 아닙니다. 도리어 설교의 기술보다 하나님의 말씀을 대하는 방식, 그리고 성도들의 마음을 헤아리는 태도를 배웁니다. 갈고닦아 담임목사님을 넘어서는 설교자가 되고 싶다는 강력한 포부도 가져 봅니다. 아니 뭐 꿈도 못 꿉니까. 응원해 주시기 바랍니다.

그나저나 한 주간 담임목사님과 설교를 함께 준비하는 부목사 있으십니까? 1부 설교를 마치고 내려와 2부에서 같은 원고를 설교하시는 담임목사님을 보는 것만큼 큰 공부는 없습니다. 저는 참 행복한 부목사입니다. 내친김에 지면을 빌어 과감하게 말씀드립니다. 사실 이 말을 하려고 길게 썼습니다.

"사투리 설교가 불편하신 분들은 과감하게 1부 예배로 오십시오! 하하!"

Story 44

천천 목사, 만만 전도사

전도사 시절, 담임목사님께서 미국 집회 인도로 한 주를 비우신 적이 있습니다. 제가 주일설교를 맡았습니다. 유명한 설교자가 비운 강단에 서는 것은 굉장히 부담스러운 일입니다. 잘해야 본전이지요. 하필 그 주에 제가 설교할 본문이 사무엘상 18장입니다. 다윗이 사무엘에게 기름 부음을 받는 장면입니다. 사실상 하나님 앞에서 사울이 폐위되고 다윗이 이스라엘 왕으로 인정을 받는 본문이지요. 담임목사님께서는 설교의 어려움을 덜어주시려고 이런 멘트를 요청하셨습니다.

"관성은 천천이요, 성균은 만만이로다."

못할 줄 아셨나 봅니다. 두 번이나 외쳤습니다. 한 번은 따라 하시도록 했지요. 그때부터 제 별명은 '만만 전도사'가 되었습니다.

"이거부터 다 읽어라."

미국으로 떠나시기 전, 한 무더기 책을 던져주십니다. 주석서, 강해설교집, 관련된 서적들 도합 약 20권 정도 됩니다. 담임목사님께서는 사무엘서와 관련한 국내외 서적을 대부분 다 가지고 계십니다. 일단 집어 들고 읽기 시작했는데 여러 권을 읽다 보니 앞의 내용이 기억나지 않습니다. 엎치락뒤치락 일주일 내내 설교 걱정으로 가득합니다. 새삼 확인합니다. 설교자로 산다는 건 고역입니다. 모든 활동, 의식과 무의식이 설교에 매이더군요. 매주 새벽기도와 수, 금, 주일 모든 설교를 감당하시는 목사님들, 정말 대단하고 대단하십니다.

설교가 제법 쉬웠던 시절이 있었습니다. 뭘 좀 알 것 같던 때입니다. 책 몇 권 읽고, 성경 좀 보고는 설레발을 쳤습니다. 설교 준비도 제법 짧고 굵게 끝냈고 강단에서도 자신 있게 외쳐댔지요. 그 시간들이 부끄러워집니다. 지식과 경건의 얕음을 다시 한 번 확인합니다. 미천한 자의 머리와 입을 사용하셔서 영광스런 복음을 선포하게 하심이 그저 감사할 뿐입니다.

요즘은 마음만 먹으면 각종 번역본과 주해, 양질의 자료를 구할 수 있는 시대입니다. 구글링 몇 번으로 명석한 신학자들과 설교자들의 프리즘을 엿볼 수 있습니다. 어려운 것은 자기만의 설교를 구축하는 일이 아닐까 합니다. 좋은 지식, 좋은 주해, 좋은 예화보다는 내가 소화하고 곱씹어 나온 설교 말입니다.

저의 얕은 생각엔 오늘날의 설교자가 정보와 통찰의 양이 부족하다기보다 사람에 대한 이해가 좁은 것이 아닐까 반문해 봅니다. 설교가 마음에 와닿지 않는 결정적 이유는 듣는 이들의 비평적 사고력과 관련이 있습니다. 학문적 소양이 전반적으로 올라갈수록 보고 듣고 생각하는 깊이가 깊어집니다. 세속적 정신과 철학은 섬세한 인간의 내면과 감정을 다루고 있는데 설교가 상대적으로 빈약한 논리와 피상적인 차원의 대안 제시에 그치고 있다면 들리지 않을 수밖에 없습니다.

아니, 이미 어떤 말이 나올지를 다 알고 있습니다. 설교의 기승전결이 매번 도덕적이고 규범적 훈시로 끝나거나 봉사해라, 선교해라, 헌금해라 등의 주제로 귀결된다면 들리는 게 문제가 아니라 듣기 싫습니다. 설교는 그 자체로 빛과 어둠을 가르는 작업이며 날카롭고 예리한 작업입니다. 설교가 공중에 선포될 때 진리가 심령을 가르고 쪼갤 것인지, 허공을 울리는 메아리가 될 것인지 이미 결정됩니다. 쉽게 말해 헛소리했다가는 자기 자신과 성도들이 바로 알아차린다는 말이지요. 물론 진리를 선포하는 두려움 따위는 집에 모셔 두고 대부분 헛소리만 지껄이는 설교자들도 많습니다. 특정 그룹에서나 환영할만한 치우친 주장이나 정치적 이념 따위를 설교 재료로 삼는 자들, 본문을 읽어 놓고 전혀 상관없는 신파조의 간증을 늘어놓으며 연예인 노릇하는 자들, 겁박하고 호통치면서 사람들의 종교적 심리를 이용해 먹는 종교 장사꾼들 말입니다. 혹시 이런 설교에 귀가 열리고 들린다면 그것은 복음이 아닌 다른 우상에 호도되어 있는 증거입니다.

그렇다면 들리는 설교는 어떤 설교일까요. 20세기 최고의 강해설교자 마틴 로이드 존스는 설교에 있어 가장 중요한 것은 성도들에게 감동을 주는 것이라고 말합니다. 여기에서 감동은 감정적 동요나 카타르시스라기보다 하나님의 말씀을 듣는 성도들의 마음에 일어나는 어떤 변화를 말합니다. 즉, 자기 뜻대로 살아가는 세속적 삶을 내려놓고 영적인 삶을 살고 싶은 강렬한 열망이 설교를 통해 일어나야 한다는 말이지요.

저는 이 말을 이렇게 풀어 보고 싶습니다.

"성경이 구사하는 세계가 우리가 경험하는 세계를 압도해야 한다. 설교자는 성도들을 성경의 세계로 유혹하고 거기 살도록 하는 자다."

성경의 깊은 차원은 인간 내면과 죄를 적나라하게 드러내 보입니다. 우리가 경험하는 세계가 절망일 뿐임을 받아들이도록 하지요. 동시에 성경은 그와 선명하게 대비되는 하나님의 세계를 제시하며 절망적인 우리의 내면에 참된 갈망을 불러일으킵니다. 상한 심령의 갈망은 오직 빛과 소망이 되신 예수 그리스도로만 채워집니다. 오직 예수 안에 있을 때 우리의 심령이 가장 안전하며 복되다는 것을 재발견시키는 것. 이 작업이 설교의 목적입니다. 좋은 설교자는 이 과정을 섬세하고 매력적으로 제시하며 우리가 이전에는 보지 못하던 것을 보는 거룩한 상상력을 불러일으킵니다. 손을 뻗으면 닿을 것만 같이 성경의 세계를 활짝 열어젖히는 것이지요. 따라서 청중을 존경하며 존중하는 설교, 청중의 귀에 들리는 설교, 그들의 영혼을 살찌우는 설교는 다름 아닌 복음적이고 성경적인 설교입니다. 성도들은 이미 알고 있습니다. 주님께서 성도들의 영혼을 거듭나게 하실 때 이미 누구의 가르침도 받을 필요가 없는 기름 부으심을 허락하셨습니다.

> '너희는 주께 받은 바 기름 부음이 너희 안에 거하나니 아무도 너희를 가르칠 필요가 없고 오직 그의 기름 부음이 모든 것을 너희에게 가르치며 또 참되고 거짓이 없으니 너희를 가르치신 그대로 주 안에 거하라' (요일 2:27).

그러므로 참된 신자는 참되고 거짓이 없는 설교가 선포될 때, 성령께서 그 영혼에 공명을 일으키시는 것을 경험합니다. 설득과 감동은 그 지점에서 발생합니다.

물론 설교자인 저 자신도 늘 성경의 세계에 설득과 감동을 당해야 할 대상입니다. 그것을 잊으면 삶의 자리에 맞닿아 있는 신자를 하나님의 세계로 데리고 갈 수 없습니다. 설교자를 평범한 한 인간으로 살도록 하신 이유가 여기에 있지 않을까요. 그러므로 성경이라는 텍스트(text)를 가지고 인생이라는 컨텍스트(context)를 조명하며 자기 안에 일어나는 수많은 죄와 갈등을 들여다보는 일이 설교자의 또 다른 직무입니다. 그것이 공부를 특별히 잘하지도, 언변과 수사가 뛰어나지도, 글쓰기나 인문학적 소양도 부족한 제가 설교자로 설 수 있는 용기이며 위로를 받는 지점입니다.

설교자는 철저한 현실의 자리, 인간의 자리, 비참함의 자리에 있으면서도 동시에 하나님의 편, 말씀의 편을 드는 사람입니다. 그 사이의 괴리는 엄청나 보이지만 믿음과 은혜로 채워야 합니다. 복음에 가장 설득되고 감동하는 자가 설교자입니다. 매일 하나님 앞에 설 수 없는 자라는 것을 깨달으면서도 하나님의 마음을 절절히 깨달아야 하는 것이지요. 저는 이 영광의 자리를 사모합니다. 그래서 더 잘 살아내고 싶습니다. 설교자로 사는 것은 참 멋진 일입니다. 한 인간의 인생과 존재감이 하나님 말씀과 맞닿아 공명이 일어나는 도구가 되고, 그것이 독특하고 강력한 메시지가 된다는 것, 정말 영광스러운 일입니다. 그래서 좋은 설교자가 되기 위해 먼저 좋은 신자가 되고 싶습니다. 하나님께서 오늘도 저의 삶 가운데 모든 사람들이 경험하는 일상을 경험하게 하시기를 기도합니다.

Part 04

못난 신앙

그러진 다음세대

"형, 저는 사실 안 믿는 것 같아요."

　평신도 시절, 목사님의 자제였던 한 친구가 얘기를 꺼냅니다. 자신이 볼 때는 아버지를 보면 분명 하나님이 살아계시지 않는다는 겁니다. 자신을 때리고 욕하던 아버지가 설교단에 서 있는 이중적인 모습이 정말 힘들다고. 한참 전 어렸을 때 일이라 기억이 가물가물하지만 그때 저의 감정만큼은 생생히 기억납니다. 저는 그날 적지 않은 충격을 받았습니다.

　그 이후로 장로님의 딸, 권사님 아들, 선교사님의 자제 등등 소위 교회에 충성된 직분자들의 자녀들에게서 이러한 양상이 나타나고 있다는 것을 심심치 않게 접합니다. 예수를 일단 믿기는 하지만 하나님에 대한 지식과 하나님과의 관계가 심하게 왜곡되었거나, 교회는 출석하지만 실질적으로 예수 믿는다는 것이 무엇인지 모르는 경우입니다.

　지금 시대는 헌신된 직분자의 자제는 물론이거니와 교회에 출석하는 2세대들에게 '참된 회심'이 전혀 없는 경우가 대부분입니다. 목사인 아버지의 학대로 신앙의 문턱에 들어서기조차 어려웠던 B군의 심정은 어떨까요. 저는 그날도, 그리고 오늘도 그 친구에게 어떤 조언을 해야 할지 모르겠습니다. B군에게 과연 복음 어쩌고 하는 말이 들릴 턱이 없습니다. 지금도 이러한 병리적 현상에 대해 무엇을 어떻게 해야하는지 모르겠습니다. 신앙의 2세대, 3세대들에게 신앙이 제대로 심겨지는 일은 정말 불가능한 것일까요.

한때 교회마다 '다음세대'라는 말이 유행했습니다. 워낙 한국교회의 주일학교 숫자가 줄어드니 여기에 대한 대책을 세워 가는 것이지요. 대안학교를 세우고, 세미나를 하고, 눈높이를 맞춰서 교회 프로그램을 돌리고… 다양한 대책들이 세워졌습니다. 큰 맥을 보면 두 가지입니다. 하나는 '목회 방법론', 하나는 '다시 복음으로 돌아가자'와 같은 본질론. 사실 이 두 가지는 모두 필요한 것이지만 솔직히, 아주 솔직하게 말하면 우리 편에서 아무리 이런 접근을 해 봐야 별로 소용이 없습니다. 저들이 도대체 왜 그러는지, 어떤 문제가 있는지를 이해하지 못한 채 섣부른 대안을 제시하는 것은 의미가 없다고 봅니다. 우리는 왜 숱한 부모님의 신앙적 권면보다 '비와이'의 가사 한 줄이 어린 청춘들의 가슴을 들었다 놨다 하는지 아직도 모르거든요. 그냥 저게 노래냐고 핀잔을 줄 뿐이지요. 그럼에도 이 문제를 문화적 접근 방법론으로 보고 시대를 따라가야 한다고 생각한다면 그것 또한 문제의 본질을 전혀 이해 못한 처사입니다.

한국 땅에 개혁주의 신학의 토대를 깔고, 세계 최초로 성경 전권 주석을 집필하였으며, 평생을 목사요, 교사로 사셨던 故 박윤선 박사님의 업적은 이루 말할 수 없습니다. 한국 주류 기독교의 표본이며 목사들의 아버지입니다. 그런데 몇 년 전, 그분의 따님이신 박혜란 박사님이 쓴 『목사의 딸』이라는 책을 접했습니다. 많은 논란이 있지만 진위를 떠나 박혜란 박사님이 지적하시는 부분에 주목하고 싶습니다.

요약하면 이렇습니다. 거의 우상시할 정도로 모델로 삼는 한국교회의 목회자상은 평생 죽기내기로 충성하고 기도며 설교하는 것'만' 영적인 것으로 치부하는 영성이라는 것입니다. 그 수고로움(?) 때문에 가정이 파괴되고 자신에게 평생 왜곡된 하나님상과 교회에 대한 트라우마가 형성되었다는 것이지요. 이것이 아버지로 대변되는 한국교회의 근본주의적 권위주의가 지닌 치명적 약점이라는 것입니다. 젊은 시절 내내 방황하시던 박사님은 다행히 미국 덴버신학교에서 신학을 공부하며 하나님을 온전히 만나는 경험을 합니다. 그 이후 아버지를 용서할 수 있게 됩니다. 다행인지 모르지만 이미 숱한 고뇌와 아픔의 시간을 겪고 난 뒤의 일입니다.

이 땅의 다음세대들은 어찌해야 할까요. 이들에게도 물론 하나님은 역사하십니다. 오늘도 주님은 성실하게 이 땅에는 보이지 않는 은혜와 역사로 다음세대를 책임지고 계십니다. 그러나 혹시 하나님과 다음세대 사이를 우리가 가로막고 있는 것은 아닌지 심각하게 고민해 보아야 합니다. 많은 분들은 그 고민의 답을 앞서 박혜란 박사님의 책처럼 '우리 신앙의 각성과 모범'에서 찾습니다. 우리가 다시 회개하고 영적으로 정신을 차리며 아이들에게 좋은 신앙인으로 서 있어야 한다고 촉구합니다. 맞는 말이지만, 과연 그럴까요.

결론부터 말하면 저들이 기성세대에 바라는 것은 모범적인 그리스도인이 아닙니다. 기성세대가 교회에 충성하며 모든 면에서 본이 되고, 선한 일에 앞장서는 성화된 그리스도인이 되지 못한 것이 문제일까요? 우리가 복음대로 살지 못해서, 우리가 거룩해지지 않아서 저들이 이율배반을 느끼고 있는 것일까요? 그렇지 않습니다.

저들이 바라는 것은 '미안하다는 말 한마디'입니다. 저들의 영혼은 우리가 저들과 같은 고민을 하고 같은 죄성을 가진 인간이란 것을 말해주길 기다립니다. 그저 한 인간으로 부족한 것을 고백하고 잘못한 일을 사과하며 저들을 한 인격체로 바라봐 주는 것을 기다린다는 말이지요. 나도 살지 못하는 이 말씀 앞에서 똑같은 죄인으로 같이 살아 보자. 아빠는 하나님 말씀 앞에서 죄인이란다. 엄마는 절대로 의로운 인간이 아니야. 이 고백이 먼저입니다. 그들을 양육하고 책임져야 할 부모이지만 한편으로는 완벽하지 않고 결함이 많은 존재로서, 오직 주님의 십자가의 공로와 은혜가 필요한 존재라는 것, 그 사실을 먼저 아이들 앞에 고백하십시오. 복음이라는 기준으로 서로를 바라볼 때 아이들은 우리를 통해 하나님을 보는 것이 아니라, 우리 가운데 계신 하나님을 감각하기 시작합니다.

신학 대학 시절, 저는 목회자의 자녀들이 한없이 부러웠습니다. 장로님의 자녀들도 엄청 부러웠습니다. 꾸미지 않아도, 성적이 좋지 않아도 '목사 아들, 장로 딸'이라는 나와는 다른 클래스. 그저 웃기만 할 뿐인데 영적 명문가를 이룬 자존감이 뿜어져 나오는 것 같았거든요. 반면 저의 부모님은 아주 평범한 신앙생활을 해 오신 분들입니다. 그저 묵묵히 그 자리에 계시지요. 어머니는 제가 중학교 시절, 아버지는 제가 신학 대학에 들어가서야 신앙생활을 시작하셨습니다. 그러다 보니 성인이 되면서부터 부모님과 저의 관계는 거의 수평적이었습니다. 부모님은 신앙적 이유로 저에게 한 번도 잔소리를 하지 않으셨습니다. 지극히 평범한 신앙, 내세울 것이 없는 신앙이었기 때문입니다. 장로도 아니고, 교회에서 어깨에 힘 좀 주는 직분자도 아니었습니다. 그러나 지금은 그 사실이 저의 신앙을 비교적 온전케 했다는 것을 알기에 얼마나 감사한지 모릅니다. 아이러니하게도 저는 부모님들의 지극히 평범하고 상식적이며, 때로 하나님의 존재를 찾아 헤매는 그 모습을 통해 가장 큰 신앙의 유산을 물려받은 것입니다. 더 이상 바라는 것이 없습니다. 소박하지만 진실하게, 겸손하지만 성실하게 지금처럼 그 자리를 지켜주시기만 바랄 뿐입니다. 저 또한 이런 아버지, 이런 부모가 되고 싶습니다.

Story 46

말씀과 기도로 만들어지는 괴물

"우리 목사님은 영력이 부족해. 기도를 좀 더 하셔야 해."

하루에 기도를 3~4시간씩 하는 권사님들끼리 자주 하시는 말씀입니다. 그런데 알고 보면 기도 시간이 문제가 아니라, 본인들이 볼 때 '영빨'있는 모습이 안 보이기 때문에 하는 말씀이지요. 목사면 자고로 신령하고 영험한 기운이 느껴져서 하나님과 직접 교통하는 것 같아야 합니다. 목소리도 약간 개구리 소리를 내 줘야, 기도 좀 하는 목사가 되지요. 소위 영빨 있는 모습을 안 보이면 교인들에게 무시당하기 일쑤입니다. 성격이 온화하고 수용적이며 교인들의 이야기를 잘 들어주는 목회자는 매력이 없어 보입니다.

'우리 목사님은 말씀이 너무 부족해. 성경공부를 좀 더 해야 하겠는데?' 교회에서 오랫동안 제자훈련을 받거나 성경깨나 공부했다는 분들이 하시는 말씀입니다. 알고 보면 실제로 성경을 바르게 해석하는가의 문제가 아니라, 본인들이 아는 성경구절을 딱딱 대 가면서 레퍼토리를 충족시키지 못하기 때문입니다. 충성 · 봉사하며 오랫동안 교회나 선교단체에서 쓰임받았다는 사람, 일반 목회자는 엄두도 못 낼 정도로 책을 읽고 경지에 올라서 자기 나름대로 가르친다는 사람, 그런 사람들의 입에서는 주로 다른 사람을 깔아 내리는 말들이 튀어나옵니다.

가끔 SNS 영상으로 올라와 있는 많은 설교자들에게도 이런 현상이 다분히 나타납니다. 일방적인 경험을 가지고 다른 목회자들을 싸잡아 깔아 내립니다. 그런 분들은 하수입니다. 사실 고수는 따로 있습니다. 영적인 선구자 역할을 하며 한국교회나 목회자들을 안타까워하는 거짓 눈물을 흘리는 것입니다. 거기에 아멘 폭풍을 쏟아내는 성도들을 보면 안타깝습니다. 또는 자신의 신학적 입장을 가지고 어떤 견해나 현상들에 대해 아주 편협한 방식으로 정죄를 하거나 극단적인 말들을 쏟아내는 경우도 많지요. 결국 '내가 복음'입니다.

타인을 깔아 내림으로써 자신의 대단함을 증명해 보이는 것은 목회자나 성도들이 절대로 하지 말아야 할 비인격적인 경쟁 방식입니다. 얼마 전 SNS에서 한 목사님께서 목회자의 이중직을 비판하는 글을 보았습니다. 이중직 목회자는 현실에 타협한 자들이며, 진정한 복음의 능력을 경험하지 못한, 하나님에 대한 신실한 믿음을 잃어버린 목사라는 비판입니다. 참 개탄스러웠습니다. 내용의 타당성을 떠나 자신이 하고 있는 말이 무슨 말인지, 다른 이에게 어떤 느낌으로 다가가는지 전혀 감각하지 못하는 상태지요. 자기 신앙의 만족도가 높을수록 타인에 대한 공감능력이 상실되는 이러한 현상, 신앙이 자기 강화의 수단밖에 되지 않는, 말씀과 기도가 우리를 괴물처럼 만드는 이런 현상에 가슴이 아픕니다.

말씀과 기도는 그리스도인들에게 가장 강력한 신앙적 무기이고 은혜의 방편입니다. 우리는 이 두 가지 기본기를 통해 하나님을 깊이 알며 그분을 바라보고 감화되어 갑니다. 한마디로 말해 사람다운 사람이 되어가는 것이지요. 조나단 에드워즈는 그의 책『신앙감정론』에서 진정으로 은혜로운 거룩한 신앙감정이 무엇인지 뚜렷이 구별해 주는 표지들을 제시합니다. 그중 6번째로 '참된 겸손'에 대해 이렇게 이야기합니다.

> 복음적인 겸손은 그리스도인 자신이 전적인 무능함, 혐오할 만함, 그리고 추악함과 같은 심령을 가진 존재라는 것을 아는 감각이다.

그렇습니다. 신앙이 성장한다는 것은 자기 자신이 어떤 존재인지 알아가는 감각이 깊어지는 것과 같습니다. 자신이 얼마나 추하고 구제 불능의 죄인인지, 그러므로 나에게 베풀어진 이 구원이 얼마나 무지막지한 은혜인지를 더 깊이 깨닫는 것이지요. 그러므로 성령께서는 우리 내면에 사람을 대함에 있어 겸양의 자세를 취하도록 마음을 붙잡아 가십니다. 자연스러운 신앙의 열매입니다. 그러나 우리가 접했던 방식은 여기에서 많이 비껴간 것 아닐까 싶습니다. 신앙을 게임 레벨을 올리거나 운동능력을 향상시키는 것과 같은 자기 강화로 생각하는 것입니다. 단계별로 갑옷이나 무기를 획득하고 초필살기나 마법을 쓸 수 있는 영웅으로 성장하는 것처럼 말입니다.

점검해 보아야 합니다. 은혜의 방편인 말씀과 기도가 서로를 비방하는 근거가 되고 있다면, 그리고 자기 자신을 더욱 교만하게 만들고 남을 정죄하게 만드는 수단이 된다면, 우리는 복음에 사로잡힌 사람이 아니라 다시 종교에 사로잡힌 사람들입니다. 기도파가 말씀파를 정죄하고, 교조주의는 은사주의나 신비주의를 비방합니다. 기도파는 말씀파가 기도를 안 하니까 성령의 역사가 나타나지 않는다고 지적하며, 교조주의는 은사주의나 신비주의의 교리적 빈약성을 지적하면서도 정작 기도에는 열심을 내지 않습니다.

여기에 대한 조나단 에드워즈의 말을 한 번 더 들어봅시다.

점차로 믿음은 헛된 말다툼으로 타락하고, (서로 다른 주장을 하는) 양
쪽을 바른길에서 아주 멀리 벗어나게 하여 서로가 극단으로 크게 치우
치게 하며, 그들이 가장 잘 끌리는 방향이나 가장 쉽게 감동되고 동요
되는 방향을 따라 좌우로 치우치게 만들어 중간에 있는 올바른 길이 거
의 보이지 않도록 한다.

무섭습니다. 온전한 신앙감정은 우리를 겸양으로 인도하지만 거짓
된 신앙감정은 우리를 극단으로 끌고 갑니다. 우리는 지금 신앙의 '자
기 증명'에 빠져 올바른 길을 제대로 보지 못하고 있음이 분명합니다.
그러나 말씀 안에 기도가 있고, 기도 안에 말씀이 있습니다. 바른 교
리는 기도의 내용을 바꾸어 놓고, 바른 기도는 교리를 경험으로 바꾸
어 놓는다는 것을 기억해야 합니다. 그리고 바른 교리와 바른 기도는
반드시 하나님과 사람 앞에 겸손한 사람이 되도록 인도한다는 사실을
기억하십시오.

하늘에서 상이 큼이라

　주일학교 사역을 할 때 가장 곤욕스러웠던 것은, 달란트 시장입니다. 당일 하루 행사를 잘 치루는 성격이 아니기 때문입니다. 한 학기 또는 1년 동안, 아이들은 어떻게 사역자들에게 이 달란트를 빼앗아 올 것인가를 궁리합니다. 사역자들과 교사는 모든 권세를 손에 쥐고 공명정대한 판단력으로 제시된 기준에 도달하는 아이들에게 달란트를 지급해야 하지요. 여기서 약간이라도 어긋나면 큰일이 납니다. 이 지점에 참 힘들더군요. 예쁜 녀석들에게는 남발하고, 미운 놈들의 달란트는 뺏어 버리기도 했으니까요.

　요즘은 달란트 시장을 하는 주일학교가 거의 없습니다. 아니, 주일학교가 유지되는 교회가 드물다고 봐야겠지요. 어려웠던 시절, 교회 달란트 잔치에서 떡볶이를 사 먹고, 연필도 사고, 장난감도 살 수 있었습니다. 제법 와글거리며 아이들이 모여들었습니다. 헌데 요즘은 돈을 적잖이 들여도 아이들이 말을 듣지 않습니다. 달란트의 권세를 가지고 아이들에게 말 좀 듣게 해 보려다가 도리어 이런 소리를 듣는 것이지요.

　"전도사님, 저 그거 없어도 되요. 우리 집에 다 있어요."

달란트 시장으로 대변되는 주일학교 교육방식에 문제 제기를 하고 싶습니다. 아이들을 신앙으로 교육하고자 하는 의도는 좋지만 신앙을 왜곡하는 부분이 많습니다. '니가 잘해야 보상이 있다'는 방식은 좀처럼 복음적이지 않습니다. 달란트를 많이 받을 수 있는 비결은 출석, 헌금, 요절 외우기, 말 잘 듣기 등이고, 조금 더 진화된 방식은 친구 돕기, 전도하기와 같은 것들입니다. 어린 시절 올바른 생활 방식이나 습관을 가르치는 측면에서는 교육적 효과가 있다고 할 수 있겠지만 종교적으로 치우친 잘못된 신앙관을 심을 우려가 더 많습니다.

다분히 추측이지만 달란트 시장이 한창 주일학교에 성행했던 무렵이 한국교회가 물질적으로 가장 비대해진 시기와 맞물리는 것 같습니다. 메커니즘이 비슷합니다. 소위 한국교회 부흥의 이면에 있는 성장제일주의, 맘모니즘, 자본주의의 역학구조가 달란트 시장의 구조와 거의 비슷하지 않습니까.

물론 물질적 보상이나 인생의 축복과 같은 노골적인 요구들만 있는 것은 아닙니다. 영적인 보상. 상급 심판과 같은 좀 더 고차원적 보상심리를 자극하는 요소들이 있습니다.

'예수 믿은 우리가 하나님 말씀대로 온전히 순종하고 선을 행하며 교회를 위해 헌신·봉사하면 영적인 보상이 주어진다. 하늘에서 상이 큼이라. 그러므로 순교자, 전도자, 목사, 선교사, 교회 직분자들처럼 주를 위해 애쓴 이들은 하늘에서 큰 자요, 헐렁이 선데이 크리스천들은 작은 자다. 아무리 천국이라지만 주님과 멀찌기 앉아야 한다. 구원받은 강도를 기억하는가? 불 가운데 구원받은 자다.' 이런 요소 아닌가요?

저는 여기에 이의를 제기합니다. 저는 차등적으로 보상이 주어지는 상급 심판이 없다고 믿습니다. 유일한 상급은 구원이며 주님이라고 믿습니다. 물론 신학자들 사이에서는 의견이 분분합니다. 개혁주의 진영은 대부분 차등 상급 심판에 대해 인정하면서도 공로사상으로 빠지는 것을 경계합니다. 상급을 가능하게 하는 행위조차 하나님의 은혜로 돌려야 한다고 말합니다. 제가 쓰고 있으면서도 도대체 무슨 말인지를 모르겠습니다. 차등 상급이 있는데 공로사상이 아니면 대체 뭐고, 상급을 가능하게 하는 행위가 하나님의 은혜에서 비롯된 거면 왜 행위에 대해 보상합니까. 게다가 마지막에 구원받은 강도는 너무 억울한 거 아닌가요? 상급 쌓을 시간도 없이 곧바로 죽었잖아요.

저는 신학적 논쟁을 불러올 마음이 추호도 없습니다. 그러나 궁금합니다. 이 땅에 사는 이들에게 천국을 설명하는 것이 가능할까요? 천국은 도로가 금으로 깔려 있고, 과자로 지은 집이 있다고 말해야 하나요? 요한계시록에 나오는 각종 보석으로 설명을 해 봐야 그것은 이 땅의 개념 아닌가요? 게다가 자본주의적 관점에서 천국을 설명하다 보면 자꾸 보상과 경쟁적 측면에서 접근할 수밖에 없는 것 같습니다.

생각보다 많은 분들이 차등적 상급 심판의 뉘앙스 때문에 미결의 과제를 남겨 둔 것처럼 불안해 하십니다. 달란트 시장에서 떡볶이라도 한 번 사 먹으려면 10달란트가 필요한데 주머니에는 5달란트밖에 없는 주일학교 아이처럼 말이지요. 예수 믿고 난 이후의 삶에 대한 복잡한 정죄의식도 가집니다. 모든 행위에 평가가 있고 성적표가 있다니 누군들 자신이 있으며 만족스럽겠습니까. 아이러니하게도 신앙에 대한 진중한 고민이 있는 분들은 여기서 더 심화된 병리적 현상을 경험합니다. 자기 내면에 과도할 정도로 집중하고, 마음의 동기를 뿌리까지 점검하며 결벽증 같은 증세를 보입니다. 하루에도 몇 번씩 롤러코

스터를 타는 것처럼 감정의 스트레스가 상당히 심한 것을 봅니다.

사실 결론은 간단합니다. 자기 내면에 깊이 집중하고 동기까지 추적해 보면 자기 자신에게 죄밖에 없다는 결론에 이릅니다. 평생을 몸부림쳐도 그 사실에는 변함이 없습니다. 죽기 전까지 이 인식에서 조금이라도 달라질 수 있다고 믿으십니까. 그렇지 않습니다. 성화가 없다는 말이 아니라 우리가 죄인이라는 말 자체가 함의하는 바가 절망적이라는 말입니다. 만약 스스로 많은 부분 성화가 되었다고 느끼는 사람이 있다면 자기 인식에서 그런 것이지, 자기가 모르는 영역에서의 죄가 상당히 많다는 사실을 알게 되면 망연자실하게 되리라는 데 오백 원을 겁니다.

예수 믿은 자를 당신의 자녀로, 예수 그리스도의 의를 덧입은 자로 간주하시겠다는 것이 칭의입니다. 절대 우리에게 의가 주입되지 않습니다. 그러므로 실존적으로는 죽을 때까지 죄인이 맞지요. 그 사실을 인정하고 나에게 선한 행위가 나타나면 그것은 다 하나님의 은혜구나라고 생각하는 것이 속 편합니다. 그러므로 우리의 의가 전혀 의미 없는 칭의와 성화의 과정에서 도무지 무엇을 토대로 차등적 상급을 준다는 것인지, 대체 어떤 방식으로 상급이 주어지는 것인지 저는 잘 모르겠습니다.

그렇다면 '사도 바울과 구원받은 강도가 똑같은 상급을 받습니까?'라는 짓궂은 질문을 하시는 분들이 있으실 겁니다. '예스'라고 대답을 드립니다. 충격적이십니까. '내가 죽기 직전에 구원받은 강도와 똑같이 취급받는다고? 이런 제길!'하면서 사도 바울이 억울할까요? 그렇지 않습니다. 성경을 통해 만난 사도 바울 선생은 천국의 보상 때문에 저토록 사서 고생하신 것이 분명 아니기 때문이지요. 그가 평생의 삶을 주님께 온전히 헌신하고 역사상 전무후무한 복음의 전도자요, 설교자요, 하나님 나라의 선구자가 된 이유는 간단합니다. 그는 주님을 사랑했습니다. 그것도 아주 많이.

신앙 열심, 봉사, 헌신을 쏟아내며 한평생 예수를 믿는 자로 살아보아도 이 땅에서 아무런 보상이 없을 수 있다는 것을 기억하십시오. 천국에 가서도 '다른 사람과 차별화된 더 나은!' 무언가가 기다리고 있지도 않습니다. 차라리 '보상해 줄테니 열심히 해 봐!'라고 좀 하시면 속편하고 좋으련만 우리 주님 참 끈질기시지요. 그리고 물으십니다.

"이 모든 것이 없어도 나를 사랑하니?"

여기에 '아멘'할 수 있는 자가 진정으로 예수 그리스도 안에 있는 구원과 그분의 사랑을 아는 자라고 믿습니다. 저는 한평생, 상급받을 자격을 잘 갖춰서 주님 앞에 바짝 앉을 자신은 없습니다. 하늘에서 '큰' 상을 받을 자신도, 자격도 제게는 없습니다. 그렇지만 저는 이렇게 말하렵니다.

"주님이 나의 유일한 상급이십니다."

당 짓는 것

　청소년 사역을 하거나 학원에서 가르치는 일을 할 때 가장 어려웠던 점은 아이들이 편 가르기를 너무 잘한다는 것입니다. 5명이 모이면 3:2나 4:1이 됩니다. 주로 편을 가르는 주동자 녀석이 있고 나머지는 마지못해 동조합니다. 한 번은 남자아이 두 명을 앞세워 세력이 형성되었는데 우리 반 아이들이 7~8명씩 두 파로 쪼개져 있었습니다. 그래 놓고는 사사건건 학원에서 부딪힐 때마다 싸움을 일삼았습니다. 제가 개입을 해야 할 것 같아 알아보니 주동자인 줄 알았던 남자아이 둘은 서로 친하게 잘 지내고 있더군요. 알고 보니 두 아이의 여자친구 끼리 대립 세력을 형성하고 이간질하는 것이었습니다. 나중에 이 사실을 알게 된 남자아이 하나가 여자친구 편을 들지 않고 중립을 선언했습니다. 그러자 난리가 났습니다. 그 여자친구가 자존심에 손상을 입고 학원을 그만둔 것입니다.

　교회생활 가운데서도 내 편, 내 사람을 만들고 싶어 하는 사람들이 늘 있습니다. 그게 어떤 문제가 되는가 싶지만 사람이 마음먹고 당을 지으려 들 때 공동체에 굉장한 해악을 끼칩니다. 그래서 저에게 이런 욕망이 생성되거나 교회 지체 중에 누군가 이런 짓을 하는 걸 보면 심장이 뛰고 경계심이 일어납니다. 뭐랄까요. 비위가 상한다고 해야 할까요. 그럴 때는 사람들에게서 거리를 두고 관찰자의 위치로 갔습니다. 유일하고 소극적인 해결 방식이자 스트레스 풀이였습니다.

사람에게 왜 편 만들고 싶은 욕구가 생길까요. 사실 대부분의 동기는 1) 순수한 외로움. 친구가 필요해 2) 억울한 일을 당했을 때 같이 욕해 줄 사람이 필요해 3) 자기 연민, 상처 등에 대해 같이 공감해 줄 사람이 필요해 4) 나 여기에서 왕따가 아니라는 증거가 필요해 등입니다. 소극적이고 얼마든지 이해가 되는 측면입니다.

하지만 도를 넘어 당을 짓고 한 사람이나 세력을 매장하기 위한 악의적인 행위를 하는 것은 관점이 다릅니다. 자신의 주관적 의견이나 그릇된 감정을 타인에게 이입시키고 그들의 눈과 귀에 편견을 심는 일은 명백한 죄입니다. 갈라디아서 5장에서는 현저한 육체의 일 목록에 당 짓는 것을 명기해 놓고 이에 대해 엄중히 경고하고 있습니다. 분쟁을 일으키는 자들은 주로 주도권을 쥐기 위한 싸움을 치열하게 벌입니다. 그래서 분명한 목적으로 공동체를 좌지우지하려는 것이지요.

구체적으로는 어떤 유형이 있을까요. 잘 분별해 봅시다.

1. **요구사항 관철형** : 당을 짓고 세를 형성하여 은근하게 자기들의 요구 사항을 교회에 관철시키려는 자들.

2. **비방과 뒷담화형** : 마음에 들지 않는 사람에 대해 온갖 말들을 교묘히 지어내어 깎아내리고, 공동의 적을 만들어 자기 세력을 규합하려는 자들.

3. **난세의 간웅형** : 모두까기를 시전하며 춘추전국시대를 자기중심으로 통일시키려 하는 영웅심과 자기 의가 충만한 자들.

4. **마피아 보스형** : 자기 사람과 적을 철저히 구분하여 아군에게는 부당

이익을, 적에게는 불이익을 주려 하는 자들.

어렸을 때는 잘 몰랐습니다. 설마 이런 사람들이 교회에 있을까 싶었거든요. 그러나 정말 많습니다. 남녀노소를 가리지 않습니다.

노골적이지만 상세한 케이스를 들어 설명하는 이유가 있습니다. 대부분 당 짓는 자들은 힘없고 영향력 없는 성도들이 아니라 목회자나 교회의 중역들, 교회에서 영향력을 행사하는 사람들이기 때문이지요. 물론 주동자만 있다고 당이 지어지는 것은 아닙니다. 갈라디아서 5장의 '당 짓는 것'이란 단어는 그 분쟁에 휘말려 들고 각 당파에 가입하는 행위 자체를 의미하기도 합니다. 잘 아시는 것처럼 바리새인들이 강력한 종교적 세력을 형성하는 토대가 바로 이러한 당 짓는 결속력이었습니다.

어찌해야 할까요. 간단합니다. 편들어 주지 마십시오. 정당하고 객관적인 내용이 아닌 것으로 누군가를 헐뜯거나 자기 감정이 상한 것으로 여론몰이를 해 가며 못된 짓을 하는 사람에게 따끔하게 이야기하십시오. 친하고 잘해 주는 사람일수록, 공감해 주는 사람일수록 더 그리해야 합니다. 결코 사랑 없는 행동, 야박한 행동이 아닙니다. 매를 드는 것도 사랑입니다. 로마서 12장에서 바울은 형제 사랑에 대해 이야기할 때 가장 먼저 '사랑은 거짓이 없나니 악을 미워하고 선에 속하라'(9절)고 말씀합니다. 무슨 말입니까. 가면을 쓰지 않는 사랑, 진실한 사랑은 가장 먼저 선과 악을 분별하는 것에서부터 시작한다는 것입니다.

교회 공동체는 당 짓거나 소속되는 의존감정 등에서 하나 됨의 가치를 발견해서는 결코 안 됩니다. 옳든 그르든 일단 우리 편이다 라는 생각을 들게 하는 것이 공동체의 1차적 목적이 아닙니다. 우리가 진정으로 공동체에서 의지할 것은 다름 아닌 진리 앞에 서 있는 신앙 양심입니다. 종교 놀음에 끼어 여기 붙을까 저기 붙을까 하는 마음, 친한 사람을 좇아 이리저리 내몰리는 갈대 같은 마음이 아니라 정직하게 하나님의 말씀 앞에 서서 악을 미워하고 선에 속하는 마음입니다. 침례교 신학자 스탠리 그렌츠(Stanley J. Grenz)는 이렇게 말합니다.

참된 교회는 본질적으로 하나님과 자발적인 언약을 맺은 사람들이다.

이 말을 거꾸로 하면 예수 그리스도를 주로 고백함으로 하나님과 언약 맺은 자를 교회라고 부른다는 것입니다. 그러므로 하나님과 자발적인 언약을 맺은 자의 신앙 양심은 (설사 그렇게 다 살지 못하더라도) 무엇이 하나님 앞에 바른 행위인지를 압니다. 이 신앙의 양심을 토대로 세워진 교회가 어떠한 음부의 권세에도 무너지지 않는 강건한 교회가 되리라 믿습니다.

Story 49
그지 같은 실존

'주님, 저 이제 죄 안 짓고 오로지 말씀대로만 살겠습니다! 두고 보십시오.'

수련회나 부흥회, 말씀 사경회에서 큰 은혜를 받으면 어김없이 쏟아 놓는 고백입니다. 저는 비교적 어릴 때부터 신앙생활을 해 왔기에 교회의 다양한 집회들에 빠짐없이 참석했습니다. 덕분에 일찍 예수님을 만났고 은혜 가운데 살아왔다는 것을 부인할 수 없습니다. 수련회, 부흥회, 말씀 사경회, DTS, TD, 무슨 훈련, 무슨 학교 등 예전에 비해 줄어들기는 했지만 이런 집회를 통해 기대하는 건 다름 아닌 달라진 삶입니다. 그러나 큰 딜레마가 있습니다. 한 방 크게 은혜를 받았을수록 한 방 크게 죄를 짓고 다 쏟아 버리는 우리의 습성입니다.

일단 수련회에서 돌아온 첫째 날은 은혜가 따끈하게 남아 이전과는 몰라보게 달라진 모습으로 아침을 맞이합니다. 엄마에게 친절하고 동생에게 한없이 헌신적인 형의 모습, 마음속에 깊이 자리한 말씀을 떠올리면 몽글몽글 피어오르는 은혜의 향내가 온몸에서 진동합니다. 이번에는 성공이구나! 싶습니다. 이번에 받은 은혜는 진짜입니다. 그러나 그것도 잠시, 제 경험으로 보면 이틀 정도 지난 아침이 되면 서서히 약효가 사라지기 시작합니다. 슬슬 엄마의 잔소리가 짜증나며, 은혜로 무력해진 나를 건드리는 동생을 한 대 쥐어 패고 싶어집니다. 참고, 또 참고, 한 번 더 꾹 누르다가 마침내는 폭발해 버립니다.

"에이 씨! 내가 진짜 웬만하면 은혜롭게 살려고 하는데 왜 건드려!"

비슷한 패턴으로 은혜를 쏟아 버리는 경험을 20번 이상 해 보시기 바랍니다. 집회에 가서 함부로 은혜를 받지 않으려고 노력하는 자신을 발견하게 되실 겁니다. 이것 참 아이러니입니다. 이번에는 성령의 능력으로 정말 변화되고 말겠다고 결단을 했다가 처참하게 패배를 경험하는 이 삶이 신자 됨의 유일한 증거라도 되는 것 같습니다. 정말 나란 녀석은 지독한 놈입니다.

그러나 이 정도쯤 되면 포기할 만도 한데, 우리에게는 절대로 굴복하지 않는 열정이 있습니다. 결국 더 강력하고 빼도 박도 못하는 처방을 내리지요. 평범한 우리 교회를 벗어나 유명한 훈련 프로그램에 뛰어들고 유명 강사의 집회를 찾아다니기 시작합니다. 하지만 그때뿐입니다. 속세를 떠나 더 센 훈련을 받을수록 더 큰 절망과 괴리감에 빠집니다. 무슨 짓을 하든 우리 삶의 자리는 크게 변하지 않는다는 것을 알게 됩니다. 아마도 저만의 경험은 아닐 것입니다.

어쩌면 처음부터 방향을 잘못 잡은 게 아닐까요. 예수 믿고 변화되어 새사람이 된다는 것을 극적이고 드라마틱한 변화가 일어나는 것으로 오해한 것일까요. 한 사람이 성화되고 주를 닮기에는 심지어 인생이 짧다는 생각도 듭니다. 하물며 예배 한 번, 기도 한 번, 집회 한 번일까요. 사실 예수를 믿고 난 후 우리의 존재론적 변화는 거의 없습니다. 좀 어떠십니까. 예수 믿고 좀 많이 성화되셨습니까. 아니지요. 평생 주님과 교회를 섬기신 분들에게 이 고백은 더 실감나게 나오리라 확신합니다. 성경이 선언하는 인간상을 보십시오. 처참하고 절망적입니다. 특별히 하나님과 특별한 관계를 가졌던 이들이나, 이스라엘 백성들, 그리고 제자들을 한 번 보십시오. 확연해집니다. 성경은 실패만 기록한 책이 아닐까 싶기도 합니다. 역사상 가장 위대한 복음 전도자로 신약성서의 절반을 써 낸 사도 바울을 보십시오. 어느 통계에 보니 예수님 다음으로 존경하는 성경 인물이 바울입니다. 그러나 이 슈퍼파워 바울이 보여주는 자기 고백이 무엇입니까.

'오호라 나는 곤고한 사람이로다. 이 사망의 몸에서 누가 나를 건져내랴'(롬 7:24).
'죄인 중에 내가 괴수니라'(딤전 1:15b).

바울의 이 고백이 나온 시점이 과연 예수를 모르고 교회를 핍박하던 시절입니까. 그렇지 않습니다. 그는 예수님을 만나고 시간이 가면 갈수록 자기의 죄에 대해, 자기의 철저한 무력함에 대해, 자기의 비참한 실존에 대해 더 깊이 깨달아가고 있습니다. 겸손의 표현이 아닙니다. 사도 자신에게는 매우 실제적인 자기 인식입니다. 하나님을 아는 지식이 깊어질수록, 그리고 주를 위한 헌신과 사랑이 깊어질수록 우리의 생각을 지배하는 한 가지가 있어요. 내가 아주 쓸모없는 자이며 하나님의 영광을 가리기에 딱 좋은 도구라는 사실입니다. 바울이 자신을 죄인 중에 괴수라고 고백할 때 동시에 외치는 사실이 있습니다.

'미쁘다 모든 사람이 받을 만한 이 말이여 그리스도 예수께서 죄인을 구원하시려고 세상에 임하셨다 하였도다'(딤전 1:15a).

그렇습니다. 이 사실이 전부입니다. 백 번, 천 번 더 들은 말이지만 또 듣고 또 말해도 좋은 이 소식. 죄인 됨에 대해 깊이 깨달을수록 이 복된 소식이 머리를 지나 가슴으로 내려앉습니다. 심장이 뛰는 이유, 피가 흐르고 온몸의 세포가 살아 있는 이유가 바로 이 소식을 전하기 위함임을 깨닫습니다. 우리의 몸에서는 깊은 탄식이 나오지만 내 눈은 주의 영광을 봅니다. 그래요. 맞습니다. 이것뿐입니다. 평생 죽도록 이 소식을 선포하고 고백하며 외쳐도 모자랄 만큼 이 복음이 전부입니다. 요즘 들어 무척 그지 같은 내 실존. 이 고백이 잦아집니다.

'아이고 주여, 이 죄인 죽여주십시오.'

칭의와 성화

'예수 믿고 난 후, 당신은 정말로 변화되었습니까?'

이 질문 앞에, 네! 라고 답할 수 있는 사람이 얼마나 될까요. 사실상 성화의 삶을 규정할 때 그것이 우리 차원의 열심이거나 우리끼리의 간증이지 하나님의 관점에서도 과연 그럴까요. 우리의 행위가 합당하다고, 성경의 요구에 상응한다고 자신할 만한 삶을 살아낼 수 있는 것일까요. 성화에 대해 체념을 불러일으키고, 성화 무용론을 말하고자 함이 아닙니다. 그만큼 하나님과 우리 사이의 존재론적이고 도덕적 갭이 어느 정도인지 잘 감각하지 못하고 있다는 뜻입니다. 하나님의 무한한 영광과 그분의 성품 앞에서 어느 누가 나는 의인이요, 할 수 있을까요.

결국 우리에게 성화의 삶은, 말도 안 되는 죄인에게 '의롭다'고 간주해 주시는 칭의의 선언을 붙잡을 때만이 가능합니다. 즉, 성화는 그리스도의 의, 그리스도의 십자가를 붙들 때에만 가능합니다. 아이러니하게도 신앙생활의 무수한 실패와 낙심을 통해 처절한 자기 깨어짐을 경험하는 사람들에게서 변화된 삶이 나타나는 것을 봅니다. 오직 그리스도밖에는 붙들 것이 없으며 구제불능의 죄인을 의롭다 하시는 하나님의 은혜가 너무나 강력하다는 것을 깨닫기 때문입니다. 그러므로 칭의로부터 흘러나오는 은혜를 한평생 붙드는 것이 죄책에서 벗어나 성화된 삶으로 갈 수 있는 유일한 길입니다.

사실 참된 신앙의 여부는 감당할 수 없는 죄를 짓고 난 이후에 판가름 납니다. 죄가 주는 낙에 빠지거나 화인 맞은 양심이 되어 아예 신앙적 삶에서 무너지거나 완전히 죄의 절망에 빠져 자기 정죄와 자기 연민에서 허우적대는 신자는 참된 신앙을 그 토대로 가졌다고 할 수 없습니다.

그렇다면 성화의 삶은 실체가 없는 허상일까요? 왜 우리는 성화의 과정과 열매를 그토록 확인하기 어려운 것일까요? 성화를 '죄 없애기'로만 바라보기 때문입니다. 우리는 죄를 더 깊고 섬세하게 들여다볼수록 죄가 자신을 지배하는 것을 보게 됩니다. 죄로 향하는 자아를 꺾어보려고 아무리 노력해도, 이전보다 황폐해지는 것을 경험하지요. 10가지 죄를 이겨보려고 안간 힘을 써서 9가지를 제거했는데, 내가 모르는 10가지의 죄가 또 나타나 이미 옆 사람에게 해악을 끼칩니다. 게다가 죄는 시간을 타고 역사합니다. 20대에는 결코 발견하지 못했던 죄가 30대를 지날 때 나타납니다. 30대에는 결코 범하지 않을 죄가 마흔을 먹으면 스멀거리며 고개를 듭니다. 이것이 죄의 속성입니다.

이런 경우도 있습니다. 자기 자신에 대해 인간적으로 종교적 관점으로 제법 괜찮은 사람으로 인식하는 것입니다. 특히 주변 사람들에게 과도한 칭송을 받거나 무결점 신앙으로 추앙받는 목회자들은 더욱 조심해야 합니다. 겉보기에는 말씀과 기도가 생활화되고 거룩한 삶을 사는 것처럼 보이지만 도리어 신자들보다 무방비 상태에 놓여 있는 이들이 목사입니다. 아무도 터치하지 않습니다. 성역처럼 여겨지는 목회자의 삶에서 윤리적 타락이 유독 많이 나타나는 이유도 이 때문입니다.

성화는 칭의와 불가분리의 관계입니다. 사실상 종교개혁자들이 반펠라기우스주의에 대응하기 위해 바울 서신의 신학적 논리에 따라 칭의와 성화를 구분하여 설명하였지만 둘은 기본적으로 같은 개념으로 간주하는 것이 맞습니다. 그러므로 칭의의 은혜를 붙드는 자는 오히려 신앙이 깊어질수록 죄에 대한 인식이 예민해지고 자기에게 집중된 관심이 타인 지향적으로 변합니다. 이것이 지극히 정상이예요. 칭의의 은혜가 깊어질수록 여전히 죄인 된 자기 존재와 하나님의 무한한 영광 사이에 엄청난 간극을 발견합니다. 그리고 그것을 잇는 유일한 길, 그리스도를 붙드는 것이 한평생 신앙의 전부임을 깨닫습니다.

그러므로 하나님을 깊이 아는 것이 성화의 한 실체라고 할 수 있습니다. 하나님을 깊이 알면 인간을 아는 지식이 깊어지기 마련이며 자기 인식이 점차 성경적으로 변화되어 갑니다. 자기 자신이 실존적으로 그리스도 없이는, 그리스도의 의를 붙드는 것 없이는 구원받을 존재가 아니라는 고백을 토해내고, 구제불능의 죄인임에도 이미 의롭다고 선언된 존재라는 것이 감격이 됩니다. 이것은 아주 강력한 성화의 실체이지요.

그 하릴없는 은혜 때문에 더 주님을 깊이 붙들고, 주님께서 말씀하신 것을 기꺼이 감사하는 마음으로 순종하고, 주님이 기뻐하시는 일을 위해 한평생 애쓰는 것. 이것이 성화 아닐까요. 그것은 교회나 목회자가 강요하고 답과 틀을 제시해서 되는 것이 아닙니다. 역설적이지만 값없이 주어진 이 칭의의 복음을 통해 그리스도의 의를 강력하게 붙드는 것, 한평생 그리스도를 붙들고 의지하는 것이 가장 큰 성화인 것 같습니다. 그리고 우리 하나님께서 그것을 가장 기뻐하실 것이 분명합니다. 그분께서 우리를 키재기하시며 얼마나 성화되었는가 레벨테스트를 하는 분이 아니시기 때문이지요.

하나님의 율법 앞에 우리 모두가 심판받아 마땅한 죄인인데, 그리스도께서 거룩한 순종의 삶으로 온전히 획득하신 의를 우리들에게 전가하셔서 경건치 않은 우리들을 의롭다고 간주해 주시는 것. 이것이 제가 믿고 고백하는 칭의의 정의입니다. 한평생 이것을 붙들고 살리라 다짐합니다.

> '한 사람이 순종하지 아니함으로 많은 사람이 죄인 된 것 같이, 한 사람이 순종하심으로 많은 사람이 의인이 되리라'(롬 5:19).

Story 51

안구정화

영국의 작가이자 평신도 신학자, 그리고 역설의 왕자로 불렸던 체스터턴(Gilbert Keith Chesterton)이 이렇게 말합니다.

한 남자가 사창가의 문을 두드릴 때, 그의 영혼은 사실 하나님을 찾는 것이다.

이게 무슨 해괴망측한 소리인가 하시겠지만 정확한 이야기입니다. 인간 안에는 무수한 욕망이 있습니다. 그리고 그 강렬한 욕망의 근원은 영혼의 유일한 만족이신 하나님을 상실하며 생성된 한계와 결핍입니다. 뻥 뚫린 구멍을 이런저런 것들로 채우고자 하지만 결코 채워지지 않습니다. 사창가를 찾는 행위 안에는 성적 욕구보다 깊은 차원의 것들이 존재합니다. 근원적 외로움이나 허덕이는 영혼의 갈증, 현실도피와 같은 것들이지요. 성을 돈 주고 사는 행위가 비도덕적이라는 것을 설명할 필요가 없는 것처럼, 자본주의는 영혼의 한계와 결핍을 돈으로 채울 수 있다는 비도덕적 욕망을 불러일으킵니다.

우리의 큰 착각은 먹고사는 문제가 일정 부분 해소되면 행복이 찾아올 것이라는 믿음입니다. 과연 그럴까요? 좀 더 맛있고 고급스런 음식, 넓고 쾌적한 집, 수준 높은 문화생활도 즐겨야 합니다. 점점 더 눈이 높아지기 마련입니다. 보통 육적인 쾌락을 사랑하는 것을 손가락질합니다만, 우리가 선망하는 고상하고 안락한 삶 또한 쾌락의 한 형태라는 것을 기억해야 합니다.

예수께서 하나님의 유일한 적수로 돈을 말씀하십니다. 돈은 1차적으로는 물질의 소비와 소유를 부추기지만 그 이면에는 행복과 쾌락을 돈으로 사려는 영혼의 갈망이 숨어 있는 것이지요. 그래서 사람도, 영혼도 심지어 마음의 위로를 주는 종교도 돈을 주고 삽니다. 때문에 그 위력이 막강합니다. 한쪽에선 돈이면 다냐고 묻습니다. 하나님이 주시는 행복한 삶에서 돈은 중요하지 않다고 말합니다. 정말 그렇습니까. 돈이 없으면 불행합니다. 그것은 신자나 비신자나 똑같습니다. 처절할 정도로 비참해지는 것을 보게 됩니다. 그래서 하나님을 유일한 만족을 삼고, 행복으로 삼겠다는 뻔한 답은 함부로 할 고백이 아니지요. 이런 방식으로는 답이 안 나옵니다. 질문이 틀렸기 때문입니다. 다시 질문해 봅시다. 하나님을 믿는 것이 행복을 담보하는가. 우리가 예수를 믿는 것은 행복한 삶을 위해서인가.

예수를 처음 믿을 때부터 오직 하나님의 영광을 위해 살겠다고 고백하는 사람은 많지 않습니다. 처음엔 인간의 가장 근본적인 질문에서 시작합니다. 행복하고 싶고 잘살고 싶다는 욕구입니다. 아프고 힘겹고 고통스러운 삶에서 벗어나고 싶어 예수님께로 오는 이들이 대부분입니다. 그러나 여기에서 멈추면 안 됩니다. 하나님을 믿는다는 것이 오히려 불행을 초래하거나, 세상에서 얻은 행복마저도 앗아가는 것처럼 느껴지는 순간도 신자의 삶에는 숱하게 찾아오니까요. 이 지점에서 우리가 점검해야 할 내용이 몇 가지 있습니다.

'하나님을 아는 지식이 온전한가' 점검하십시오

좀 더 자세히 말하면 하나님을 내가 원하는 방식으로 만나거나, 내가 원하는 우상으로 만들어 놓았을 수 있다는 말입니다. 팀 켈러는 그의 저서 『내가 만든 신』에서 사실 우리가 고백하고 있는 신이 성경의 하나님이 아닐 수 있다고 경고합니다. 하나님의 이름으로 도금하여 우상화에 성공하였지만, 그 이면에는 자기감정의 터치나 자기실현, 돈, 권력, 대의명분과 같은 것을 욕망하고 있을 수 있다는 것이지요.

하나님을 아는 지식의 유일한 통로는 성경입니다. 지식주의를 말하려는 것이 아니라 바른 지식 없이는 절대로 바른 믿음이 생성될 수 없다는 말입니다. 또한 성경의 하나님을 만난다는 것은 내가 가진 인식의 틀로 보았던 우상을 부수는 것을 의미합니다. 내가 믿고 싶은 방식, 내가 보았던 세계, 내가 인식하는 나, 내가 인식하는 하나님을 철저히 무너뜨리는 것입니다. 이게 과연 행복하기만 한 일일까요. 우리가 기대했던 행복은 분명히 아닙니다. 영화 《매트릭스》(Matrix)에서 주인공이 가상 세계에서 뛰쳐나와 처음 느끼는 감정은 '다시 돌아가고 싶다'였을 테니까요.

하나님을 아는 것이 행복을 담보하는 게 아님을 정직하게 인정하십시오

우리는 신자로 사는 것이 한평생 기쁨과 감사만 넘쳐야 하는 줄로 착각합니다. 이 느낌과 안정감에서 벗어나는 것이 두려워서 자꾸 현실에서 도피하려 듭니다. 행복한 느낌을 잃기 싫어서 성(聖)과 속(俗)을 구분하는 영성, 금욕주의적 영성, 교회 안에서 맴도는 영성을 만들어냅니다. 그러나 예수님이나 바울을 보십시오. 많은 교회사의 위인들을 보십시오. 대부분 고통과 슬픔으로 점철되어 마치 하나님이 없는 듯한 삶을 꾸역꾸역 살아가지 않습니까. 그들은 자기의 아픔을 부인하기 위해 하나님을 부정하지도 않았고 현실에서 도망치지도 않았습니다.

중국 내지 선교의 아버지 허드슨 테일러(Hudson Taylor)는 선교지에서 아내도 잃고 자녀들도 5명이나 잃습니다. 병에 들고 동료 선교사들에게 음해를 당하고 선교회에서 제명되는 일도 겪습니다. 오직 주님의 영혼들을 위해, 그들의 구원을 위해 자신의 소명을 끝까지 포기하지 않은 결과입니다. 그 여정에서 그는 이렇게 고백합니다.

> 주님이 나를 특별히 친절하고 은혜롭게 대하셔서가 아니라, 이 사역이 주님께 속하였고 주님이 나와 함께 계시다는 확신이 내 맘을 지탱하지 않았더라면 나는 이미 기절하거나 망가졌을 것입니다.

우리는 행복을 보장하는 하나님을 믿는 것이 아닙니다. 행복을 빼앗길지언정 내가 믿고 확신하는 진리에 서는 것을 신앙이라고 합니다.

늘 넘어지고 좌절하는 것이 정상입니다

'하나님만으로 만족하겠습니다, 주님만 사랑합니다'라고 고백하여도 다시 넘어지는 것이 우리들입니다. 그러나 정상입니다. 우리에게 하나님의 은혜가 필요치 않은 순간은 결코 없다는 것을 말해 주거든요. 우리의 삶은, 특별히 신자로 살아가는 것은 언제나 어색하고 어렵습니다. 한평생을 살아도 익숙해지지 않습니다. 신자로 사는 삶이 늘 좌절일지라도 그것을 당연히 여길 수 있어야 합니다. 이 사실은 우리가 본래 거할 곳이 이 땅이 아니라 천국이 본향이라는 방증입니다. 한

평생 하나님을 알고자 열심을 내었던들 눈앞에서 마주할 때의 그 실체와 기쁨을 대신할 수 없습니다.

'안구정화'라는 말 들어 보셨나요. 사실 구글에 검색했더니 시원하게 입은 분들이 나와서 깜짝 놀랐습니다. 뜻은 잘생기고 예쁜 연예인들이나 엄청난 자연 경관을 보았을 때 나오는 감탄의 표현입니다. 우리가 평소에 보던 익숙한 것이 아닌 대단히 탁월한 것을 보며 '아 정말 안구정화가 된다'라는 말을 씁니다. 비슷하게도 신자는 거듭남을 체험할 때 하나님께로부터 신적인 감각을 부여받습니다. 지혜와 계시의 영을 주셔서 '하나님을 알게 하시고' 우리의 '마음 눈을 밝히시는' 겁니다(엡 1:17~18). 예수님께서 나면서부터 소경된 자를 눈 뜨게 하셨을 때 그가 처음 인지하는 시력이라는 감각을 생각해 보십시오. 상상이 되십니까. 신적 감각은 마치 이와 같습니다. 우리가 성경을 통해 하나님을 아는 것은 소경이 눈을 떠 처음 보는 세계를 맞닥뜨리는 것보다 더한 영광입니다. 우리는 그분을 비록 육체의 눈으로는 볼 수 없지만 그리스도의 얼굴을 통해 충분히 감각합니다. 예수 그리스도의 얼굴에 있는 하나님의 영광을 아는 빛을 우리 마음에 비추셨기 때문이지요(고후 4:6).

신자에게 주신, 예수 그리스도를 통하여 주신 이 신적 감각을 통해, 오늘도 안구정화되고 싶습니다. 가장 탁월하고 영광스러운 하나님을 바라보고 안구정화되어, 이 험난한 세상에서 한 발을 또 내딛어 보시지요. 이 길 끝이 주님이요, 천국임을 믿는 믿음으로 말입니다.

Story 52

(신)스크루테이프의 편지

『스크루테이프의 편지』는 C.S.루이스가 1942년 발표한 서간체의 소설이다. 스크루테이프라는 나이든 악마가 조카 웜우드라는 신출내기 악마에게 쓴 편지를 모은 내용으로 구성된다. 위트 있지만 다분히 풍자적인 내용으로 구성되며 독자로 하여금 기독교 신앙의 본질에 대해 고민하게 만든다. 이 책은 악마의 입장에서 쓴 서간체이다. 때문에 편지 안에 등장하는 '원수'는 예수 그리스도를, '환자'는 예수 믿는 신자를 의미한다. 이 글은 스크루테이프의 편지를 현대 한국교회 상황에 비추어 간단히 재구성한 한 토막이다.

사랑하는 조카 웜우드에게.

한동안 편지가 뜸했구나. 좋은 성과를 내고 있다고 들었다. 이제 나이가 들어 은퇴할 때가 되니, 눈이 점점 침침해져 간다만 이 삼촌이 꼭 해 줄 이야기가 있어 다시 펜을 든다. 지금도 그렇지만 더욱 자랑스러운 조카가 되어 주길 바라마지 않는단다.

1. 믿고 있다는 착각으로 안심하게 해라
잘 들어라. 가장 중요한 것은 환자들이 제대로 생각하거나 원수가 말한 내용을 깊이 묵상하도록 두면 안 된다는 것이다. 더군다나 그대로 살려고 하는 것을 무엇보다 경계해야 해. 그러기 위해서 가장 좋은 방법이 무엇인지 아느냐? 그건 바로 환자들이 스스로 진리를 알고 있다고 착각하게 만드는 것임을 명심해라. 환자들은 특히 안심하고 싶은 욕구가 크단다. 그들이 진리를 토대로 구원의 확신을 가지는 것과 자기 느낌과 종교 행위를 통해 셀프 안심을 가지는 것의 교묘한 차이를 알겠느냐? 이것을 먼저 잘 구별해 낼 수 있어야 한다. 물론 대부분의 환자들은 셀프 안심에 머물러 있지만 그것을 모르지.

요즘 환자들은 원수(예수 그리스도)를 믿는다는 말이 무슨 말인지 대부분 모른다는 걸 감사해라. 우리로서는 아주 손쉽게 일할 수 있는 거지. 놈들이 교회에서 원수의 말과 진리를 제대로 가르치지 않게 된 것은 상당히 고무적인 일이야. 놈들의 관심이 온통 환자들을 교회에 머무르게 하고 돈을 내게 하는 것에만 있으니 말이지.

재작년을 기억하느냐. 예전에 종교개혁자 놈들로 골치가 아팠는데 종교개혁 500주년이 된다고 해서 상부에서부터 말단까지 야근하고 난리도 아니었단다. 괜한 걱정이었다. 환자들은 그래봐야 아무 관심이 없었거든. 하지만 만에 하나라도 환자들이(이들은 이미 환자가 아니다.) 성경 말씀을 통해 구원을 확신해 버리면 그땐 우린 한 영혼을 놓치는 것이야! 그러니 그런 극단적인 상황에선 교회 안에서 모든 것을 하도록 내버려 두도록 해라. 봉사와 헌신에 더 열심을 내도록 하고 다른 환자들과 친분을 쌓고 심지어는 서로 사랑하는 것까지도 내버려 두어라. 그러면 위험하지 않느냐고? 네가 잘 모르는구나. 교회 안에 있는 환자들을 우리 손아귀에서 절대로 도망갈 수 없게 하는 최고난도의 기술이 바로 이것이다. 교회 안에 있기 때문에 평생 신자라고 믿게 만드는 것, 이것이 우리

선조들이 고안해 낸 전략 중 단연 최상급의 비기다. 유사 신자, 거의 교인, 그런 자는 결국 원수와 상관없는 자라는 걸 너도 잘 알지 않느냐.

2. 다양성의 인정이 절대성의 거부라고 인식하게 만들어라

내가 요즘 트렌드에 가장 추천할 만한 방법을 한 가지 더 알려주마. 예전에는 잘 먹히지 않았는데 최근 100년 사이에 각광을 받고 있는 전략이니, 메모하는 게 좋을 것이다. 잘 들어. 환자들이 중요한 본질적 문제에 맞닥뜨릴 때는, "맞고 틀리고가 중요하지 않아. 그저 우리는 다른 생각을 가지고 있는 거야" 라고 세련되게 말하는 법을 가르쳐주거라. 절대적 진리를 잊어버리도록 하는 것이지. 특히 원수를 통해서만 구원이 있다든지 하는 말을 요즘 환자들은 이미 싫어하고 있다. 이것을 이용해라. 그 환자들은 정직하게 말하지 않는단다. "나는 사실 성경을 안 믿어요"라고는 절대 말하지 않으니 이 얼마나 고마운 일이냐. 이들을 교회 안에 그대로 내버려 두어라.

3. 자기 의가 쌓이도록 행위를 부추겨라

아주 고전적인 방법이지만 아직도 충분히 환자들에게 먹히는 방법이다. 환자들은 죽기를 두려워하기에 이 땅의 삶에 전적으로 매여 산단다. 네가 이제는 환자를 살피는 데 능숙하리라 믿는다만, 원수에게 뺏겼다고 섣불리 좌절하는 것은 금물이다. 하나님을 믿는 것 같지만 의외로 자기 인생을 숭배하는 환자들이 많다는 걸 기억해라. 이런 환자들에게 잘 듣는 특효약이 바로 자기 의다. 환자들은 이미 자신들이 만든 신을 숭배하고 있으니, 네가 할 일은 무엇이겠느냐. 종교적 열심을 부추기는 것 아니겠느냐. 열정과 헌신과 기도를 투입하면 인생의 무사안일과 성공이 뒤따른다는 참된 신앙으로 이끌어라. 그러다가 망하면 어떻게 하냐고? 댓츠 롸잇! 그때가 바로 이 환자가 원수를 떠나 너의 손아귀에 제대로 들어오는 순간이다.

우리가 이 일을 하다 보면 보람된 순간도 있다는 것을 기억해라. 환자들이 자기 의를 한참 쌓아서 서로 자기가 맞다고 싸우고, 정죄하고 판단하는 것을 보는 것만큼 신나는 일이 없단다. 교만의 죄가 득세하는 것이지. 게다가 이 모든 세계에 대해 영적으로 자기만큼 많이 아는 자가 없다는 듯이 원수의 동생 행세를 하고 다니는 훌륭한 환자들을 유심히 보아라. 이 얼마나 감동스런 열매가 맺힌 것이냐! 너도 겪어 보지 않으면 알 수 없는 참된 희열이란다. 네가 할 일은 이런 환자들을 다른 환자들이 추종하도록 내버려 두었다가 치명적으로 넘어뜨려 버리는 것이야! 그 혼란을 한 번 상상해 보았느냐?

4. 기도 무용론

기도해도 아무 일이 일어나지 않는다는 생각을 주입하는 것만큼 큰 승리는 또 없을 것이다. 사실 그렇지 않느냐. 환자들의 기도가 그들의 삶을 그들이 원하는 대로 이끌어 주는 주문이 아닌 것은 너도 잘 알고 있을 것이다. 바로 그 점을 공략해야 한다. 환자들에게 기도해 봐야 자기가 원하는 인생에 하등의 도움이 안 된다는 진실을 깨닫게 해 줘라. 그리고 나면 대부분의 환자들은 원수를 찾고 자기들의 죄인됨을 고백하는 진실한 회개의 기도마저도 멈춰 버린다. 여기까지 가면 비로소 임무가 완수되는 것이야! 알겠느냐?

이쯤 되면 환자들은 하나님이 자신들의 어린아이 같은 기도에 응답하지 않으신다고 믿게 된다. 자기 인생의 필요만을 구하는 기도에 매진하거나, 아예 그런 기도가 소용없다고 기도를 안 하거나. 이 얼마나 멋진 전략이냐! 위에 계신 양반이 상당히 슬퍼하실 일이니 우리로써는 더 없이 큰 승리가 아니냔 말이다.

사랑하는 웜우드! 그걸 아느냐. 너의 선조들이 엄청난 전쟁을 치르고 피를 흘린 덕분에 바야흐로 황금기가 찾아왔다는 것을 명심해라. 그러니 그 덕에 이리도 편하게 살아갈 수 있는 것 아니겠느냐.

다만, 안심하기에는 아직 이르니 주의하여라. 너도 이미 많은 환자를 빼앗겨 보았겠지만 원수가 다시 돌아온다는 것과 사실상 원수가 승리했다는 사실을 알아채 버리는 것은 순식간이지 않느냐. 그것을 붙들고 끝까지 흔들리지 않고 믿음을 지키는 신자들만큼 우리에게 골치 아픈 존재는 없다는 걸 기억해라. 이들은 어떤 방식으로 유혹하고 넘어뜨리려고 해도 도저히 다시 빼앗아 올 방법이 없단 말이다.

우리에게 치명적인 약점이 있다면 원수가 작정한 신자들을 미리 알 방법이 없다는 점이다. 절대로! 절대로! 환자들에게 그 사실을 들키면 안 된다. 그들이 그것을 아는 순간, 너를 무지막지하게 경멸하고 무시할 것임이 틀림없기 때문이다. 그땐 이미 돌이킬 방법이 없다는 걸 명심하고 또 명심하여라. 그러니 절대 환자들의 회심만큼은 막아야 한다. 특히 교회 안에 있는 환자들의 회심을 무조건적으로 막는 일을 너의 부르심의 소명으로 여기고 마음 판에 굳게 새겨라. 다시 또 안부를 전하마. 좋은 성과를 기대하겠다.

너를 아끼는 삼촌, 스크루테이프.

신앙과 인격

　신앙과 인격은 불가분리의 관계입니다. 물론 신앙이라는 포괄적인 함의 안에 이미 인격이나 성품의 요소가 포함되어 있지만, 여기서는 신앙을 하나님에 대한 경건이나 종교적 열심만으로 치부하는 것을 의미합니다. 한국교회의 많은 신자들에게 신앙과 인격은 분리된 개념으로 여겨져 왔습니다. 그래서 신앙이 좋다고 자타가 공인하는 분들에게서도 인격적 결함이나 독선적인 모습이 왕왕 나타나는 것을 볼 수 있습니다. 참 희한하게도 한국교회는 영적 지도자의 이런 모습을 너그럽게 보는 경향이 있습니다. 오히려 인격적 결함을 카리스마적 요소로 보거나 선망하여 사람들을 함부로 대하고 무례한 말을 쏟아 놓는 것을 리더십의 유형처럼 생각하기도 합니다.

　그러나 성령의 열매는 대부분 하나님과 사람 앞에 나타나는 그 사람의 성품으로 나타나게 됩니다. 즉, 인격이 온전하지 못한 것은 신앙에도 결함이 있다는 말이 되지요. 결론부터 말씀드리겠습니다. 인격적 결함 때문에 누군가에게 깊은 상처를 남기거나 주변 사람들과의 관계를 불편하게 만드는 사람, 독재자처럼 군림하는 위치가 아니면 관계 성립을 할 줄 모르는 사람은 아무리 영적인 은사가 충만하여도 하나님과의 관계에 심각한 문제가 있다고 보아야 합니다.

신앙과 인격의 개념을 하나님 사랑과 이웃 사랑으로 치환해도 좋을 것입니다. 신자에게는 이 두 계명에 대한 반응이 고르게 나타나야 합니다. 하나님을 사랑하는데 이웃에게 표독스러운 것은 영적 우월함 때문이 아니라 지독하게 교만한 것입니다. 안타깝지만 하나님을 잘못 알고 있을 가능성이 대단히 큽니다. 하나님을 향해 있는 신자가 어찌 교만하겠습니까. 반대로 이웃을 사랑하는데 하나님을 향한 경건이 없는 것은 자기애나 자기 의에 가깝습니다. 하나님 사랑은 이웃 사랑의 토대이며, 이웃 사랑은 하나님 사랑의 발현입니다. 그러므로 한쪽에 극단적으로 치우친 형태의 신앙은 죄송하지만 참된 신앙이라고 보기 어렵습니다.

자기 경험과 통찰을 너무나 맹신하여 타인을 향해서는 오만과 독선적인 태도가 뿜어져 나오는 사람들이 있습니다. 이런 형태의 신앙은 분명 자신이 맹신하는 대상에게는 굴종합니다. 그 굴종을 토대로 모든 사람을 하대하는 근거를 만드는 것이지요. 참 이상한 일입니다. 비장하고 소명에 불타는 사람일수록 사람이 따뜻하고 겸손해져야 하는데 점점 망가지는 것을 수도 없이 보게 됩니다.

왜 이런 병리적 현상들이 교회 안에 나타날까요.

1. 교회가 요구하는 신앙이 개인 성취적 신앙에 초점 맞춰져 있기 때문

우리가 배우고 가르쳐 온 신앙의 중요한 행위가 성경 읽기, 기도하기, 교회 헌신, 예배드리기와 같은 차원임을 부인할 수 없습니다. 표면적으로 이런 행위에 대한 성취도가 높은 사람을 신앙이 깊다고 평가합니다. 문제는 여기에 있습니다. 정작 이 행위들의 결론, 삶으로 귀결되는 열매가 없는 것입니다. 성경을 많이 읽었다, 기도를 많이 했다, 교회 헌신을 많이 했다, 예배를 빠짐없이 드렸다, 여러 명을 교회로 데리고 왔다는 것이 성경에서 말하는 성령의 열매입니까. 전혀 그렇지 않습니다. 우리의 삶을 차지하는 대부분의 영역은 사람과의 관계입니다. 인간의 존재를 규정할 때 사회적이고 관계적인 정의 없이는 설명 자체가 불가능합니다. 목사라는 직분은 교회와 성도를 섬기는 관계성에서 규정됩니다. 교사도 마찬가지입니다. 가르치는 대상이 있어야 하고, 그 가르치는 행위 자체만이 아니라 그 사람이 학생을 대하는 자세나 교육의 방법, 그리고 그에 대한 효과나 성취도가 관계 속에서 드러나기 마련입니다. 그러므로 우리 신앙의 열매는 지극히 평범한 일상의 삶, 가족 관계, 직장 관계, 친구 관계, 교우 관계 등에서 드러납니다. 그리고 자기 역할의 감당과 관련이 되어 있습니다. 즉, 관계 가운데 열매가 전혀 없고, 사회적 역할 감당이 미흡한데 무언가(종교적 행위들)에 바쁘다는 것은 본질에서 한참 벗어나 있는 것입니다.

2. 좋은 관계로 열매 맺지 않는 경건은 자기 강화로 이어지고, 검증되지 않는 깨달음과 체험 따위는 자기 존재에 대한 착각을 일으킴

한국교회는 깨달음과 체험을 높은 수준의 신앙을 증명하는 요소로 받아들입니다. 그래서 자꾸만 뭔가를 갈망합니다. 좀 더 강한 체험, 좀 더 분명하고 확실한 표적을 구합니다. 조금 비꼬아 말하면 자기가 구하고 원하는 것을 얻었을 때 확신을 얻습니다. 자, 이렇게 되면 어떤 일이 벌어질까요. 신앙의 성취처럼 보이는 체험, 셀프 은사 장착, 강력한 깨달음과 같은 것들을 통해 교회에서 헤게모니를 휘어잡습니다. 가르치려고 하고, 기득권이 되려고 합니다. 교회를 묵묵히 섬기고 사람들보다 낮은 자리로 가서 귀하고 아름다운 열매를 맺는 것이 아니라 결국 자기를 드높이는 세속적인 목적으로 귀결됩니다. 이런 분위기 가운데 인격적 성숙은 관심 밖입니다. 오히려 도태된다고 느낄 겁니다.

교회에서 한자리 차지하고 있는 분들이 아무 영향력을 가지지 못한 약자를 어떻게 대할까요. 목사님들이나 장로님들이 교회에 홀로 나오는 학생이나 청년들을 어떻게 대하나요. 그게 신앙과 인격의 수준입니다. 자기 자식 귀한 줄은 아는데 남의 자식 마음에 피눈물을 나게 하는 경우도 얼마나 많습니까.

3. 사과하지 않는 교회, 종교적 열심과 영적 능력으로 인격적 결함을 덮는 교회

말을 잘하고 일을 잘하는 사람에게는 면죄부가 더 크게 작용합니다. 설교 잘하는 J목사는 그런 짓을 하고도 여전히 많은 성도들에게 설교하는 자리에 서 있습니다. 그 사람뿐 아니라 사회적 지탄을 받을 만한 일도 제 식구 감싸기를 하며 옹호하는 노회나 교단의 공동 책임입니다. 교회 안에서도 마찬가지입니다. 목사님들이나 장로님들이 정중하게 고개 숙이며 사과하는 것을 보신 적 있습니까. 적어도 저는 없습니다. 오히려 상대방의 치부를 들추거나 너는 죄인 아니냐는 식으로 반응하는 적반하장의 태도는 많이 봤습니다. 참 이상한 일입니다. 사회 속에서 상식인 일이 교회에서는 상식으로 통하지 않을 때가 많습니다.

정리를 해 봅시다. 단호하게 말씀드리고 싶습니다. 타인 앞에서 인격적 결함이 나타나는 것은 분명히 신앙의 연약함이며 그것을 인정해야 합니다. 교회 안에 이런 태도가 상식으로 자리 잡지 않으면 교회가 예수 그리스도의 영광스런 복음을 전한다거나 세상의 빛이 된다거나 하는 것은 요원한 꿈일 뿐입니다. 우리 자존심 세우자고 고개를 뻣뻣이 들고 있다가 사람들은 더 이상 우리가 교회라고 부르는 곳을 교회라고 생각하지 않게 될 것입니다.

참된 중생을 경험하고 하나님과 말씀 앞에 그대로 발가벗겨진 죄인임을 깨달은 신자는 반드시 타인을 향한 겸양의 태도를 가질 수밖에 없습니다. 자기 자신을 성경의 눈으로 들여다보면 그렇게 될 수밖에 없습니다. 그러므로 남을 가르치거나 영혼을 섬기는 자리에 인격적 결함이 있는 사람을 두어서는 안 될 것입니다. 사람에게 말로 상처를 자주 입히는 사람은 성경지식이 많고 강의를 아무리 잘해도 결단코 앞에 세워서는 안 됩니다.

더 큰 문제는 교회 공동체가 인격적 성숙의 표본을 너무 낮은 수준으로 유지하는 데 암묵적으로 동의했다는 것입니다. 앞에서 살펴본 대로 신자의 인격 성숙은 삶을 살아내는 문제라서 쉽지 않습니다. 오랜 시간이 걸리고 서로 피곤하고 힘을 빼는 작업입니다. 교회는 이같이 돈 안 되는 일을 추구하려 들지 않습니다. 오히려 교회에 자주 모여 종교활동에 헌신적으로 임하는 사람들을 좋은 신자라고 승인해 주는 편이 훨씬 쉬운 것이지요. '교회에서의 모습이면 충분하다, 삶은 들여다보거나 터치하지 않을게'라고 합의하는 겁니다. 그래서 오늘날의 교회는 서로에게 아무것도 기대하고 권면하지 못하는 안타까운 공동체입니다.

많은 분들이 교회 공동체의 인격 수준이 성숙해지려면 각 개인의 인격이 쇄신되는 방법 밖에 없다고 생각하십니다. 그렇지 않습니다. 교회 공동체 전체가 지속적인 쇄신을 감행해야 합니다. 교회가 하나의 인격이 되어 성숙해가는 분위기가 형성되어야 합니다. 공동체 전체가 이웃과 사회를 섬기고 헌신하는 총량이 늘어나고, 겸양과 소통의 자세가 갖춰질수록 성도들의 성숙도 함께 따라가기 마련입니다. 교회 공동체의 인격적 성숙도가 잘 드러나는 지점이 있습니다. 재정 사용의 비율입니다. 건축과 편의시설을 위해 과감하게 재정을 사용하면서도 어려운 성도들이나 지역 사회 이웃을 위한 재정 사용을 꺼리고 있다면 낮은 성숙도라고 할 수 있습니다. 건축헌금이나 헌물은 교회당 안에 내 지분이 생기지만 남을 돕는 것은 티도 나지 않고 아무런 유익이 없다고 여기는 이기적인 마음을 여실히 보여주는 지표입니다. 교회 공동체는 구성원의 인격 성숙을 요청하기 전에 이런 것들부터 바꿔나가야 합니다.

교회의 지위, 계급구조는 어떨까요. 세상에서 인정받고 돈도 있고 지위도 있는 분들이 교회에서 주인 행세합니다. 오히려 교회 안에서 더 인정받고 추앙받습니다. 국회의원이 오면 설교 단상도 내어줍니다. 이런 암묵적 세속화 가운데에서 어찌 인격이 성숙해질 수 있겠습니까. 교회는 대조사회입니다. 세상에서 높은 자가 낮은 자리에 서고, 세상에서 가진 자가 없는 자를 수종들 때 성령의 열매가 맺히는 하나님 나라가 임합니다.

신앙과 인격을 다루는 데 교회의 재정이나 지위를 언급하는 이유가 있습니다. 교회가 세상보다 못한 상식으로 사람을 대하고 있다면 개인 신자의 인격 성숙을 논할 자격 자체가 없기 때문입니다. 반대로 교회가 세상에서는 좀처럼 볼 수 없는 성숙한 일들을 해내고 있다면 그 공동체는 무시무시해집니다. 서로 웃고 있지만 거룩한 부담감이 그 이면에 존재하게 됩니다. 타인을 향한 사랑, 헌신, 희생을 상식으로 여기는 교회 안에서 자기 잘난 맛을 못 버린 신자들은 어리광 부리는 것처럼 여겨집니다. 배려받을 수는 있지만 존경받지는 못할 것입니다.

우리의 현주소를 한 번 돌아봅시다. 신앙과 인격의 괴리를 좁히기가 꽤 힘들어 보이지요? 먼저 주변부터 돌아보면 좋겠습니다. 혹시 우는 사람이 없는지, 아파하는 사람은 없는지, 내가 가서 위로해 주고 일으켜 주어야 할 사람은 없는지, 외로워하는 청년이나 학생들이 없는지, 할 수 있는 만큼 그렇게 한 성도를 섬기고 사랑하며 감당합시다. 쉽게 입을 열어 답을 주려는 태도 말고 아무 말 없이 밥 한 끼 함께하는 것은 어떨까요? 우리의 고장나 버린 인격이 조금이라도 치유되는 첫걸음이 되리라 믿습니다.

세대주의

1. 예수님 오시기 전, 구약의 성도들은 어떻게 구원받았을까? 이때는 율법시대이므로 율법을 지키는 자가 구원을 받았다. 지금은 은혜의 시대다. 이제 마지막 때가 올 것이다. 우리는 그것을 대비해야 한다.

2. 땅끝까지 복음을 전하면 주님이 오신다. 땅끝, 그곳은 다름 아닌 이스라엘이다. 말세에는 이스라엘에 집단적 회심이 일어나고 주께 돌아올 것이다. 예루살렘, 안디옥에서 시작된 복음의 역사가 지구를 돌아 이제 다시 이스라엘을 향해 진행되고 있다. 재림의 때를 예비하라.

똑같지는 않아도 비슷한 뉘앙스의 이야기, 많이 들어 보셨죠? 저도 교회에서 많이 들으며 자랐습니다. 한때 한국교회와 선교 현장에 '백 투 예루살렘' 운동으로 유행하기도 했습니다. 혹시, 이 두 문장에 대해 별로 거부감이 들지 않으신다면, 다분히 세대주의적 성경 해석에 영향을 받으셨다고 볼 수 있습니다. 세대주의는 형제교회(플리머스형제단)의 창시자 존 다비(John N. Darby)와 주석가 스코필드(C. I. Scofield)가 주창한 신학입니다. 가장 핵심적인 요소는 이스라엘과 교회를 명확히 구분하는 것으로 율법과 은혜를 날카롭게 대비시키고 대 환란 이전에 교회가 휴거된다고 말합니다. 대 환란 이후의 천년왕국이 바로 이스라엘 왕국의 회복이라는 관점입니다. 이들은 세계 역사를 일곱 시대(무죄, 양심, 인간 통치, 약속, 율법, 은혜, 천년왕국)로 나누고 각 시대마다 구원하시는 방식이 다르다고 말합니다. 이것은 마지막 천년왕국시대를 부각시키기 위한 구도입니다. 이렇게 고안한 세계관은 성경 해석에 있어 심각한 오류를 발생시킵니다.

먼저는 그리스도의 구원사역에 상당한 축소를 가져옵니다. 구약 율법시대의 이스라엘 백성이 율법으로 구원받았다는 말은 율법의 성격을 전혀 이해하지 못한 대답입니다. 율법을 모두 지켜 구원을 얻을 수 있는 자는 시대를 막론하고 아무도 없습니다. 하나님의 기준을 충족시킬 수 있는 사람은 없기 때문입니다. 대안으로 주신 구약의 제사 제도는 어린양 되신 예수님의 희생을 예표합니다. 즉, 율법을 지킴으로 구원받는 것이 아니라 오실 메시야이신 예수를 바라봄으로 구원받습니다. 그러므로 예수 그리스도의 구원 효력이 미치는 영역은 신구약 전체입니다. 오실 메시야와 오신 메시야. 이것은 새신자반 교재에 나오는 이야기입니다. 어거스틴(Augustin)과 루터(Martin Luther), 칼뱅(Jean Calvin) 등으로 이어지는 언약신학의 핵심이 바로 이것입니다.

두 번째로, 신구약성경이 포커스를 맞추고 있는 통전적인 시야를 흐려 버립니다. 구원사의 경륜이 전 세대와 모든 인류를 향하고 있고 예수 그리스도로 말미암아 세워진 공교회를 통하여 그것이 구체화되고 있는 점을 간과하는 것입니다. 만약 문자 그대로 언약의 성취가 이스라엘 왕국으로 이뤄진다면 당연히 '백 투 예루살렘'해야지요. 그러나 역사적 이스라엘은 하나님의 구속경륜 안에 쓰임받은 하나의 민족일 뿐이지 특별한 혈통적 효력을 가지고 있지 않습니다. 게다가 구속사의 계보를 잇는 이스라엘의 족보가 이미 순혈이 아니거든요. 예수님이후는 더욱더 그렇습니다.

세 번째로 세대주의적 세대분류에 따라 재림에 포커스를 맞춘 신앙관은 그리스도의 구속 사건을 초라하게 만들어 버립니다. 예수님의 초림, 즉 십자가와 부활 사건이 이 땅을 거의 바꾸어 놓지 못한 것이 되어 버리는 것이지요. 신자는 값없이 주어진 구속의 은혜와 능력을 가지고 이 땅의 삶을 그리스도의 영적 통치 가운데 살아가는 것인데, 이것이 별 의미가 없어집니다. 일상적 삶을 살아내는 근본적인 뿌리가 흔들려 버리는 겁니다.

이렇게 세대주의적 성경 해석은 우리가 고백하는 개신교의 언약신학적 성경 해석과 상당한 거리감을 가지고 있습니다. 때문에 다양한 방식으로 신자의 신앙과 삶을 위협하기 마련입니다. 세대주의의 영향력으로 한국교회에 구체적으로 나타난 신학 노선이 구원파나 지방교회와 같은 형태라는 것을 보십시오. 또한 우리는 새로운 밀레니엄을 맞이하던 시절에 극단적 세대주의 종말론을 기반으로 휴거설과 시한부종말을 주장하는 집단을 이미 여럿 보았습니다. 이런 현상은 잊을 만하면 때마다 적절히 나타납니다. 특히 한국의 상황이 항상 전쟁의 위험을 안고 있다 보니 종말론적 경고를 내세워 인기몰이를 하는 사람들이 있지요. 세대주의 종말론과 베리칩 등, 현대 사회의 다양한 이슈들을 적절히 접목시켜 책을 쓰고 강연하고 동영상 등을 배포하는 선교사, 목사들이 있습니다. 한마디만 하지요. 이제 식상합니다. 콘셉트와 예화만 바뀌었지 기본은 모두 세대주의잖아요.

그럼에도 불구하고 저들의 주장이 왜 잘못되었는지 정확하게 짚어 낼 수 없는 것도 안타까운 우리의 수준입니다. 우리도 이것저것 섞여 있으니까요. 무서운 이야기를 들으면 겁이 나기도 합니다. 안심하십시오. 종말의 때는 다름 아닌 예수 그리스도의 초림 이후부터 재림 때까지입니다. 지금 이미 말세인거죠. 마지막 때에 대해 특정한 날이나 징조 같은 것을 운운하는 자들은 거의 대부분 세대주의자들입니다.

그러므로 무언가 새로운 것, 신선한 것을 주장하는 어떤 주의나 운동에 마음을 빼앗기지 마시기 바랍니다. 처음 듣는 그 이야기가 이미 오래전 상당히 큰 문제를 일으킨 신앙체계일 수 있음을 명심하십시오. 신앙의 색채를 선택하는 것은 신자의 양심에 따른 자유이지만, 어디서 어떻게 흘러와서 형성된 내용인지는 제대로 알아야 할 것 아닙니까. 게다가 조금만 인터넷을 찾아보고 관심을 가져도 분별력을 가질 수 있습니다. 재미있는 지점이 있습니다. 소위 말해 종말론과 재림을 강조하고 마지막 때의 구체적 그림을 제시하는 세대주의적 공동체와 성경적 신학을 제시하는 기존 공동체 중에서 누가 더 열심히 신앙생활을 할까요? 예, 맞습니다. 전자가 더욱 열정적이며 헌신적입니다. 기존 교회들이 보여주는 도덕성과 윤리성이 지금처럼 혼탁한 시기에는 정말 할 말이 없습니다. 아주 좋은 수단을 제공하는 것입니다.

그러나 이들의 면모가 신선해 보이고 개혁적이라 여겨진다고 해서 안심하면 안 됩니다. 성경 해석과 교리, 교회론에 있어 상당히 많은 문제점을 안고 있기 때문입니다. 가장 안타까운 것은 이 시대의 많은 청년들이 기존의 교회들에 대해 무참히도 절망하고, 자신들의 부모를 보며 적잖이 실망하여 찾아가는 신앙의 형태가 다분히 이러한 색채를 가진 선교단체나 공동체라는 것입니다. 꽃다운 나이에 자신들의 삶에 열정과 마음을 쏟아드리는 시간과 물질이 애처롭습니다.

단호하게 말씀드리고 싶습니다. 땅끝은 이스라엘이 아니라 지금 우리가 여기서 감당해야 할 주어진 삶입니다. 그것도 아주 맥없이, 볼품 없이 펼쳐지는 생의 연속 말입니다. 아침에 일어나 하루를 마무리할 때까지 전혀 특별하고 은혜로울 일이 없는 그런 일상이 매일 같이 반복됩니다. 그게 우리의 인생입니다. 호들갑 떨며 그제야 메시지 하나에 놀라기엔, 그 무게가 결코 가볍지 않다는 말이지요. 이 인생을 정면으로 돌파해 나가는 것이 진짜 말세를 살아가는 그리스도인의 삶입니다.

반드시 기억할 것이 있습니다. 그리스도의 구속은 결단코 초라한 사건이 아닙니다. 그리스도께서 죽으시고 부활하심으로 허락하신 새 생명은 지금 오늘 우리를 거듭난 신자로 살게 하시는 능력입니다. 아무리 퍽퍽하고 매번 실패만 거듭하는 무거운 삶일지라도 우리의 정체성은 절대 변하지 않는다는 것을 기억하십시오. 묵묵히 이 걸음을 걷고 있을 때 구주께서 이 길을 동행하시고 마침내 그 앞에 서게 하실 것을 굳게 믿습니다.

친밀함 : 언약

친밀함을 나누기 점차 어려운 시대가 되어 가고 있습니다. 옆집에 누가 사는지도, 한 교회를 다니는 성도끼리 서로의 이름을 잘 모르는 경우도 허다합니다. 바쁘게 살아가는 현대인에게는 친밀함이 감정과 관심의 낭비처럼 여겨지기도 합니다. 유지되는 관계는 효율적인 인맥 관리일 뿐입니다. 서글픈 사실은, 사람 관계뿐 아니라 하나님과의 친밀함도 인색해졌다는 것입니다. 요즘은 하나님과 깊은 사귐에 들어가고 그분을 기뻐하고 사랑하는 것만으로 만족하는 신앙의 결을 좀처럼 발견하기 어렵습니다. 친한 친구에게 또 다른 친구를 소개하고 자연스레 친밀해지는 것처럼 누군가와의 교제 가운데 하나님을 느끼고 하나님을 경외하고 사모하는 모습을 발견하기가 어렵습니다. 안타까운 일입니다.

친밀함은 지성과 영성 모두를 요구합니다. 지성이란 높은 수준의 세상 지식이 결코 아닙니다. 바울이 골로새교회 신자들에게 말씀하듯 '그리스도의 말씀이 너희 속에 풍성히 거하게 하라'(골 3:16)는 겁니다. 내 삶에 그리스도의 말씀이 숨을 쉬고 내 삶이 점점 그리스도를 담는 그릇으로 빚어져 가는 것이 친밀함입니다. 우리가 그리스도의 말씀을 늘 묵상하고 그분을 사랑함으로 순종할 때 점차 주님의 생각이 우리 안으로 침투해 들어옵니다. 주님으로 옷 입는 삶으로 진입하게 되는 것이지요.

지금 한국교회는 모든 신앙의 유산들에 대해 비판적인 검토가 이루어지는 변화의 시기를 맞았습니다. 해 오던 대로는 어렵다는 것이 중론입니다. 앞으로도 많은 변화를 겪을 것이라고 예상합니다. 고민입니다. 시대의 물결이 빠르게 흐르고 있는데 어떻게 대처해야 할까요. 지성과 영성의 균형 가운데 하나님과의 친밀함이 깊어지는 방법은 더 이상 찾아보기 힘든 일일까요.

우리가 지금까지 기본적으로 하나님과의 친밀함을 유지하는 비결은 예배와 기도 시간, 조금은 근본주의적이고 보수적인 삶의 태도를 통해서였습니다. 하나님을 두려워하는 신앙의 자세가 있었기 때문에 교회에 모이기를 힘쓰고, 다양한 형태의 신앙 유산을 만들어 내었습니다. 다양한 비판적 해석도 있지만 새벽기도가 그 대표적 유산이 아닐까 합니다. 저는 고등학생 때, 새벽기도를 배웠습니다. 말씀을 듣고 은혜를 간절히 사모하며 기도하던 그때를 회상해 봅니다. 지금처럼 더 깊이 체계화된 지식이나 다양한 성경 해석의 관점들은 전혀 없었지요. 그렇지만 하나님을 향한 사모함이 가득했습니다. 그 시간을 통해서 주님은 십자가 복음을 가슴에 새겨 넣고 교회를 깊이 사랑하는 심령을 심어주셨습니다. 그렇지만 새벽기도는 하나님과의 친밀함을 항상 가깝게 유지시켜 주지는 못했습니다. 하루는 하나님이 가깝게 느껴졌지만 하루는 하나님이 저 멀리 계셔서 닿지 않았습니다. 시간이 가면 나아질 수 있는 현상이라고 생각했는데 그렇지 않더군요. 나중에 깨달았습니다. 이건 평생의 과제구나하고요. 맞습니다. 친밀함은 방법이나 수단의 문제가 아니었습니다.

신앙생활 가운데 친밀함을 유지시키기 위해 많은 방법을 시도했습니다. 그리고 그만큼 방황했습니다. 하나님과의 친밀함의 근원이 나의 행위에 있는 것이 아니라는 것을 깨달았습니다. 반면 아무것도 하지 않는 신앙에 친밀함이 형성될 수 없다는 것도 깨달았고요. 친밀함을 짜내어야 하는 순간이 도래하면 이미 친밀함의 본질은 깨진다는 것도 알았습니다. 기도 시간을 떼내고 집회나 다양한 신앙행위를 통해 친밀함을 자아내려는 시도가 얼마나 부자연스러운 건지도 말입니다. 열광적인 예배로 뜨겁게 채워진 가슴이 하루 만에 공허하고 퍽퍽한 심령이 되는 것을 한두 번 경험한 것이 아닙니다.

결론은 하나님과 진실한 친밀함이 없는 사람은 일종의 친밀함처럼 느껴지는 자기 확신을 찾아 헤매게 된다는 것입니다. 쉽게 말해 하나님과 친밀하다는 느낌을 추구했다고 해야 하나요. 그 느낌을 어떻게든 만들어 내려고 노력하고 있는 것을 발견한 순간, 아 이게 아니구나 싶었습니다. 사람과의 관계에서 친밀함이라는 감정은 자연스러운 결과이지 그 자체를 추구하는 것이 아닙니다. 부부의 친밀함이 생성되는 지점은 은밀한 대화와 육체적 관계, 다양한 삶의 현실을 맞닥뜨리며 서로에게 주어진 책임과 역할을 감당하는 지극히 실제적인 삶의 자리입니다.

하나님과의 친밀함의 근거는 나의 느낌이 아니라, 우리의 삶을 끝까지 붙들고 계신 그분의 신실하심에 있습니다. 부부의 출발이 언약에서 시작되어 죽음으로 끝맺음되는 것처럼 말입니다. 놀랍게도 우리는 하나님과의 친밀함의 시작이 우리에게 먼저 언약을 맺어주신 사실에서 출발하며 그리스도의 연합으로 끝맺음하신다는 사실을 자꾸 잊어버립니다. 영광스럽고 눈부신 창조주께서 죄로 끊어진 인간과 동등

된 위치에서 언약을 맺기로 작정하셨습니다. 우리가 다가가기 이전에 하나님은 이미 우리와 친밀하십니다. 어느 정도일까요. 언약을 파기한 자는 쪼갠 고기처럼 쪼개어 버리겠다는 횃불언약(창 15장)에도 불구하고 또다시 언약을 파기해 버리는 당신의 백성들을 위해, 하나뿐인 아들을 대신 쪼개어 버리십니다. 십자가에서 말입니다.

여기에서 하나님의 친밀함과 사랑의 깊이가 드러납니다. 이미 언약을 깨 버리고 회복이 불가능한 인간들을 대신하여 당신의 아들이신 예수님을 보내시고 쪼개어 버리심으로 그 언약을 지켜내시는 것입니다. 이 얼마나 놀라운 은혜와 사랑인지요. 그리스도의 십자가로 죄 속함을, 그분의 의로 말미암아 칭의의 은혜를 수여받은 우리들. 이 언약을 붙들 때에만 우리는 하나님과 친밀함을 확보할 수 있는 것입니다.

사탄은 우리와 하나님의 친밀함을 방해하기 위해 우리의 실패와 죄, 그리고 지속적으로 하나님과 가깝지 않은 우리의 실존을 파고듭니다. 그리고 그것을 어떻게든 종교적 방식으로 해결 보도록 몰아갑니다. 우리가 살아내어야 할 생, 하나님과 말씀을 붙들고 좌충우돌 씨름하며 걸어가야 할 이 삶의 자리를 등한시하며 엉뚱한 친밀감을 찾으려고 하는 것이지요. 하나님과의 친밀한 자기만의 느낌을 찾으려고 애쓰지 마십시오. 이미 하나님은 친밀하십니다.

팔머 로버슨(Palmer Robertson)은 언약에 대해 '피로 맺은 주권적인 약정이다'라고 말하고 있습니다. 하나님께서 맺어주신 이 언약이 예수 그리스도의 피, 즉 죽음을 통해 지켜지는데, 그것은 바로 하나님의 주권을 통해 이루어진다는 것입니다. 하나님과 우리의 친밀함은 바로 여기에서 출발해야 합니다. 내가 어떠한 죄인일지라도, 내게 어떠한 부족함이 있다하더라도, 허물과 죄로 죽었던 우리를 살리시고자 예수님을 보내신 신실하신 약속의 하나님을 믿는 믿음에서 말입니다. 우리는 그것을 실시간으로 경험하는 우리의 실제적인 삶, 복음을 위해 수고하며 어떤 상황에도 신자의 존엄을 잃지 않으려는 무던한 분투의 현장으로 나아가야 할 것입니다. 실패가 예상되어도, 불이익이 분명한 결과라고 할지라도 말입니다. 우리 삶에서 하나님의 성품과 복음의 가치가 드러나는 순간이 그분과의 깊은 친밀함이 드러나는 순간이 아닐까요.

그러므로 우리에게 주어진 예배는 하나님을 깊이 알고, 복음을 바르게 깨달으며 성도 간에 친밀한 교제를 나누는 것으로 채워져야 합니다. 담백하지만 하나님의 말씀이 바르게 선포되는 각자의 교회에서 잘 배우고, 잘 나누고, 돌아가서는 실질적인 삶에서 하나님과의 친밀함이 깊이 경험되는 자리를 찾아 고군분투해 나아가기를 소망해 봅니다.

가장 중요한 것은 내가 하나님을 안다는 사실이 아니라, 하나님께서 나를 아신다는 사실이다. 하나님께서 나의 모든 면의 최악을 미리 다 알고 계시므로 나에 대해 어떤 새로운 면을 발견하셔서 환멸에 빠지는 일이 없다는 것이다. - J.I.패커

참된 경건

　총각 때 누군가 저의 이상형을 물으면 갈급한 심령이었지만 늘 성실하게 답변하는 내용이 있었습니다. "너무 홀리(Holy)하신 분들은 사절, 제가 홀리(Holy)하지 않으니. 그리고 사모 소명받은 분들은 진짜 사절, 무섭기 때문에. 그러나 경건한 신자였으면 좋겠습니다"라고요. 까다롭습니까. 37세 노총각 주제에 까다로운 이상형을 가지고 있으니 결혼은 요원한 소망이라고 생각했습니다. 그런데 결혼을 했지 뭡니까. 게다가 제 아내는 비혼주의였고 목회자와는 절대로 결혼하지 않겠다는 신념을 가진 사람이었으니 저는 거의 구원받은 것이나 다름없습니다(반면, 제가 얼마나 매력이… 죄송합니다). 게다가 바람대로 제 아내는 경건한 신자입니다. 이 정도면 복 받았지요?

　경건을 생각할 때 대부분 부드럽고 정제된 신앙 언어를 사용하고 성경구절이 입에 흐르며 기도가 몸에 배인 신앙인을 떠올립니다. 어느 정도가 경건한 신자일까요. 교회와 목회자에게 신실하며 헌신적이고 늘 죄를 멀리하고 정답을 살고 있다면 경건하다고 말해도 되겠습니까. 제가 이 경건의 모양을 갖추려고 수많은 날을 노력해 보았지만 잘 되지 않더군요. 입바른 소리와 정답으로 무장하고 사람들에게 재수 없는 권면도 상당히 많이 해 보았습니다. 모두가 싫어했던 기억이 납니다.

그래서 차라리 하나님보다는 사람 편에 서자고 결심하고 경건한 신앙에서 멀찌감치 거리를 두는 분들도 제법 많은 것 같습니다.

참된 경건이 무엇인가 조금만 살펴보면 우리의 선입견과는 사뭇 다른 것을 말하고 있다는 것을 알 수 있습니다. 경건은 겉으로 드러나는 종교적 행위나 거룩 코스튬플레이 같은 게 아닙니다. 경건해 보이는 것이 경건이 아니란 말입니다. 칼뱅은『기독교 강요』에서 이렇게 말합니다.

> 경건은 하나님에 대한 경외와 하나님에 대한 사랑이 결합된 것을 말하는데, 이 사랑은 그의 은혜를 깨달아 앎으로써 오는 것이다.

네, 맞습니다. 그의 은혜를 깨달아 아는 것, 즉 하나님에 대한 지식을 기반으로 형성된 경외와 흠모의 정서가 경건입니다. 거룩하고 엄숙해 보이는 분위기, 종교적 의식은 본질이 아닙니다. 그렇다면 우리가 믿고 섬기는 하나님에 대한 지식의 본질이 없이도 경건의 정서를 흉내내는 것이 가능할까요. 가능합니다. 칼뱅은 같은 책에서 이렇게 지적합니다.

> 곧 모든 사람이 하나님을 경배하되 아무 뜻 없이 하고 있으며, 다만 극소수의 사람들만이 그를 진심으로 경외하고 있다는 사실이다. 그리고 의식이 허식으로 흐르는 곳마다 마음의 진실성을 찾아보기는 매우 힘들다는 사실이다.

만약 교회가 자아내는 경건의 정서가 참된 하나님의 말씀의 선포와 그것을 기반으로 한 은혜의 깊이를 분명히 드러내는 것이 아니라면, 우리는 엉뚱한 허식을 쫓는 경건의 모양만 갖추게 될 것입니다. 허식으로 흐르는 의식은 본질과 상관없는 종교심을 자극할 뿐입니다. 그러므로 교회가 선포하고 동의하는 신앙의 내용이 너무나도 중요합니다.

경건에 있어 가장 중요한 것은 경건한 신자를 통해서만 경건이 전수된다는 사실입니다. 경건은 글과 지식으로 배우기 어렵습니다. 훌륭한 신앙의 선배들의 경건한 삶이 있어야 합니다. 하나님을 경외하고 사랑하는 것은 지식 전달이 아니라 존재로 보여주는 삶의 전수입니다. 경건의 정서가 너무 가볍거나, 반대로 과도한 종교적 허식으로 조장되어 그 진실성을 알아보기 힘들어지면 세대를 잇는 신앙의 전수는 불가능해질 것이 분명합니다.

제가 경건에 대해 묵상할 때 항상 떠오르는 신앙의 선생님 두 분이 계십니다. 김상훈 선교사님은 평신도 선교사이십니다. 저의 중고등학교 시절 학생부 교사셨습니다. 저는 기타와 찬양, 그리고 예배를 김 선교사님께 배웠습니다. 저는 아직도 선생님을 생각할 때 눈을 질끈 감으시고 한손을 번쩍 들고 찬양하시던 모습이 떠오릅니다. 특이한 점은 손을 아주 높이 들기 위해 귀 옆까지 팔을 바짝 붙이시던 모습입니다. 손드는 행위 자체가 아니라 하나님을 전심으로 높이며 경외하는 중심이 그대로 배여 나오는 모습이었지요. 그 옆에서 저는 하나님을 경외하는 자세를 배웠습니다.

한 분은 이태진 장로님이십니다. 역시 학생부 교사이셨고요, 저를 가르치실 때는 아주 작고 귀여운 아들이 있었어요. 나이 차이가 워낙 많았기 때문에 선생님과 공과공부를 하면서 솔직히 큰 공감대를 경험하지는 못했습니다. 게다가 선생님께서는 말씀을 유창하게 하시는 분이 아니셨습니다. 솔직히 이때 무슨 내용을 배웠는지 잘 기억이 나질 않습니다. 그러나 틀림없는 것은 선생님께서 하나님의 말씀을 대하시는 태도, 그리고 하나님의 은혜를 아는 감각이 분명하게 느껴졌다는 것입니다. 또한 배움을 얻는 저희들을 대하시는 태도에서 느껴지는 존중과 사랑의 마음을 또렷하게 가슴에 새기고 있습니다.

제가 귀한 두 분에게서 자연스럽게 전수받은 것은 다름 아닌 하나님을 경외하고 사랑하는 경건입니다. 그 효력이 진실하게 전달되었던 이유는 그분들의 신앙고백이 철저히 성경의 하나님과 그리스도를 아는 믿음에서 출발했기 때문입니다. 참된 경건의 정서는 위로부터 주어진 계시의 말씀과 그 은혜가 우리의 모든 마음과 생각을 압도하는 것이며, 창조주의 위엄과 구속주를 통한 복음의 영광에 노출되어 모든 경외와 사랑을 다시 올려드리는 것입니다. 즉, 하나님과의 인격적인 관계가 형성되는 지점입니다.

교회가 근본적인 위기를 겪는 이유는 여러 가지가 있지만 경건한 신자, 경건한 어른, 경건한 부모가 없기 때문이 아닐까요. 우리가 만약 다음세대의 신앙을 위해 반드시 전수해야 할 것이 무엇이냐고 묻는다면 저는 주저 없이 바로 이 경건의 정서라고 대답할 것입니다.

강단의 위기 또한 크나큰 문제입니다. 성도들이 진리에 목이 마르고 무뎌지면 참된 경건의 정서에서 멀어지게 됩니다. 그리고 목회자의 말과 하나님의 말씀을 구분 못하는 몰이해가 생겨나서 목회자를 추종하고 따라하는 것이 경건으로 오해되곤 합니다. 아니요, 오히려 그 자리에는 반지성주의적 맹신과 체제를 옹호하는 고집, 그리고 우상숭배가 자리합니다. 생명을 살리는 진리가 아닌 생명을 정죄하고 죽이는 종교가 자라나는 것입니다. 분명히 하십시오. 우리가 두려워하고 경외하는 것이 하나님과 그 진리의 말씀입니까, 아니면 현재 교회를 유지하고 있는 시스템입니까. 썩은 것을 덮는 사랑과 긍휼을 경건이라 착각해서는 안 됩니다. 하나님과 그 말씀에서 멀어진 교회는 껍데기에 불과합니다.

성경은 경건을 헬라어로 '유세베이아(ευσεβεια)'라고 말합니다. 이것은 합성어인데, 유(ευ, 좋은)+세베이아(σεβεια, 두려움)입니다. '바람직한 두려움'이란 뜻이지요. 결코 공포에 사로잡히거나 불필요한 종교와 권위에의 두려움이 아닌 거룩하신 하나님의 임재 앞에 서 있다는 바람직한 의식과 태도를 말하는 것입니다. '경건에 이르기를 연습하라'(딤전 4:7~8)고 했던 바울의 권면처럼 우리에게 주어진 예배와 교회의 공적 모임에서 이 참된 경건을 향한 애씀과 추구가 있기를 바랍니다.

'경건의 모양은 있으나 경건의 능력은 부인하는 자니 이 같은 자들에게서 네가 돌아서라'(딤후 3:5, 개역한글).

Story 57

육백육십육

구글에서 666을 검색해 보았습니다. 사람들의 인식에 이 숫자가 얼마나 큰 공포와 혐오, 그리고 적대감을 주고 있는지를 알 수 있었습니다. 어렸을 때 말세에 등장할 666, 즉 적그리스도가 누군지에 대한 이야기가 교회 안에 나돌았습니다. 히틀러, 김일성, 유럽연합 등등. 여기저기에서 주워들은 이야기를 교회 후배들에게 살짝 해 줬더니 학생부가 뜨겁게 달아올랐던 기억이 있습니다.

요즘도 교회에는 요한계시록 13장에 등장하는 짐승의 표에 대해서 논란이 많습니다. 이 표를 가진 자만 매매를 할 수 있다고 하니 혹자는 이것은 신용카드, 바코드라고 주장합니다. 큰일입니다. 신용카드도 사용하고 모든 공산품엔 바코드가 들어가 있는데 이를 어쩌나요. 최근에는 이 666이 베리칩이라는 논란도 있었습니다. 베리칩이란 식별용 반도체라는 뜻을 가진 쌀알만 크기의 칩으로, 사람의 피부 속에 주사기를 통해서 주입합니다. 베리칩은 스캐너 근처만 지나가도 자동으로 내장된 고유번호가 읽히기 때문에 아주 손쉽게 정보를 관리할 수 있는 기술입니다. 꽤 오래전에 나왔지만 상용화는 실패했습니다. 당시에도 일부 극단적 세대주의자들은 베리칩을 극도로 경계했습니다. 드디어 666의 표가 나타났다고요. 그들의 예언은 2010년 오바마 헬스케어 법

안 통과, 2013년 베리칩 이식 시작, 2014년 벌금형 집행, 2017년부터는 강제집행될 것이며 베리칩을 받지 않으면 범법자가 될 것이라고 주장했습니다. 언제나 그랬듯 예언대로 된 것은 하나도 없었지요. 신용카드, 바코드, RFID, 베리칩까지…. 이제 다음은 무엇을 가지고 주장할 것인지 재미있는 관전 포인트입니다.

아직도 가끔씩 SNS 등에서 '이제 진짜 종말이 온다'라고 호들갑을 떠는 분들이 있습니다. 최근에는 코로나 19나 이상기후 현상을 보고 이제는 진짜라고 말합니다. 예수님 오신 이후 2000년 넘게 호들갑만 떨고 있습니다. 누구는 좀 더 세련되고 전문적인 자료들을 잘 모아서 책도 쓰고 강연도 하던데요. 그러지 좀 마십시오. 이미 성경은 예수 그리스도가 초림하신 이후부터 말세라고 말합니다. 그렇잖아도 먹고살기 힘든데 겁주는 종교 장사 그만합시다.

666, 짐승의 표, 적그리스도에 대한 논쟁은 이미 오래전부터 있었습니다. 특히 666이 사람의 수이기 때문에 어떤 특정한 대상을 의미하는 것으로 해석하여 도대체 이것이 누구냐는 화두로 많은 인물이 대두되곤 했는데요. 통상적으로 게마트리아 해석법을 많은 신학자들과 목회자들이 지지합니다. 이것은 알파벳 글자로 '수'를 표기하던 방식을 따라 이 대상자를 추적하는 방법인데요, 로마의 박해를 피해 이름을 숫자로 표기하던 기독교인들의 표기법을 따르는 것입니다. 가장 대표적이고 많은 지지를 받고 있는 인물은 바로 네로황제입니다. 네로 카이사르를 히브리어로 음역해서 치환하면 666이 나온다는 것입니다. 비슷한 방식으로 대입해 보니 다음 인물들이 적그리스도로 대두되었습니다. 교황, 마호메트, 히틀러, 김일성 등등. 재미있게도 종교개혁자 루터의 이름도 잘(?) 대입하면 666이 된답니다. 종교개혁가들이 교

황을 적그리스도로 찍으니까 발끈한 가톨릭교회가 루터의 이름을 대입해 본 것이지요. 제일 억울한 건 김일성인데, 6×6×6을 하면 216(생일 2월 16일)이 나온다고 진짜 잘도 끼워 맞춥니다. 어떡하나요. 다들 이미 죽었습니다.

게마트리아 해석법은 상당히 일리가 있는 해석법이지만 이렇게 다양한 인물들이 후보가 될 수 있다는 점에서 공신력이 떨어집니다. 특별히 네로 카이사르가 그리스로어로 하면 '네론 카이사르'가 되므로 666이 아니고 616이라는 견해도 있고, 네로가 카이사르라는 이름 외에도 상당히 여러 이름을 혼용했다는 점을 들어 보면 이것이 꼭 네로를 지칭하는 것은 아닐 수도 있다고 봅니다.

요한계시록에서 최고 권위를 자랑하는 세계적인 학자 그레고리 비일(Gregory K. Beale)은 계시록이 일반적으로 '수'를 사용할 때 상징적인 의미를 부여한다고 말합니다. 그러므로 13장 18절에서만 딱 한 번 등장하는 666이라는 숫자만 독특한 해석법, 즉 게마트리아 해석법을 적용한다는 것은 논리적 근거가 부족하다고 지적합니다. 또한 계시록에서 수의 의미는 대부분 한 인물이 아니라 수많은 무리를 일컫는 의미로 사용된다는 점을 들어 이 주장을 뒷받침합니다. 그레고리 비일은 요한계시록 주석에서 13장 18절에만 딱 한 번 등장하는 666이라는 수는 7이라는 신적인 수와 대조하기 위한 불완전과 미완료의 상징이라고 말합니다. 일곱째 나팔 심판은 그리스도의 영원한 나라를 묘사하는데 여섯째 인, 나팔, 대접 심판이 짐승을 따르는 자에 대한 심판이라는 것을 고려하면, 이 수는 짐승과 그의 백성의 본질적 불완전함을 의미한다는 것입니다. 또한 6을 세 개 연달아 사용하고 있는 것은 용, 짐승, 거짓 선지자로 완성되는 삼위일체의 모방이라는 것입니다. 즉, 죄악의 불완전함의 '완전함'인 것이지요. 설득력 있는 해석입니다. 저는 사도 요한이 계시록을 쓸 때, 앞서 제시된 게마트리아 해석법을 통해 네로를 염두에 두고 쓴 것이 맞다고 하더라도, 이에 대한 우리의 해석은 그레고리 비일의 접근법을 따르는 것이 옳다고 생각합니다. 계시록의 많은 상징이 로마나 로마의 경제, 정치를 염두에 두었지만 그것은 당시의 문제만이 아니라 오고 오는 세대에 늘 유효한 악영향을 끼치고 있으니까요.

그러므로 666이 누구냐, 짐승의 표가 베리칩이나 포카칩이냐보다 중요한 것은 바로, 오늘날을 사는 신자에게 진정한 위협으로 다가오는 미혹이 무엇인가를 분별하는 일이라고 생각합니다. 특별히 신자로 구성된 교회 안에 이미 세속화된 영역들이 너무나도 많다는 것을 우리는 알고 있습니다. 단순히 눈에 보이는 문화적 콘텐츠나 트렌드 같은 것을 따라가는 것만을 말하는 것이 아닙니다. 초대 기독교인들은 당시 상거래를 하기 위해 요구되었던 황제 숭배를 거부할 수밖에 없었습니다. 상인길드(조합)에 가입하지 못한다는 것은 모든 경제생활이 무너지는 것을 의미했거든요. 황제 숭배를 거부하는 것 하나 때문에 삶의 모든 영역이 비참하고 절망적인 고통으로 내몰리게 되는 것입니다. 이런 관점에서 보면 교회와 신자의 삶 가운데 이미 받아들이고 있는 짐승의 표가 얼마나 많겠습니까. 이미 맘몬과 권력으로 장악된 교권주의를 무엇으로 설명하겠습니까. 교회는 이미 그들만의 리그를 만들고 세상과 단절된 높은 성을 쌓고 안전하다고 느끼고 있습니다만 결코 그렇지 않습니다. 너무나도 다양한 방법으로 우리의 손목과 이마에 짐승의 표를 주려는 사탄의 궤계에서 자유롭지 않다는 말입니다.

신자들의 삶 가운데 침투해 있는 미혹도 많습니다. 이 지점에서 한 가지 기억나는 사건이 있는데요. 제가 대학교 2학년 때, 아버지께서 처음 예수님을 영접하시고 하시던 사업이 상당히 어려워지셨습니다. 이내 사업을 접고 다양한 일을 하시다가 지금은 경비원으로 근무하고 계십니다. 사업이 어려워진 이유는 단순합니다. 대기업에 납품하던 물류회사였기 때문에 관례로 요구되던 로비, 접대를 신앙적 이유로 거절하셨던 것입니다. 이것이 현실입니다. 돈 안 찔러 주면 대책이 없는 것입니다. 융통성이 없는 것입니까. 아니요, 저는 아버지의 이 결단은 아버지 신앙의 결과 면모를 결정하는 중요한 사건이었다고 생각합니다.

이에 관련하여 마지막으로 그레고리 비일의 일격을 들어 보지요.

18절에서 말하는 지혜와 총명은 특정인물을 파악하는 문자적인 수를 계산하는 것이 아니라, 원수가 삼위일체 하나님을 모방함으로써 역사 전체를 통해 교회에 반대하고 교회 안에 침투하는 온갖 간계를 사려 깊게 식별하는 것을 의미하는 것이다.

맞습니다. 오늘날 우리가 사악한 인물을 색출하는 것에 심혈을 기울이는 동안 원수가 교회 안에서까지 실제로 교묘하게 역사하는 것을 놓칠 수 있다는 것입니다. 요한계시록, 짐승의 표, 666 등. 이러한 이슈를 접할 때 우리는 이것을 단순히 그리스도 재림 직전에 있는 원수의 활동이 아니라 교회시대 전체에 걸친 원수의 활동에 대한 경고라는 것을 식별해야 할 것입니다. 어설픈 종말의 겁박에서 시선을 옮겨 우리가 이미 종말을 살고 있음을 잊지 않는 오늘이 되길 바랍니다.

Story 58

기독교 반지성주의

반지성주의

본래 반지성주의는 철학이나 수학, 과학 등을 지성적으로 연구하는 것에 적대감을 가지고 불신하는 사상 기조입니다. 이 말이 널리 알려진 것은 1963년 미국의 역사학자 리처드 호프스태터(Richard Hofstadter)가 쓴 『미국의 반 지성주의』라는 책 때문입니다. 이 책은 1950년대에 미국 전역에 불었던 매카시즘 광풍의 원인에 대해 다루고 있습니다. 매카시즘은 소위 공산주의자 색출 열풍이라고 하여 미국의 지식인 절반을 날려 버린 일련의 사회 현상인데요, 당시 과학자나 저명한 석학들, 유명 연예인이나 예술가, 심지어 일반인들에게까지 막대한 피해를 입힌 미국 최악의 흑역사입니다. 지식인들에 대한 혐오정서, 직관과 감정에만 호소하는 근본주의 기독교, 이데올로기의 극한 대립에서 나온 반공정서가 결합되면 한 사회를 얼마나 폭력적으로 몰고 갈 수 있는지를 극명하게 보여주는 사건입니다. 요점은 그들이 지켜내려고 하는 자유와 평등, 그리고 민주주의의 가치가 그들 자신의 전체주의적 폭력성에 의해 추락해 버렸다는 사실입니다.

코로나를 통해 드러난 한국교회의 민낯

안타깝지만 한국교회에는 반지성주의 정서가 넘쳐 흐릅니다. 상식적이고 비판적 사고가 멈춰 버린 것 같은 형태로 말입니다. 아직도 이데올로기와 전쟁의 프레임에서 벗어나지 못한 이들이 있습니다. 이들이 주장하는 것은 단순합니다. 자유 대한민국이 공산화되는 것을 막는다는 명제입니다. 이미 이들을 지탱하는 근거가 신앙이 아니라 공포심이라는 것을 보여주고 있습니다. 위험천만한 상황이라서 그런가요. 신성모독 발언과 이단적 표현, 과격한 욕설도 서슴지 않습니다. 무슨 이유인지 태극기, 성조기, 일장기, 이스라엘국기도 모두 동원합니다. 반지성주의의 가장 큰 특징은 특정한 사상과 이념을 강력하게 주장하는 한 대변인을 다수의 대중이 우상화하는 현상입니다. 그가 어떤 주장을 하고 그 내용이 상식적인지, 성경적인지 전혀 검증할 필요가 없습니다. 그는 대한민국을 구해 낼 선지자이기 때문입니다. 이들은 듣고 싶은 말, 보고 싶은 것, 내가 확신하는 사실에 기초한 자료만을 받아들입니다. 심리적 확증편향이 파시즘이나 이단 종파에서 자주 나타나는데 그와 똑같습니다. 이를 토대로 끊임없이 듣고 싶은 가짜 뉴스를 양산해 냅니다. 모든 것은 대한민국이 공산화되는 것을 막기 위한 행동으로 변모합니다.

저는 이번 코로나 19 사태가 잠잠해졌다가 다시 폭발하는 시점에서 이 글을 쓰고 있습니다. 교회 발 확진자 숫자가 기하급수적으로 증가하며 매일 새로운 기록으로 경신되고 있네요. 오늘 아침에는 각 교단에서 이 사태에 대한 성명서를 발표하기에 이르렀습니다. 진심 어린 사과가 아닙니다. 우리는 이 사태와 상관이 없다는 선 긋기에 가깝습니다. 그러나 생각해 볼까요. 과연 이것이 소수 몇 사람의 극단적 행동 때문입니까. 광화문에 모여든 수만 명의 인파와 그들 가운데 지도 자급으로 서 있는 목사들의 무리를 생각해 보십시오. 한국의 보수 개신교가 급기야 이런 원흉을 만들어 내는 데 일조했음은 두말할 필요가 없습니다. 설교 단상, 성경공부, 세미나에서 얼마나 많은 자들이 정치적 이념을 설파했습니까. 또 얼마나 많은 신자들이 여기에 환호합니까. 얼마나 많은 신자들이 경도된 사상적 프레임에 열광하며 아멘을 쏟아내는지 아십니까. 공급이 수요를 창출하는 것이 아닙니다. 대중적 수요가 있으니 그 입맛에 맞는 공급이 생겨납니다.

"이 정부가 북한과 손을 맞잡고 기독교를 말살하려고 한다. 코로나19 확진자로 잡히면 정신병원으로 이송되며 치료도 못 받고 죽어간다. 사실 코로나는 별것 아닌데 국민들에게 겁을 주려는 현 정부와 좌파 언론의 조작이다. 교회를 무너뜨려야 고려연방제로 가고, 교회를 무너뜨려야 동성애도 마음껏 즐길 수 있어서 이런 선동을 하는 것이다. 그러니 나라를 구하기 위해서는 죽음도 불사하고 끝까지 저항하고 싸우자."

이런 식의 이야기가 뉴스가 되어 교회 카톡 방에 버젓이 돌아다닙니다. 얼마나 몰상식한 이야기입니까. 누군가 그런 비유를 합니다. 건강검진을 위해 금식하라는 의사의 지침을 죽으라는 저주로 듣는 사람은 아무도 없다고요. 맞습니다. 전염병 확산을 막기 위해 예배나 소모임을 금지한 것을 교회 탄압이라니요. 제발 철 좀 듭시다. 이미 교회 포비아(집단적 혐오) 현상이 시작되었습니다. 교회라면 치를 떨고, 몰상식하고 야만적인 무리로 인식되고 있습니다. 작금의 시점에서도 신자들이 정신을 못 차린다면 교회는 수장되어 버리고 말 것입니다. 엄중히 경고합니다. 신자들이 이런 거짓을 퍼 나르는 것은 진리이신 하나님의 얼굴에 거짓의 똥칠을 하는 신성모독 행위입니다.

반지성주의는 지식을 경계하고 멀리하는 태도만이 아닙니다. 자기 체험과 자기주장을 뒷받침할 성경구절 하나를 끌어와서 단순명료한 명제를 만듭니다. 그리고 그 명제에 반하는 지식이나 주장은 배척하고 적대시합니다. 이 또한 반지성주의입니다. 목사들이 성경을 두려움과 경외할 대상으로 풀지 않고, 자신의 이념과 사상을 뒷받침할 근거로 오용하고 있습니다. 내 믿음에 더 이상의 배움이나 지식은 필요 없다는 선언입니다. 아이러니하게도 신학교에 온 분들 중에도 이런 분들이 꽤 많습니다. 신학교에 배우러 간 것이 아니라 가르치러 간 것이 아닐까 싶을 정도로 막무가내이신 분들이지요. 확증편향과 반지성주의적 태도가 종교심과 결합하면 아무도 못 막습니다. 아마 하나님도 훈계하려 들 겁니다. 그러니 교수를 보이콧하거나 훈계하는 일은 귀여운 수준입니다. 이렇게 배출되는 목사들이 지도자로 서 있는 이 땅의 교계는 참으로 암담합니다.

샤머니즘적 기독교

대부분의 신자들은 믿음의 내용과 진리의 구체적인 지식에 대하여 별로 관심이 없습니다. 도리어 지성적 성찰은 우리의 현실적인 삶과는 무관하며 신선놀음이나 탁상공론 정도로 생각합니다. 생각을 멈추고 덮어놓고 믿는 것을 미덕이라 여기는 것 같습니다. 때문에 우리의 생을 주도하는 것은 생각보다 미신적이고 종교적인 형태의 신앙입니다.

교회사 속에서 등장했던 이단들이 잘 사용했던 방법을 보십시오. 정통을 무시하기 위한 방법으로 지성을 배제시켜 버린 영성 운동을 일으킵니다. 신비주의적 인물이나 이야기를 만들어 내어 사람들을 현혹

합니다. 만약 이때 강력한 지성을 사용하여 참된 기독교를 변증하는 피 터지는 싸움이 없었다면 지금 우리가 고백하는 신앙과 그 내용은 지켜질 수 없었을 것입니다. 한국 기독교 안에 드러나는 다양한 형태의 신앙에 대해 듣다 보면 정말 우리가 믿는 하나님이 같은 하나님이 맞나 하는 의구심이 들 때가 있습니다. 반지성주의의 보호 아래 샤머니즘적 기독교가 득세하는 것입니다.

생각이란 것을 해야 합니다. 복음의 명쾌한 논리를 토대로 비판적 사고를 할 수 있어야 합니다. 신약성경 서신서를 자세히 들여다보십시오. 어떤 주장에 대한 비판과 근거 제시, 다시 복음의 본질을 토대로 한 주장으로 이루어져 있습니다. 내용 전개 자체가 비판적이고 비평적입니다. 사도들을 통한 하나님의 계시가 현실 교회의 이슈를 해결하기 위한 치열한 사고 싸움으로 이루어져 있는 것을 볼 수 있습니다. 한국 교회가 윤리적이고 율법적 차원의 종교생활만을 가르치고 주일성수, 십일조, 주초금지, 제사금지, 동성애 금지, 공산주의 물러가라와 같은 단순하고 이분법적인 명제를 신앙으로 설명하는 이유가 있습니다. 신자들이 깊이 생각하고 비판적으로 사고하는 순간 이미 만들어 놓은 교회 왕국의 아성이 무너질 것임을 아는 것이지요.

편안한 교회생활을 하고 싶습니까. 한쪽 귀를 닫고 한쪽 눈을 감으면 됩니다. 그런 건 내가 고민할 문제가 아니라고, 의심하고 질문하는 것은 참신앙의 덕이 아니라고 자기 최면을 걸어 두세요. 이런 사태가 벌어져도 그건 우리 책임이 아니라고 떠넘기십시오. 우리가 그러는 동안 이미 교회는 상식도 떠나고 성경도 떠나고 하나님도 떠나 버릴 것입니다. 반지성주의를 풍자하는 유명한 그림이 있습니다. 주일에 예배당에 들어서자마자 머리는 떼어 놓고 들어가는 그림입니다. 반론하지 않고, 질문하지 않으며 의심과 갈등이 없는 맹목적 신앙 가운데 무엇이 양산되었습니까. 상식이 없고 이기적이며 독선적인 기독교가 양산되었습니다. 이걸 어떻게 멈춰야 할까요. 별로 좋아하지 않는 무신론자이지만 리처드 도킨스(Richard Dawkins)의 뼈아픈 충고를 들어봅니다.

> 종교가 미치는 진정한 나쁜 영향 중 하나는 몰이해에 만족하는 것이 미덕이라고 가르치는 것이다.

네, 맞습니다. 몰이해가 군중 전체에게 전염되었을 때 나타나는 무서운 현상이 십자군 전쟁이나 나치즘, 그리고 매카시즘이었던 것을 기억해야 합니다. 우리가 고백하는 기독교 신앙에 대해 질문하고 회의하며 의심하는 과정을 거치지 않는 자리에는 무서운 종교적 맹신과 혐오의 정서가 자라납니다. 하나님도 어찌할 수 없는 고집과 독선을 신앙이라고 착각하는 무서운 죄를 짓는 것입니다. 속히 이 자리에서 빠져나오시기 바랍니다.

회의하는 용기

개인의 신앙과 삶의 영역에서 생각하기를 멈춰 버린 신앙은 추상적이거나 단편적입니다. 그래서 보통 공식 만들기를 좋아합니다. 하나님은 이런 분이다, 우리는 이렇게 살면 된다, 이럴 땐 저렇게 저럴 땐 이렇게 하라는 공식과 답을 섣부르게 만들어 냅니다. 편합니다. 생각하지 않아도 되니까요. 그러나 인생에는 공식에 대입하여 답을 얻을 수 없는 일들이 훨씬 더 많습니다. 하여, 예측하지 않았던 고난이 닥치면 픽픽 쓰러지는 것입니다. 인생을 해석할 생각의 힘, 성경적 사고의 힘이 없는 겁니다. 이때 하나님께서 주신 귀한 생각의 재료들이 있습니다. 좌절, 의심, 원망, 성찰과 같은 회의감들입니다. 오스 기니스(Os Guiness)는 『회의하는 용기』에서 이렇게 말합니다.

신앙에 확실하고 충분한 이유가 없었던 것은, 자기가 왜 믿는지 전혀 확신이 없기 때문이다. 믿을 이유가 없다면 회의하지 않을 이유도 당연히 없다. 바로 그것이 문제다. 허점이 드러나고 그럴듯한 학문적 근거와 막강한 정서적 위험을 동반한 회의가 몰려들면 그 회의를 반박하기 힘들다. 회의하지 않을 이유가 없기 때문이다.

왜 믿는지에 대해 심각한 고민과 분투가 없이는 믿을 이유가 분명해지지 않습니다. 또한 믿을 이유가 없는 자는 회의가 몰려올 때 쓰러지고 맙니다. 반대로 믿음이 분명한 사람에게 회의는 믿음에 근거한 사고의 근육을 단련시킵니다. 더불어 회의 속에서 본질을 발견하곤 합니다. 그러므로 지성적 성찰의 분량이나 깊이는 제각각 다르겠지만 우리는 이 믿을 이유를 찾는 일을 소홀히 해서는 안 될 것입니다. 단순히 책을 많이 읽고 공부하자는 지식주의를 말함이 아니라 정상적으로 사고하고 회의하는 건강한 믿음이 필요하다는 것입니다.

회의하는 용기는 우리로 하여금 결국 성경의 깊은 우물을 길어 올리게 만듭니다. 우리가 믿고 의지하던 신이 성경이 말씀하는 하나님이 아닐 수 있음을 고백하게 합니다. 하나님께서 내가 믿는 신을 끊임없이 깨부수도록 하는 사역을 지금도 감당하고 계십니다. 우리 인생은 하나님을 평생토록 알아가는 여정입니다. 그러므로 해결되지 않는 삶의 난제와 지적 도전 가운데 머리와 마음을 닫지 마십시오. 배우기를 두려워하지 말며, 하나님을 아는 지식에 끝이 없다는 사실을 인정하십시오. 스스로가 틀렸음을 발견하는 것을 두려워하지 마십시오. 담대해지셔야 합니다. 섣부른 답을 찾아내어 안주하지도 마십시오. 도리어 끊임없는 회의 가운데 우리의 믿음의 이유를 찾고자 하는 지성적 성찰로 나아가시기 바랍니다.

하나님은 게으름뱅이를 좋아하지 않으시지만, 지적인 면에서 게으른 사람은 더더욱 좋아하지 않으십니다. _ C.S 루이스

Story 59
이 시대의 땅끝

"성균아, 우리 뭐 하는 거 없다고는 하는데, 왜 이렇게 빡시냐?"

담임목사님이 말씀하십니다. 정말 그런가 한 번 살펴보았습니다. 하는 게 없진 않네요. 좀 타이트한 것 같아요. 뭘 하는지 한 번 적어 봅니다.

- 수요일 성경공부 '토마스 슈라이너의 『히브리서 주석』'
- 목요일 오전 모임 '칼뱅의 『기독교 강요』'
- 금요기도 모임 '월터 브루그만의 『구약의 위대한 기도』'
- 주일 오전 '목사님 설교'
- 주일 오후 강의 세 개 : 1) 성경통독, 2) 성경 강해, 3) 양서 읽기

새벽기도 없는 것이 다행이라면 다행입니다. 이 목록은 이 글을 쓸 당시에 하던 것들인데, 지금은 코로나 19로 인해 보태기 하여 전혀 생각지도 못했던 영상물을 찍고 있습니다. 매일 성경 묵상, 시편 강해, 팀 켈러 읽기, 고전 인물 탐구, 행신 새롭게 하소서 등등 많은 것을 찍었습니다(유튜브, 행신침례교회).

적어 놓고 보니, 저희 교회가 여타의 모임이 없어서 그렇지, 말씀 공부 모임이 참 많습니다. 처음에는 없었는데 하나둘씩 성도님들의 요청으로 만들어졌지요. 생각해 보니 여기에 다 참석하시면 아마 신학교 느낌이 좀 나겠더군요. 물론 자율참석입니다. 이렇게 하게 된 데에는 무엇보다 성도님들께서 말씀에 대한 관심이 높았기 때문이라고 여겨집니다. 바르게 알고자 할 때, 배울 수 있는 통로가 있어야 하기에 저희는 이런 모임을 만드는 데 주저하지 않았던 것 같습니다.

　하지만 저희가 이런 공부를 집중적으로 해 나간다고 해서 지적 수준이 높거나 지적 유희를 즐길 줄 안다고 생각하시면 오산입니다. 그저 꾸역꾸역 해 내고 있습니다. 그럼에도 불구하고 말씀공부에 집중하는 분위기를 만들어 가는 것에는 나름 중요한 이유가 있습니다.

　다름 아니라, 요즘 교회와 신자들의 복음에 대한 이해도가 현격하게 낮기 때문입니다. 교리에 강한 장로교회가 구원에 대해 설명하는 구원의 서정에는 소명, 중생, 회심, 신앙, 칭의, 수양, 성화, 견인, 영화와 같은 내용들이 들어 있습니다. 율법과 복음의 관계, 구약에서 나타난 그리스도, 히브리서나 요한계시록이 계승하는 구약의 신학들에 대해, 또는 종말론과 천년왕국에 대해, 세대주의에 대해 등등. 이러한 신학적이고 교리적 이해에 있어 아예 들어 본 적이 없는 신자들이 한국교회에 상당히 많습니다. 이런 교리적 내용을 알아야 하나님을 아는 것이냐고 반문하시는 분들도 있는데요. 그럼 도대체 어떤 하나님을 알고 계신건지 저는 궁금합니다.

　어떻게 보면 우리는 성경이 말하고 있는 기독교 신앙과는 별개의 모양새로 신앙생활하는 것이 아닐까요. 적어도 신자에게 있어 가장 중차대한 문제인 구원에 관해서도 스스로 이해하고 설명할 수 없다면 그것을 어떻게 신앙이라고 할 수 있는지 모르겠습니다. 내 스타일과 편의대로 만들어 낸 종교일 가능성이 높습니다.

언젠가 교회에 찾아오신 성도님 한 분이 계셨습니다. 이런저런 이야기 끝에 결국 오랫동안 섬겼던 교회에서 봉사했던 시간들이 너무나 한스럽다는 토로를 하십니다. 그렇게 충성을 다했지만 억울한 부분이 많으셨다고요. 십분 이해를 했지만, 점점 불안한 마음이 듭니다. 그분의 신앙이 더 걱정되었습니다. 과연 진짜 예수님을 믿는 분이 맞는가 하는 생각이 들기 시작했습니다. 이런저런 질문과 응답 끝에, 이분이 예수님을 믿는 분이 아닐 수 있다는 결론을 내렸습니다. 신실한 종교인일 수는 있지만 목회자의 양심으로는 절대 신자라고 말할 수 없는 신앙고백을 하시니까요. 신자들에게 있어 내가 만난 하나님은 정말 중요합니다만, 예수 그리스도의 복음이 빠진, 기독교가 아닌 곳에서도 할 수 있는 신앙고백을 가지고 성경의 하나님을 만났다고 인정할 수 없는 노릇입니다.

칼뱅은 이렇게 말합니다.

하나님께서 자기의 독생자를 통하여 구속자로서 나타나셔서 그를 통하여 당신을 아는 지혜를 드러내셨으므로(고전 1:21), 타락한 인간이 구원을 얻으려면 반드시 중보를 힘입어야 한다.

그리스도 예수를 아는 지식이 온전하지 못한데, 하나님을 만난다는 것은 말도 안되는 어불성설이라는 말입니다. 우리는 그리스도를 아는 지식이 꽤 간단하다고 생각하는 경향이 있습니다. 맞지요. 간단하고 쉽습니다. 다음과 같은 말들로 이것을 정리할 수 있습니다. '예수 믿으면 천국 간다. 예수 십자가로 구원받았다. 예수님께서 나의 죄를 대신해서 지셨고 그것을 믿는 나는 구원받았다.' 그런데 한 가지 여쭙겠습니다. 혹시 여기에서 더 나아간 이해가 있으신지요. 이 말들이 의미하고 있는 바, 성경 전체가 증언하고 있는 그리스도를 아는 지식의 풍성함에 대해서 말입니다. 바울은 에베소서의 절반을 이 구원에 관한 지식의 풍성함과 부요함을 설명하는데 쏟고 있습니다. 예수 믿는다는 것이 의미하는 바가 얼마나 크고 놀라운 것인지 말입니다.

솔직히 예수를 믿는다고 말하는데, 예수가 누구신지도 모르고, 예수가 무슨 일을 하셨으며, 그게 나와 세상과 무슨 상관관계인지 모른다면 사실은 예수님을 잘 모르시는 것입니다. 예수의 창조사역도, 예수의 부활과 신자의 부활도 못 믿을 이야기입니다. 『하나님을 아는 지식』의 저자 마크 존스(Mark Jones)는 서문에 이렇게 기술합니다.

세상에서 가장 중요한 질문은 '어떻게 하면 하나님을 알 수 있는가'가 아닙니다. 우리는 이렇게 물어야 합니다. '예수 그리스도를 통해 하나님을 얼마나 많이 알고 있는가.'

심각하게 재고해 보아야 합니다. 수많은 체험과 종교적 의식을 거쳤다손 치더라도 우리는 하나님을 모르는 자일 수 있습니다. 그저 내가 만든 신을 섬기고 있을지도 모릅니다. 과연 오늘날 한국교회 안에 참된 신자가 얼마나 될까요. 회의적입니다. 조심스럽지만 우리는 진정으로 중생하고 회심한 신자가 아닐지도 모릅니다. 이 시대의 땅끝은 바로 교회가 아닐까 하는 두려움을 가진 목회자의 양심으로 설교하고 가르치고 양육해야겠습니다.

안식일과 주일

안식일과 주일, 주일성수 등에 대한 논쟁은 교회 안에 끊이지 않는 이슈입니다. 그럼에도 잘 정리되지 않고 교회마다 목사마다 주장하는 바가 달라 어느 장단에 맞춰야 할지 어렵습니다. 그래서 안식일과 주일에 대한 조금 더 균형 있는 관점을 드릴까 합니다.

창조의 면류관

안식일이 구체적으로 드러난 본문은 출애굽기 20장과 신명기 5장입니다. 먼저 출애굽기 20장 11절은 '이는 엿새 동안에 나 여호와가 하늘과 땅과 바다와 그 가운데 모든 것을 만들고 일곱째 날에 쉬었음이라 그러므로 나 여호와가 안식일을 복되게 하여 그날을 거룩하게 하였느니라'라고 되어 있고, 이 본문은 틀림없이 창세기 2장 3절을 근거로 합니다. '하나님이 그 일곱째 날을 복되게 하사 거룩하게 하셨으니 이는 하나님이 그 창조하시며 만드시던 모든 일을 마치시고 그날에 안식하셨음이니라.'

몰트만(Jürgen Moltmann)이라는 신학자는 이렇게 말합니다.

창조의 완성은 인간이 아니라 안식이다. 안식일이야말로 창조의 면류관이다.

안식일은 그 자체로 고유한 창조신학적 관점으로 바라보아야 한다는 것이지요. 쉽게 말하면 하나님이 지으신 인간 안에는 안식해야만 하는 DNA가 새겨져 있다는 말입니다. 인간과 세상이 그렇게 창조되었고 설계되었다는 이야기지요. 인간에게 안식이 필요한 이유는 무엇일까요. 인간이 공간에 속해 있기 때문입니다. 육체를 가지고 살아가는 인간은 늘 공간에 매입니다. 공간은 제약을 줍니다. 또한 물리적인 힘을 요구합니다. 인간은 태어나서 죽을 때까지 계속해서 움직여야 하고, 먹고살기 위해 일해야 하는 존재입니다. 이러한 인간에게 반드시 필요한 것이 안식입니다. 좀 더 구체적으로 말하면 인간에게는 안식을 해야 할 시간, 쉼이 주어지는 시간, 안식일이 필요하며 그것이 창조의 질서입니다.

아브라함 헤셸(Abraham J. Heschel)이라는 굉장히 저명한 신학자가 있습니다. 그는 거의 유일하게 기독교 신학자들이 인용하는 유대교 신학자입니다. 그가 쓴 책 『안식』은 안식일 영성의 의미에 대해 다룬 20세기 최고의 고전으로 꼽힙니다. 그는 이 책에서 이렇게 말합니다.

카도쉬, 즉 거룩이라는 고귀한 단어는 창세기에서 단 한 번 사용되었다. 이 단어는 창조 이야기가 끝나는 대목에서 처음 사용되었다. 하나님께서 일곱째 '날'을 복되게 하시고 거룩하게 하셨다라는 말씀을 보라. 하나님께서는 창조 기록 가운데 공간 속의 그 어떤 대상에도 거룩함의 특성을 부여하지 않으셨다. 하나님은 유일하게 시간을 거룩하게 하셨다.

안식일은 단순히 평일을 위해 존재하는 휴일이 아니며, 인간의 본질과 생명의 의미가 가장 분명하게 드러나는 시간이라는 말입니다. 그러므로 안식일은 의식법으로서 문자적 규정으로는 폐지된 것으로 보아야 마땅하지만, 그 안에 들어 있는 도덕법적 의미와 영적 의미는 계승되어야 마땅합니다. 그런데 우리는 지금까지 반대로 해 왔습니다. 폐기된 율법을 가져와서 주일성수라는 율법을 만들어 내놓고는 정작 안식일에 담긴 쉼이나, 절제, 공간에 갇힌 노동에서 벗어나 생명을 소성케 하는 사회적 의미는 하나도 살려내지 못했다는 거지요.

저항하라

신명기 5장의 나머지 부분은 출애굽기와 같은데 15절이 약간 다릅니다.

'너는 기억하라 네가 애굽 땅에서 종이 되었더니 네 하나님 여호와가 강한 손과 편 팔로 거기서 너를 인도하여 내었나니 그러므로 네 하나님 여호와가 네게 명령하여 안식일을 지키라 하느니라'(신 5:15).

신명기는 출애굽을 인도하신 하나님을 기억하는 날로 안식일을 풀고 있는 것이지요.

하나님께서는 애굽에서 종 되었던 이스라엘이 부르짖는 소리를 들으시고, 바로의 압제에서 그들을 해방하십니다. 바로의 시스템은 쉼이 전혀 없는 강제 노역이었습니다. 벽돌을 만들기 위해 짚을 제공했던 것마저도 이스라엘 백성들에게는 직접 구해 오라고 할 정도로 가혹했습니다. 전혀 쉴 수 없었습니다. 말 그대로 착취를 당했지요. 바로는 노예들을 더 착취할수록 결국 더 많은 부를 쌓을 수 있었고, 자신이 그 먹이사슬을 꼭대기, 피라미드의 정점에 자리 잡았습니다. 바로의 시스템은 벽돌이라는 생산품을 만들어 내기 위해 희생자를 만들어 내야 하는 이 세상의 시스템을 의미합니다. 여기에서 벗어난 이스라엘은 홍해를 건너고 나서 덩실덩실 춤을 춥니다. 그리고 그들은 이제 하나님께서 먹이고 입히는 광야를 경험합니다. 전혀 다른 시스템으로 들어온 것이지요. 이때 하나님께서 요구하신 것이 바로 안식일을 기억하라는 명령입니다. 즉, 출애굽을 경험한 이스라엘에게 있어 안식일은 바로로 대변되는 세상 나라의 시스템에 저항하라는 중대한 의미를 가집니다.

그렇다면 우리 신약의 성도들, 교회에게 신명기 문맥에서의 안식일은 어떻게 적용될까요. 하나님께서 안식일을 기억하라고 하시는 의미는 그들을 구원하고 해방하신 것에 대한 기념입니다. 오늘날의 신자들과 교회에게는 예수 그리스도의 구원을 기억하는 것이 바로 안식의 더 밝은 의미가 됩니다. 이미 구원을 얻은, 그러나 또한 이 땅에서 바로의 시스템에서 살아가는 신자들의 애환, 고통을 서로 나누어 짊어지며 궁극적인 구원을 갈망하는 것, 그것이 바로 주일로 계승되어야 할 안식일의 본래적 의미입니다.

매일을 주일처럼

오늘 이 두 본문이 모세오경에 속한다는 것을 볼 때, 안식일은 모세 언약에 속한 백성, 즉 하나님의 백성을 가름하는 아주 중요한 척도였습니다. 쉽게 말해 안식일을 지키느냐 아니냐가 하나님의 백성이 되는 가부를 결정했다는 말입니다. 그만큼 안식일은 하나님 앞에 아주 중요한 계명이었음에 틀림없습니다.

자, 그렇다면 오늘날을 살아가는 신자들에게 있어 이 안식일의 중요성과 그 의미는 어떻게 계승되어야 할까요. 한국교회는 주일성수를 너무 강조한 나머지, 주일이라는 시간을 교회라는 공간 속에서만 보내도록 고안하였습니다. 그 결과 한국교회의 신자들은 주일에 교회에서 예배드리고, 성가대를 하고, 교사를 하고, 여러 가지 종교적 활동을 하는 것만 신앙으로 여깁니다. 신앙 표현이 매우 빈약하고 왜소해질 수밖에 없습니다. 신앙을 교회라는 공간 안에서만 확인할 수 있는 형태로 배워 왔기 때문입니다. 일상적인 삶 안에서 하나님께서 주신 은혜와 다양하고 풍성한 의미를 발견해 내어야만 합니다. 그것이 우리의 주일을 풍성하게 하고 의미와 가치를 부여합니다. 주일은 구약의 안식일의 의식법적 측면, 그러니까 구약에서 율법으로 반드시 지켜야 했던 방식으로 요구되는 특별한 날이 아닙니다. 주일은 똑같은 여러 날들 중 하나입니다. 특별히 더 거룩하게 구별된 날이 아니라는 것이지요. 바울은 이렇게 말합니다.

'어떤 사람은 이 날을 저 날보다 낫게 여기고 어떤 사람은 모든 날을 같게 여기나니 각각 자기 마음으로 확정할지니라'(롬 14:5).

당시 유대법을 그들의 문화로 지켰던 유대인 개종자들을 인정하되 사실상 날과 절기에 매이지 않는 것이 복음의 정신이라고 말하는 것이지요. 루터가 쓴 『대요리 문답』의 내용을 빌어 이야기하자면 신약의 성도들에게는 매일이 주일이 되어야 합니다. 매일이 안식일의 의미가 살아나는 날이 되어야 합니다.

평균케 함으로 거룩하게 하라

하나님께서 안식일을 거룩하게 하신 것처럼, 신자를 거룩하게 하셨습니다. 그래서 예수께서는 이렇게 말씀하십니다.

'수고하고 무거운 짐진 자들아 다 내게로 오라. 내가 너희를 쉬게 하리라'(마 11:28).

바로가 지운 멍에, 공간에 갇히고 먹고사는 문제에 매여 있는 자들아, 이제 내게로 오라고 말씀하십니다. 내가 주는 멍에는 가볍다는 겁니다. 하나님께서 안식일을 정하시고 그 안식일을 지키는 자기 백성을 만나와 메추라기로 매일 먹이신 것처럼 바로와는 전혀 다른 방식으로 먹이고 입히시겠다는 것입니다. 이것이 곧 예수를 믿는 신자들의 정체성입니다. 안식을 매일 경험하고 사는 것, 그것이 바로 예수 믿는 신자의 삶이며, 그것이 곧 모든 날을 주일로 여기는 기독교 신앙의 정수입니다.

저명한 구약학자 월터 브루그만(Walter Brueggemann)은 그의 책『안식일은 저항이다』에서 십계명의 4번째 계명인 안식일 계명이 십계명 전체를 감싸고 있다고 말합니다. 우리가 알고 있는 십계명은 열 가지 중요한 문장만을 계명으로 재구성하였지만 신명기 5장 본문을 자세히 살펴보면 그 강조점이 어디에 있는지 한 눈에 볼 수 있습니다. 십계명이 각각 몇 절 씩을 할애하고 있는지를 살펴볼까요? 먼저 1계명에서 3계명은 7절부터 11절까지 총 다섯 절에 걸쳐 다뤄집니다. 5계명부터 10계명까지 6개의 계명은 16절부터 21절까지 총 여섯 절을 할애합니다. 그런데 중간에 4계명은 오직 한 개의 계명인데도 12절부터 15절까지 네 절을 할애하고 있습니다. 특별히 4계명은 십계명이 시작하기 전에 6절(나는 너를 애굽 땅, 종 되었던 집에서 인도하여 낸 네 하나님 여호와라)에서 언급했던 이야기가 또 반복됩니다.

> 너는 기억하라 네가 애굽 땅에서 종이 되었더니 네 하나님 여호와가 강한 손과 편 팔로 거기서 너를 인도하여 내었나니 그러므로 네 하나님 여호와가 네게 명령하여 안식일을 지키라 하느니라(신 5:15).

즉, 4계명은 종 되었던 이스라엘을 애굽 땅에서 건져내신 여호와 하나님을 재차, 그리고 더 구체적으로 강조합니다. 그런 하나님이 명령하시니 너희는 안식일을 지키라는 것이지요. 쉽게 말해 십계명을 주시는 큰 맥락은 이스라엘을 바로와 이방신에게서 건져내신 하나님을 기억하고, 하나님이 명령하신 안식일을 지키라는 의미 안에 귀속된다는 말입니다. 약간 다르게 표현하면 십계명 전체가 안식일의 의미를 온전히 드러내도록 고안되었다고 할 수도 있겠습니다.

그렇다면 각 계명들이 어떻게 안식일의 의미를 반영하고 있을까요? 앞의 3개의 계명은 일반적으로 하나님을 향한 계명인데, 이것을 안식하게 하는 하나님으로 풀어낼 수 있습니다. 애굽의 바로와 잡신들은 이스라엘을 억압하고 착취하는 신이었습니다. 그러나 여호와 하나님은 안식을 주는 신입니다. 조건이 무엇입니까? 바로의 압제 가운데 이스라엘은 오직 벽돌 생산으로 자기 존재 가치를 증명해야 했다면, 여호와 하나님이 요구하시는 것은 오직 우상을 버리고 하나님과 관계하며 그 분의 언약 백성이 되는 것입니다. 이제 이스라엘의 존재 가치는 여호와 하나님 안에 있을 때 온전해집니다. 이 때 온전한 안식을 누릴 수가 있는 것이지요.

뒤에 나오는 6개의 계명은 이웃과 관계된 계명인데 이것 또한 안식 안에서 그 의미가 살아납니다. 부모를 공경하는 것, 폭력과 성의 상품화를 금지하는 것, 거짓말과 이웃의 소유를 탐내는 것 모두 바로의 시스템, 세상의 시스템 속에서 필연적으로 일어나는 일입니다. 그러나 이제 하나님의 언약 백성이 된 너희는 그럴 필요가 없다는 것입니다. 하나님 안에 안식하는 이스라엘은 완전히 다른 시스템 가운데 있습니다. 안식하는 백성은 하나님이 지켜주십니다. 부모를 방치하지 않고 공경할 수 있으며, 남의 것을 갈취할 필요가 없습니다. 정직하게 살아도 되며, 소유를 나눕니다. 안식하는 백성은 하나님께서 명령하시는 이웃 사랑의 적극적인 계명에 순종할 수 있는 백성들이라는 말씀입니다.

현대를 살아가는 우리들에게 큰 울림을 주는 통찰이 아닐 수 없습니다. 무엇을 얼마나 소비하는가, 어떤 상품을 소유했는가를 두고 인격과 존재를 결정짓는 시대입니다. 어느덧 우리는 자본의 지배 속에서 맘몬과 하나님 사이에서 갈등하는 존재들이 되었습니다. 월터 브루그만의 요청은 단순히 안식일을 조용히 절제하며 쉬어라는 데 그치지 않습니다. 신자에게 안식은 이 세상 시스템에 대한 저항이며, 그것은 이웃 사랑이라는 구체적인 계명으로 실천되어야 한다는 것이지요. 이웃 사랑이 별게 아닙니다. '너도 쉬냐, 그럼 다른 이들도 쉬게 하라.' 이 명령인 것입니다. 모두가 하나님 안에서 거룩한 쉼을 얻을 수 있도록 사랑의 계명을 실천하는 것. 그것이 바로 안식일 계명의 적극적 의미입니다.

아담에게 발견하는 것들

유진 피터슨(Eugene H. Peterson) 목사님의 성경 묵상집 *Every Step an Arrival : A 90-Day Devotional for Exploring God's Word*(WaterBrook, Oct. 2018)에 이런 글귀가 있습니다.

아담은 바로 당신입니다. 아담은 우리들의 존재를 이해하는 시작점이 됩니다. 하지만, 성경은 아담의 신체적 특징이나, 심리적인 묘사나, 그의 삶에 관하여 자세하게 말하고 있지 않습니다. 단지 몇 줄만 묘사하고 있습니다. 그런 면에서, 우리들이 알 수 있는 아담의 모습은 아주 적을지 모르죠. 하지만, 우리들은 아담에 관한 아주 중요한 점을 알 수 있습니다. 그건 바로, '인간이란 어떠한 존재인가?'라는 것입니다. 성경은 인간 존재의 본질을 아담에서 찾습니다. 첫 번째, 우리들은 하나님이 창조물이다. 두 번째, 우리들은 다른 사람들과 관계 맺도록 창조되었다. 세 번째, 우리들은 우리를 둘러싼 세상에 대해 책임이 있다는 것입니다. _ 필자 번역

인간의 본질에 대한 귀중한 통찰입니다. 우리는 우리 자신에 대해 이해할 때 다양한 접근을 시도합니다. 그러나 성경은 인간 본질을 관

계성으로 규정합니다. 창조주이신 하나님과 피조물인 인간과의 관계, 그리고 우리 서로의 관계, 또한 이 땅과의 관계가 바로 그것입니다. 인간은 하나님과 타인과 이 땅이 존재하지 않을 때 아무런 의미를 발견하지 못하는 존재입니다.

무엇보다 '하나님의 형상'으로 창조되었다는 선언이 의미심장합니다.(하나님이 이르시되 우리의 형상을 따라 우리의 모양대로 우리가 사람을 만들고…, 창 1:26) 이것이 자기 자신과 이웃을 바라보는 이해의 출발점이며 기준이 되기 때문이지요. 우리 각 사람은 어쩌다 우연히 이 세상에 온 존재가 아닙니다. 일각에서는 인생이란 자기를 찾기 위한 여정이라고 말하기도 하지만, 자기가 누구인지 모르고 생을 끝맺는 것은 불행한 일입니다. 무엇보다 인간은 그 어떤 모습을 가졌더라도 하나님의 형상입니다. 이 세상의 어떤 인간도 무시당하고 천하게 여겨질 존재는 없습니다. 인간으로 존재한다면 존엄하고 귀하게 여겨져야 합니다. 누구도 사람 위에 군림해서는 안 되며, 누구도 어떤 이유로도 멸시당해서는 안 됩니다. 인간이라면 누구나 천하보다 귀한 영혼입니다. 이런 자각이 자기 자신과 타인을 대하는 겸손한 방식으로 드러날 때 사람들의 관계는 새로운 전환을 맞이합니다.

코로나 사태를 맞이하며 인류가 이제야 자각하게 되는 사실은 우리가 함께 공생해야 할 자연을 인간이 너무 많이 훼손했다는 것입니다. '생육하고 번성하고 땅에 충만하라'는 말씀을, 우리 선조들은 정복하고 빼앗으며 마음껏 망가뜨려도 된다는 의미로 받아들였습니다. 그렇지 않습니다. 창세기를 자세히 읽으면 하나님께서는 이 세계와 동식물을 잘 다스릴 권한을 인간에게 주신 것이 분명하지만, 짐승들과 물의 생물들, 그리고 새들에게도 동일하게 생육하고 번성하여 충만하라고 말씀하십니다. 즉, 하나님의 명령은 인간들에게만 주어진 것이 아니며 모든 피조물들에게 주신 명령입니다. 인간에게는 이 땅을 잘 다스리면서도 함께 잘 살아갈 수 있는 지혜를 발휘해야 할 책임이 있습니다. 그런 면에서 인류와 현대교회는 처참하게 실패하였습니다. 자연과 환경, 생태계를 보호하는 임무는 녹색 모자를 쓴 NGO단체들만의 몫이 아닙니다. 온 교회와 신자들의 책임입니다.

특별히 한국교회는 그동안 하나님께서 주신 복음명령에 충실했습니다. 하나님을 구속주로 바라보는 신학은 구석구석 널리 전파가 되었습니다. 그러나 거기까지입니다. 하나님을 창조주로 믿는 가운데 그분이 지으신 세계를 아름답게 가꾸고 그 안의 생태계를 주님의 섭리 안에서 보존하는 일에는 실패했습니다. 그러니까 또 다른 하나님의 명령인 문화명령, 이 땅을 잘 다스리고 번성하며 함께 공생하는 일들에는 실패했다고 보아야 합니다. 이제 교회는 교회 밖의 세상에 더 많은 관심을 기울여야 합니다. 그리고 함께 살아가는 길을 모색해야 할 것입니다.

최근 기후변화에 따른 기상이변 현상이 자주 일어납니다. 태풍, 산불과 같이 피부로 와닿는 문제부터, 지금 당장은 알 수 없으나 얼마 남지 않는 시간 안에 대대적인 피해가 있을 것입니다. 대한민국 초대 기상과학원장을 지낸 조천호 박사는 이제 지구의 기온이 산업화 이전보다 1.5도 증가하는 시간이 7년 6개월밖에 남지 않았다고 말합니다. 그보다 0.5도, 그러니까 2도 올라가는 시간도 얼마 남지 않았지요. 지구의 체온이 2도 올라가면 극단적 폭염에 노출되는 인구가 4.2억 명, 물과 식량난에 시달리는 취약계층이 현재보다 4배 증가, 동식물 멸종 위기가 현재보다 2배 증가한다고 합니다. 대륙과 바다의 생태계 파괴는 물론 심각한 식량난은 물론이거니와 정체를 알 수 없는 전염병들이 돌 수도 있다고 말합니다. 전 세계의 과학자들, 미래학자들은 아마 지금은 예측하기도 어려운 전 인류적 재난이 다가올 것이라고 입을 모으고 있습니다.

우리는 어떻게 해야 할까요. 안타깝지만 과학자들은 이미 지구가 이전과 같이 회복될 수 없다고 말합니다. 늦었습니다. 온 인류가 각성하여 어떤 노력을 가한다 하여도 이미 망가져 버린 지구의 반격을 막기 어렵다는 것이 자명한 사실입니다. 무엇보다 우리는 하나님 앞에서 이 세상에 대한 책임을 지는 일에 실패했습니다. 이 두 가지 사실을 뼛속 깊이 자각해야 합니다. 아직도 안일하게 기회가 있다고 여기거나, 후손과 자녀들에게 대한 책임의식 없이 나 하나 잘살면 된다고 인식하는 것이 문제입니다. 성숙한 신자라면, 지금 이 자리에서 회개하고 돌이켜야 합니다. 이 땅과 세계에 대한 책임에서 실패한 영역들에 대한 비통한 자세, 성숙한 태도를 가져야 합니다. 작지만 실천할 수 있는 내용을 온 교회가 함께 모색해야 합니다. 마음을 먹고 찾고자 하면 얼마든지 우리에게 주어진 자연과 이 땅을 살릴 작은 실천들이 많습니다.

이제 인류가 새롭게 진입하는 시대는 조금 더 성숙한 정신과 신앙을 필요로 합니다. 한국교회에 대한 한탄과 자괴감이 그 어느 때보다 팽배한 시절입니다만, 잠잠하며 기다려야 합니다. 하나님께서 깨어 각성하며 회개하고, 포기하지 않는 이들을 남겨 두셨다고 믿습니다. 하나님 말씀을 다시 새롭게 보며 그 안에 담긴 생명의 길을 모색하는 이들이 분명히 있습니다. 저와 여러분이 그 자리에 서 있기를 간절히 바랍니다.

Story 62

코로나와 사랑의 계명

이웃 사랑의 계명

박영선 목사님은 로마서 13장을 설교하시며 사랑의 계명을 연극의 배역을 감당하는 것으로 묘사합니다. 원수가 때리면 맞는 배역, 정부나 정권에 복종하는 배역입니다. 교회를 바라볼 때, 세상 사람들을 볼 때, 그리고 역사의 수레바퀴가 굴러 가는 것을 지켜보고 있노라면 좀 어떠십니까. 그것이 국가든, 정권이든, 교회든, 원수 같은 놈이든, 좀 예쁘게 봐 줄 만한 사람이든 간에 어떻습니까. 특별히 요즘 같은 시국에는 모든 것이 마음에 들지 않습니다. 그런데 주님은 이 마음에 안 드는 이웃을 사랑하라고 말씀하십니다.

성경은 이 어려운 과제를 우리가 충분히 해 낼 수 있는 것처럼 말합니다. 그럴 힘이 너희 안에 있다. 배역을 감당할 연기력과 진심과 의지가 있다는 거지요. 우리가 이 세상이라는 틀과 정황 안에만 갇혀 있는 자들이 아니기 때문입니다. 하나님이 이 연극 안에 담으려는 내용과 메시지를 가진 자들이라는 것이지요. 작가이신 하나님께서 우리에게 이것을 담아내신다는 거예요. 예수님을 한 번 보십시오. 십자가에 달려 비참하게 죽으셨습니다. 세상의 관점으로 보자면 이것보다 더 무가치하고 억울한 죽음이 없습니다. 그런데 놀랍게 하나님께서는 거기에 내용을 담으십니다. 고린도전서 1장 18절에서는 다음과 같이 말씀합니다. '십자가의 도가 멸망하는 자들에게는 미련한 것이요 구원을 받는 우리에게는 하나님의 능력이라.' 십자가가 하나님의 능력이라고 합니다.

좀 더 자세히 말씀하는 구절은 고린도후서 13장 4절입니다. '그리스도께서 약하심으로 십자가에 못 박히셨으나 하나님의 능력으로 살아 계시니 우리도 그 안에서 약하나 너희에게 대하여 하나님의 능력으로 그와 함께 살리라.' 예수를 믿는 우리는 그 안에서 약하나, 약한 배역을 맡았으나, 우리 안에 영원한 생명을 담겠다. 바로 이 지점에서 내용이 발생하고 메시지가 생성됩니다. 세상에서 성공하든 실패하든, 지위가 높든 낮든, 잘나든 못나든, 우리가 어떤 모양이든 간에 상관이 없습니다. 별 볼일이 없어 보이고 하찮아 보이는 그런 자리에 있다고 할지라도 사랑하라! 그 안에 내가 영광을 담아내고 말겠다! 말씀하시는 거지요.

바울은 사랑의 계명을 말할 때 독특한 표현을 씁니다. '사랑의 빚을 지라'(롬 13:8). 빚이라는 개념입니다. 빚이라는 용어를 쓰는 이유는 13장 상반부에서 언급했던 위에 있는 권세들에게 내야 할 세금을 잘 내라, 세상에 대한 책무를 다하라는 의미입니다. 쉽게 말하면 '신자들아, 사랑하려거든, 책잡힐 짓은 하지 말라. 민폐 끼치지 말라'는 의미지요. 생각해 보십시오. 이웃에게 민폐라는 민폐는 다 끼치면서, 혹 빚을 지고 있으면서 사랑할 수 없습니다. 먼저 뭐부터 해야 합니까. 빚부터 갚아야 합니다. 그런데 바울의 목적은 빚이라는 개념으로부터 사랑의 빚이라는 의미를 더 확장시키는 데 있습니다. 알렉산드리아의 교부 오리겐(Origen)이 이 구절에 대해 기가 막히게 설명하고 있습니다.

너희의 변제되지 않는 유일한 빚, 갚으려고 항상 시도하지만 절대 갚는 데 성공 못할 사랑의 빚을 진 사람처럼 사랑하라.

사랑의 빚을 지는 건 약자나 을이 되는 겁니다. 사랑하고 또 사랑해도 사랑은 다 채워지지 않습니다. 저는 약자나 을의 개념을 생각하면 엄마가 떠오릅니다. 우리 엄마들이 그런 존재 아닙니까. 엄마들은 자식한테 빚을 진 것처럼 사랑합니다. 몸이 부서져라 사랑했으면서도 늘 약자입니다. 더 해 주지 못해서 미안하고 더 사랑하지 못해 죄책감을 느끼는 것이 엄마입니다.

어떤 영상을 보니 딸이 모시던 엄마가 치매에 걸렸습니다. 돌아가시고 나서 노트가 발견되었어요. 그 노트에는 이름이 쓰여져 있습니다. 딸 이름입니다. 엄마는 딸 이름을 잊지 않으려고 매일 그렇게 노트를 적었습니다. 늙고 아프면 자식한테 받기도 하고 폐도 끼치면 좋을텐데, 엄마는 끝까지 자식 걱정, 자기가 짐이 될까 걱정, 그리고 자식 잊어버릴까 걱정합니다. 너무 사랑하니까요. 우리 주님의 사랑이 이런 사랑 아닙니까. 우리가 아직 죄인 되었을 때, 우리가 아무것도 모를 때부터 우리를 품에 안으시고 사랑하시며 심지어 우리를 위해 죽기까지 하셨습니다. 그래서 십자가는 약함의 상징이고, 을의 상징이며 무력함의 상징입니다. 엄마의 사랑, 주님의 사랑은 결코 갚을 수 없는 사랑입니다.

그러므로 사랑을 빚을 지는 것은 하나님 앞에 채무자가 되는 것이 결코 아닙니다. 존 파이퍼(John S. Piper)가 쓴『장래의 은혜』1장 채무자 윤리에 보면 이런 질문이 있어요. "신자는 하나님께 빚을 갚기 위해 노력해야 하는가.' 그의 대답을 요약하면 이렇습니다.

우리는 순종의 동기를 감사라고 생각하지만 성경은 그렇게 말하지 않는다. 감사는 자신에게 주어진 유익에 대한 반응이 아니라 누군가의 선의에 대해 마음에 일어나는 한 무리의 기쁨이다. 마음에서 일어나는 이 자발적 반응이 또 다른 순종을 낳게 한다. 순종에 대한 기쁨이 있기 때문이다. 값없이 주어진 은혜인 하나님의 선의에 대해 감사할 때, 우리는 그분께 빚을 갚아 감사를 표하려는 채무자 윤리로써가 아니라 하나님의 영광이라는 그분의 선의의 목적을 높이는 방식으로 표현해야 한다.

하나님께 받은 사랑이 은혜의 감격으로 가득 찬 신자는 감히 그 사랑을 계수하여 갚아드리겠다는 생각을 하지 않습니다. 이 은혜가 측량할 수 없이 놀라운 것이고 감히 이 세상에서는 생각할 수도 없는 것이며 나 같은 자에게 부어질 수 없는 사랑이라는 것을 깨닫기 때문에, 그리고 그 사랑이 하나님 자신의 이름을 더욱 영광스럽게 빛나도록 하는 것이기 때문에 우리는 기뻐하고 감격합니다. 그래서 그 사랑과 선의를 받은 자의 마음에는 영광의 기쁨이 생성됩니다. 오로지 그 기쁨의 감각, 하나님을 사랑하며 그분을 영광스럽게 한다는 이 감각이 우리를 이웃 사랑의 자리로 나아가게 하는 것입니다. 그리고 이웃을 사랑할 때 우리는 비로소 그 감각의 실체를 깨닫습니다. '이게 주님의 마음이구나. 이것이 자기 목숨까지 버려서 우리를 사랑하신 주님 사랑이구나!'하는 감각 말입니다.

이웃을 사랑하라는 계명은, 고통스럽고 하기 싫으며 우리의 것을 쏟아내는 부담스러운 일만이 아닙니다. 이웃을 사랑하라는 말씀에 순종하는 것은 분명하게 우리 자신에게 가장 큰 유익이며 영광입니다.

이 영광스런 사랑, 영광스런 기쁨을 회복해야 합니다. 이 영광스런 사랑을 깨달으면 신구약의 모든 말씀과 하나님의 계명을 모두 깨닫는 것입니다. 예수님이 요약하신 대로 율법과 선지자의 강령이 하나님 사랑과 이웃 사랑 안에 모두 담겨지는 것입니다.

코로나와 이웃 사랑

작금의 시대는 교회가 이웃 사랑이라는 말을 꺼내기 무섭고 민망합니다. 암담합니다. 교회가 이웃 사랑은커녕 빚을 지고 있습니다. 쉽게 말해 민폐를 끼치고 있습니다. 세상으로부터 욕을 바가지로 먹고 있습니다. 이 욕이 예수의 복음 때문도, 십자가 때문도, 세상이 따라올 수 없는 우리의 진실하고 놀라운 사랑 때문도 아닌 것이 문제입니다. 전염병이고 뭐고 상관없으니 우리는 예배드리겠다고, 모여서 집회하겠다고 난리와 고집을 피우는 것 때문이라는 사실이 눈물 나게 아픕니다. 예배에 생명을 거는 것이 아니라 예배당에 목숨을 걸고 있습니다. 교회의 고집이 지금 이 순간에도 어떤 이들의 생명을 앗아가고 있다는 이 두렵고 무서운 사실이 눈에 안 보이는 겁니다.

물론 교회가 시민사회의 일원으로 어려운 시국에 힘을 보태거나 적극적인 사랑을 실천하는 선으로 나아가는 모습들도 왕왕 있습니다. 그러나 그보다 압도적으로 많은 빚을 세상 가운데 지는 집단이 교회입니다. 인터넷 신문에 올라온 기사 클릭하기가 무섭습니다. 댓글을 보면 도저히 읽을 수 없을 만큼 슬픔이 밀려옵니다. 저들의 말이 다 맞으니까요. 적어도 저들의 입장에서, 저들의 상식에서 옳은 소리를 내뱉고 있으며 그들의 쓴소리가 일리 있기 때문입니다.

우리는 어찌해야 할까요. 이제 교회는 세상 가운데 어디에도 설 자리를 잃었습니다. 식당은 기독교인을 받지 않겠다고 안내문을 붙이고 있습니다. 교회 안 다니기 운동도 펼친다고 합니다. 일부 소수의 교회들이 일으킨 소동이라고 치부하고 선 긋기를 하면 마음이 편해질까요? 정부나 특정 정치집단이 교회를 탄압하기 위해 코로나를 이용한다고 음모론을 만들어내는 것이 최선일까요? 그렇지 않습니다. 변명은 될 수 있어도 세상을 품고 사랑해야할 교회의 참된 모습은 아닙니다. 상식과 배려를 잃어버린 이런 교회의 참상을 이제 세상이 염려합니다. 이미 한국교회는 우리 이웃들의 지극히 상식적인 눈으로 보아도 자기밖에 모르는 이기적인 집단이 된지 오래입니다. 교회의 영광, 신자의 영광 같은 것은 모두 땅에 떨어져 버렸습니다. 우리 신자들은 어디에 마음을 두고 어디에서 힘을 얻어야 할지 방황하고 있습니다.

하나님 영광과 교회의 영광

코로나 19는 세상과 교회 모두에게 재앙과 아픔이며 사상 초유의 사태입니다. 그러나 잊지 말아야 할 것이 있습니다. 하나님은 어떤 경우에도 자기 영광을 빼앗기지 않는 분이라는 사실입니다. 역사는 교회가 참혹하게 무너지고 다시 소생할 것 같지 않은 어떤 경우에도 하나님의 일하심이 멈춘 적이 없다는 것을 보여줍니다. 교회가 자기의 영광에 취해 본분을 잃고 하나님 앞에 겸손히 행하지 않을 때 하나님은 교회를 정화시키십니다. 한국교회는 지금까지 수적으로만 부흥하고 비대해져 왔습니다. 엄정한 잣대로 보자면 한국교회는 공의로움이나 압도적인 희생의 정신, 겸양의 자세, 그리스도의 성품이 담긴 자비와 사랑과 같은 성숙한 열매를 제대로 맺지 못했습니다. 그럼에도 수적·양적으로 압도적인 교세를 자랑하며 교회의 영광을 드러냈습니다. 그러나 위기가 찾아오자 교회의 영광은 빈 껍데기일 뿐임을 여실히 드러내 보이고 있습니다. 자기 욕망과 종교적 열심이 결합되고 이념의 논리에 장악된 교회의 민낯이 그대로 드러났습니다. 이제 그 수에 있어서, 경제력에 있어서, 영향력에 있어서 이전에 볼 수 없는 가뭄을 맞이하게 될 것입니다. 우리가 지금까지 누렸던 것들을 모두 다 내려놓아야 할 것입니다. 지금까지 우리가 믿고 바라고 신앙했던 모든 행위들과 아무 거리낌 없이 해 왔던 익숙한 것들과의 결별이 일어나게 될 것입니다. 예배당에 나와 편안하게 앉아서 종교생활하던 시절과도 이제 결별해야 할지 모릅니다. 그러나 이 아프고 쓰라린 결별과 동시에, 교회 안에 독소처럼 자리 잡고 있던 것들, 비본질적이고 종교적인 것들, 주님과 상관없고 복음과 상관없이 맘몬에 사로잡힌 추악하고 더러운 우상들과도 동시에 결별하게 될 것입니다. 우리가 신앙이라고 여겼던 것들, 교회가 선포했던 내용들, 우리가 지녔던 신학과 신앙의 형태들에 지진이 일어날 것입니다. 이제 교회의 영광은 사라지게 될 것입니다.

한국교회가 집단적인 영혼의 밤을 지나며 놓치지 말아야 할 가장 큰 유익이 있습니다. 우리가 만들고 우리가 조작하고 우리가 완고하게 믿는 하나님상이 흔들리고 깨어지는 것입니다. 우리의 욕망에 기초하여 우리 스스로 세워 놓은 종교를 우리 눈으로 확인하고, 왜곡되고 망가진 종교가 어떤 식으로 열매 맺는지 보며 회개하고 돌이키는 것입니다. 주님은 곪아 터진 한국교회를 수술하시고, 교회가 가로챘던 하나님의 영광을 반드시 다시 찾아오실 것입니다.

하나님의 영광은 우리가 고개를 쳐들고 자존심을 세운다고 세워지지 않습니다. 오히려 우리가 악을 쓰고 소리를 지르고 나는 결백하다고 핏대를 세우는 일이 하나님의 영광을 가린다는 것을 생각하십시오. 이웃 사랑은 처참하고 억울하며 고통스러운 십자가에서 완성된다는 것을 기억하십시오. 우리는 이제 어떤 상황, 어떤 사태를 맞이할지 전혀 예상할 수 없습니다. 교회가 어떤 지점까지 흘러가게 될지 전혀 모릅니다. 그럼에도 불구하고 하나님의 영광을 붙들며 우리가 진정으로 지켜야 할 것이 무엇인지 고민하십시다. 우리가 왜곡시킨 하나님, 우리가 그 영광을 다 가려 버린 하나님을 다시 바라봅시다. 성경을 다시 붙들고, 골방의 기도의 자리를 회복합시다. 예배당에 나오지 못하는 이 절망을 절망으로 끝내지 말고 우리 안에 계시는 예수 그리스도를 다시 바라봅시다. 하나님 말씀으로 돌아가고 이웃에게 넉넉하고 겸손한 존재가 되어 줍시다. 이 영혼의 밤 안에서 우리 신앙을 쇄신하고 하나님에 대한 지식을 다시 정리하며 묵묵히 걸어가십시다. 그렇게 할 때 우리는 반드시 빼앗긴 영광을 찾아오시며 다시 우리 손을 붙드시는 하나님을 목도하게 될 것입니다.